〈아쉬레 하이쉬〉

히브리어 시편 읽기

박동현

2008

비블리카 아카데미아

머리말

<아쉐레 하이쉐>는 히브리어 성경 시편 1편의 첫 두 낱말로 "(이러이러한) 사람은 행복하도다"를 뜻합니다. 이 <아쉐레 하이쉐>를 큰 제목으로 삼고, '히브리어 시편 읽기'를 작은 제목으로 하여, 시편 가운데서 아홉 편(1편, 2편, 8편, 13편, 22편, 23편, 117편, 136편, 150편)을 히브리어 본문으로 읽는 데 도움이 될 책을 펴냅니다.

이 책의 원고는 장로회신학대학교에서 두 번에 걸쳐 한 "히브리어 원전강독 2" 수업으로 거슬러 올라갑니다. 한 번은 2000학년도 2학기에 신학대학원 신학과 학생들과, 다른 한 번은 2006학년도 2학기에 대학 신학과 학생들과 히브리어 성경의 시편 가운데 몇 편을 골라 읽었습니다. 그러한 수업의 분위기를 그대로 살리려고 수업안에서 썼던 '...입니다', '...습니다'를 그대로 두기로 했습니다. 그 수업안은 구약 성경 히브리어 문법 초급과정을 익힌 사람이라면 어려운 시문도 용기를 잃지 않고 읽을 수 있게 아주 자세히 썼습니다. 히브리 날말의 문법 형태뿐만 아니라 문장의 특징, 더 나아가 때로는 히브리어 본문에서 두드러지게 나타나는 신학적인 뜻까지 다루기도 했습니다.

아홉 편의 시편은 성경에 나오는 순서대로 다루지 않고, 한 주에 120분씩 열두서너 주에 걸친 한 학기 수업의 흐름을 생각하면서 자유롭게 순서를 정해 다루었습니다. 시편 1편과 2편과 23편은 각각 두 주에 걸쳐 읽고, 22편은 세 주에 걸쳐 읽는 것이 좋습니다.

각 시편은 대체로 먼저 그 시편의 짜임새와 흐름을 간단히 알아본 뒤에 단락별로 문장별로 읽어 갑니다. 그렇지만 때로는 시편의 특성을 따라 이에서 벗어나 조금 다른 식으로 읽기도 합니다.

여러 모로 까다로운 원고를 자세히 검토해 주신 분은 장로회신학대학원 대학원의 오주영 전도사님입니다. 바쁜 가운데 수고해 주셔서 매우 고맙습니다. 또한 이 책의 출판을 기꺼이 맡아 주신 비블리카 아카데미아의 이영근 목사님께 깊이 감사드립니다.

아무쪼록 이 보잘것없는 책을 통해서 히브리어로 시편을 읽는 기쁨을 맛보는 행복한 사람들이 많이 생긴다면 저로서는 더 바랄 것이 없겠습니다.

2008년 2월 10일
광나루 언덕에서
박동현 삼가 아룀

<아쉬레 하이쉬>
히브리어 시편 읽기

차 례

약어표

『우리말큰사전』 한글학회 지음,『우리말큰사전』(서울: 어문각, 1992)

임승필   임승필 역,『구약성서새번역 1. 시편』(서울: 한국천주교
중앙협의회, 제2판 1995)

ABD   *The Anchor Bible Dictionary*. 6 vols. (New York a.o.: Double-
day, 1992)

BHS   *Biblia Hebraica Stuttgartensia*

HAL   L.Köhler/W.Baumgartner (eds.). *Hebräisches und Aramäisches
Lexikon zum Alten Testament*. 2 vols. (Leiden/New York/
London: E.J.Brill, 1995)

HALOT   L.Köhler/W.Baumgartner (eds.), trans. by M.E.J. Richardson,
The Hebrew and Aramaic Lexicon of the Old Testament. 2 vols.
Study Edition (Leiden/ Boston / Köln, 2001)

GKH   W.Gesenius/E. Kautzsch, *Hebräische Grammatik* (Leipzig,
[28]1909)

DMIH   A.B.Davidson/J.Mauchline, *Introductory Hebrew Grammar*
(Edinburgh: T.& T. Clark, [26]1966)

NJPST   *Tanakh. The New Jewish Publication Society Translation* (Phil-
adelphia/Jerusalem: The Jewish Publication Society, 1985)

TSP   D.Michel, *Tempora und Satzstellung in den Psalmen* (Bonn:
H.Bouvier u.Co, 1960)

THAT   *Theologisches Handwörterbuch zum Alten Testament*

ThWAT   *Theologisches Wörterbuch zum Alten Testament*

WaBAT   O.Keel, *Die Welt der altorientalischen Bildsymbolik und das
Alte Testament am Beispiel der Psalmen* (Einsiedeln: Benziger
Verlag / Neukirchen-Vluyn: Neukirchener Verlag, [4]1984)

일러두기

1. 히브리어를 비롯하여 외국 낱말의 한글 음역(音譯)을 〈 〉안에 넣어 쓰기로 합니다.

2. 히브리 낱말의 한글 음역은 졸고, "개역한글판의 히브리어 고유명사 한글 음역 방식과 히브리어 한글 음역 시안,"「성서원문연구」제8호(2001.2), 106-157쪽을 따르기로 합니다. 그 결과를 담은 히브리 낱말의 한글 음역 조견표는 이 책 8-9 쪽에 그대로 옮겨 적습니다. 단 이음줄로 이어져 하나의 발음단위가 된 여러 히브리 낱말의 음역은 이음줄 없이 한데 붙여 쓰기로 합니다. 뒤이어 나오는 시편 117편의 음역에 들어 있는 〈에트아도나이〉, 〈콜고임〉, 〈콜하움밈〉, 〈웨에메트아도나이〉, 〈할릴루야흐〉가 그런 보기입니다.

3. 신성사문자(神聖四文字) יהוה는 〈야흐웨〉로 음역하되, 음역과 상관없이 문장 가운데 쓰일 때는 '야훼'로 쓰기로 합니다.

4. 히브리어 성경의 장절 표기와 다른, 개역한글판의 장절 표기는 [ ] 안에 적어 넣기로 합니다.

5. 한 절을 히브리어 본문의 강세 부호나 의미를 따라 둘로 나누면 그 앞부분을 전반절, 뒷부분을 후반절이라 부르고(보기: 117편 1절 등), 전반절이나 후반절을 다시 둘로 나누면 각각 그 앞부분은 전상반절과 후상반절, 뒷부분은 전하반절과 후하반절로 부르기로 합니다(보기: 22편 12[11]절 전반절; 1편 1절 후반절 등). 전반절이나 후반절을 셋으로 나눌 때는 각각 전상반절과 전중반절과 전후반절(보기: 22편 15[14]절 전반절 등), 후상반절과 후중반절과 후하반절로 부르기로 합니다.

6. 각주의 참고문헌 표시에서 쪽수는 숫자만 적고 '쪽'이나 'p.'나 'pp.'을 덧붙여 쓰지 않기로 합니다.

7. BHS에 들어 있는 여러 강세 부호는 필요에 따라 적어 넣기도 하고 빼기도 합니다.

히브리 낱말의 한글 음역 조견표

1. 모음의 경우에 (1) 길고 짧음은 따로 표시하지 않는다. 곧, 모음 ָ/ַ/ֲ/הָ 는 〈ㅏ〉로, ֵ/ֶ/ֱ/ְ 는 〈ㅔ〉로, ִ/ֹ 는 〈ㅣ〉로, ֹ/וֹ/ָ 는 〈ㅗ〉로, וּ/ֻ 는 〈ㅜ〉로 적는다. (2) 유성 단순 〈쉬와〉(ְ)는 〈ㅡ〉로 적는다. 단 ֱ과 שׁ에 유성 단순 〈쉬와〉가 붙은 꼴은 각각 〈여〉와 〈쉬〉로 적는다. (3) 무성 〈쉬와〉를 〈ㅡ〉로 적는 경우에 대해서는 아래 3(3)-(5)를 보라.

2. ב, ג, ד, כ, פ, ת에 연강점(dagesh lene)이 있을 때와 없을 때를 구별하여 적지 않는다.

3. 자모별로 각 자모가 ① 음절 첫머리에 올 때, ② 낱말 끝에 올 때, ③ 낱말 끝 아닌 음절 끝에 올 때, ④ 중복될 때 어떻게 음역할 것인지는 아래 표를 보라.

	①	②	③	④
א	<ㅇ>	(묵음)	(묵음)/[<으>]	(중복될 수 없음)
ב	<ㅂ>	<ㅂ>	<ㅂ>/<브>	받침<ㅂ>+첫소리<ㅂ>
ג	<ㄱ>	<ㄱ>	<ㄱ>/<그>	받침<ㄱ>+첫소리<ㄱ>
ד	<ㄷ>	<ㅅ>	<ㅅ>/<드>	받침<ㅅ>+첫소리<ㄷ>
ה	<ㅎ>	(묵음)/<호>	<호>/(묵음)	(중복될 수 없음)
ו	<오>/<우>	<우>	<우>	(중복 사실 표시 않음)
ז	<ㅈ>	<즈>	<즈>	받침<ㅅ>+첫소리<ㅈ>
ח	<ㅎ>	<호>	<호>	(중복될 수 없음)
ט	<ㅌ>	<ㅅ>	<ㅅ>/<트>	받침<ㅅ>+첫소리<ㅌ>
י	<이>	<이>	<이>	(중복 사실 표시 않음)
כ	<ㅋ>	<ㄱ>	<ㄱ>/<크>	받침<ㄱ>+첫소리<ㅋ>

ל	<ㄹ>/<ㄹ>+<ㄹ> <ㄹ>	<ㄹ>/<ㄹ>+<르>	받침<ㄹ>+첫소리<ㄹ>
מ	<ㅁ>	<ㅁ>	<ㅁ>/<므>	받침<ㅁ>+첫소리<ㅁ>
נ	<ㄴ>	<ㄴ>	<ㄴ>/<느>	받침<ㄴ>+첫소리<ㄴ>
ס	<ㅅ>	<스>	<스>	받침<ㅅ>+첫소리<ㅅ>
ע	<ㅇ>	<으>	<으>	(중복될 수 없음)
פ	<ㅍ>	<ㅂ>	<ㅂ>/<프>	받침<ㅂ>+첫소리<ㅍ>
צ	<ㅊ>	<츠>	<츠>	받침<ㅅ>+첫소리<ㅊ>
ק	<ㅋ>	<ㄱ>	<ㄱ>/<크>	받침<ㄱ>+첫소리<ㅋ>
ר	<ㄹ>	<르>	<르>	(중복될 수 없음)
שׁ	<ㅅ>	<스>	<스>	받침<ㅅ>+첫소리<ㅅ>
שׁ	<시>	<쉬>	<쉬>	받침<ㅅ>+<시>
ת	<ㅌ>	<ㅅ>	<ㅅ>/<트>	받침<ㅅ>+첫소리<ㅌ>

위 ①에서, (1) 낱말 첫머리가 아닌 음절 첫머리의 ל은 그 앞 음절 마지막 소리 아래 붙이는 받침 〈ㄹ〉과 첫소리 〈ㄹ〉로 적고, (2) ו는 모음 'ㅏ' 앞에서만 〈오〉의 소리값을 지닌다. 또 위 ③에서, (3) 연강점(dagesh lene)을 찍을 수 있는 여섯 자음 (ב, ג, ד, כ, פ, ת)과 ט, ק은 바로 뒤에 후음(א, ה, ח, ע)이나 반자음(ו, י)이나 측음(ל)이나 비음(מ, נ)이나 전동음(ר)이 있을 때만, 각각 〈브〉, 〈그〉, 〈드〉, 〈크〉, 〈프〉, 〈트〉, 〈트〉, 〈크〉로 적고, (4) ל은 바로 뒤에 א, ע이나 반자음이 있을 때만, 받침 〈ㄹ〉와 〈르〉로 나누어 적으며, (5) מ과 נ은 바로 뒤에 ל이나 ר이 있을 때만, 각각 〈므〉와 〈느〉로 적는다.

1. 시편 117편 읽기

1.1. 여러 한글 번역본의 차이

구약 성경에서 가장 짧은 장인 시편 117편을 개역개정판(1998)으로 읽어 보겠습니다.

¹너희 모든 나라들아 여호와를 찬양하며 너희 모든 백성들아
　그를 찬송할지어다
²우리에게 향하신 여호와의 인자하심이 크고 진실하심이 영원
　함이로다 할렐루야

이 개정개역판 번역은 개역한글판(1956)의 시편117편 번역과 한 군데에서만 다릅니다. 곧 1절 끝의 **그를 찬송할지어다**가 개역한글판에서는 **저를 칭송할찌어다**로 되어 있었을 따름입니다. 이는 너무 옛스런 표현과 된소리 표기는 피한다는 개역개정판의 일곱째와 다섯째 개정 원칙1)이 반영된 변화입니다. 그리하여 **칭송**은 찬송으로, **할찌어다**는 **할지어다**로 고친 것으로 보입니다.

이번에는 표준새번역(1993)으로 시편 117편을 읽어 보십시다.

¹너희 모든 나라들아, 주님을 찬송하며,
　너희 모든 백성들아, 그를 칭송하여라.
²우리에게 향하신 주의 인자하심이 크고

---

1)『굿뉴스스터디바이블』(서울: 대한성서공회, 2000), 33.

주의 진실하심은 영원하다.
할렐루야

표준새번역에서 눈에 띄는 것은 우선 개역한글판과 개역개정
판의 **여호와**를 주님 또는 주로 바꾸었다는 점입니다. 다음으로는
개역개정판 1절에서 **찬양하며... 찬송할지어다**로 옮긴 히브리어
두 동사를 **찬송하며... 칭송하여라**로 바꾸었습니다. 그밖에도 2절
마지막 **할렐루야**를 '주를 찬송하여라'로도 옮길 수 있다는 점을
각주에서 밝히고 있습니다. 개역개정판에서 옛 말이라고 해서
'**찬송**하다'로 고친 개역한글판의 '**칭송**하다'를 표준새번역에서
는 그대로 쓰고 있는 점이 눈에 띕니다.
표준새번역개정판(2002)에서는 2절의 **주의 인자하심**과 **주의
진실하심**을 각각 **주님의 인자하심**과 **주님의 진실하심**으로 고
쳤습니다. 표준새번역에서 한 절 안에서 처음에는 **주님**이라고
했다가 나중에 주라고 한 것보다는 한결같이 **주님**이라고 한 것
이 나아 보입니다. 심지어 할렐루야에 붙인 각주에서도 **할렐루
야**는 '주님을 찬송하여라'로도 번역할 수 있다는 식으로 고쳐 놓
았습니다.
공동번역(1977)은 이와도 다릅니다.

1 너희 모든 백성들아, 야훼를 찬양하여라.
   너희 모든 나라들아, 그를 송축하여라.
2 그의 사랑 우리에게 뜨겁고 그의 진실하심 영원하시다.
   할렐루야.

공동번역 시편 117편에서는 1절의 두 히브리어 동사 명령형을
찬양하여라... 송축하여라로 일단 끊어서 옮긴 점에서 개역한글

판, 개역개정판, 표준새번역, 표준새번역개정판과 다릅니다. 2절
은 다른 번역과 상당히 다릅니다. 다른 번역본에서 한결같이 **우
리에게 향하신**으로 옮긴 부분이 공동번역에서는 그저 **우리에게**
로, **인자하심**이 **사랑**으로, '크다'가 '뜨겁다'로 되어 있습니다.

공동번역개정판(1999)에서는 공동번역 시편 117편을 고치지
않았습니다.

이렇게 여섯 가지 공인(公認) 한글 번역 성경에서 드러나는 차
이를 우리가 어떻게 보아야 하겠습니까? 이에 대한 답을 찾기 위
해서 이제 히브리어 본문을 살펴볼 때가 되었습니다.

1.2. 시편 117편 히브리어 본문의 단어별 번역

아무튼, 이제는 시편 117편의 히브리어 본문을 한 번 읽어 보겠
습니다. 이 히브리어 본문을 소리나는 대로 한글로 적어 본다면
대강 다음과 같이 됩니다.

> <¹ 할를루 에트야흐웨 콜고임 샵브후후 콜하움밈
> ² 키 가바르 알레누 하스도 웨에메트야흐웨 르올람
>   할를루야흐>

먼저 한 낱말씩 문법적인 형태와 기능을 초급 히브리어 문법
지식을 되살려서 알아보십시다.

(1) <할를루> (הַלְלוּ)의 마지막에 <우>가 있고 앞에 <알렙>
(א), <타우>(ת), <욧>(י), <눈>(נ) 같은 접두어가 없으므로, 우리
는 우선 이 낱말이 동사 미완료형은 아니고 완료형이나 명령형

의 복수이리라 생각할 수 있습니다. 그런데, 첫 자음 <하>(הָ) 아래 모음이 짧은 <아>(ַ) 곧 <파타흐>(פַּתָח)이고 그 옆에 부(副) 액센트라고 할 수 있는 <메텍>이 있어서, 둘째 자음 <라멧>(ל) 아래 모음이 소리나는 <쉬와>임을 표시한 것을 보니, <할를루>가 강의 능동 어간 <피엘> 명령형이라는 점을 알아차릴 수 있습니다. 동사 <카탈> (קָטַל)의 <피엘> 기본꼴이 <킷텔>(קִטֵּל)이고 그 미완료 기본꼴이 <여카텔>(יְקַטֵּל), 여기서 단수 남성 명령형은 <카텔>(קַטֵּל), 복수 남성 명령형은 <카틀루>(קַטְּלוּ)였습니다. 이리하여 <할를루>는 동사 <할랄>(הָלַל)의 <피엘> 복수 남성 명령형인 것을 알 수 있습니다. 그 뜻은 "너희(남자들)는 찬양하라!"입니다. 물론 이 경우 남성은 남녀를 한데 일컫는 대표 성(性)입니다. 그러니까, 남자들만 찬양하고 여자들은 찬양하지 않아도 좋다, 찬양해서는 안 된다는 뜻은 아닙니다. 이 '너희'가 누구인가는 아래 (4)와 (5)에서 분명히 알 수 있습니다.

　여기서 문법적으로 하나 더 알아둘 만한 것은 <할를루>의 둘째 자음 <라멧>에 중복점(<다게쉬 포르테>)이 빠져 있는 까닭입니다. 중복점이 있는 <라멧> 아래 소리나는 <쉬와>가 오면, 그 중복점이 빠질 수 있기 때문입니다.2)

　(2) <엣>(אֶת־)은 '...을'을 뜻하는 히브리 낱말 <엣>이 이음줄(<막켑>)로써 그 다음 낱말과 한 묶음으로 다루어지면서, 그 본디 모음인 긴 <에>(<체레>)가 짧아져 <에>(<세골>)로 된 것입니다. 긴 <에>와 짧은 <에>를 우리 한글 자모로는 다른 부호를 덧붙여

---

　2) *DMIH*, §6,5를 보시기 바랍니다. <라멧> 말고도 그런 식으로 중복점을 뺄 수 있는 자모로는 <와우>(ו), <욧>(י), <멤>(מ), <눈>(נ), <콥> (ק)이 있습니다.

쓰지 않으면(이를테면 '에-', '에' 같은 식으로), 구별해 표시할 수가 없습니다.

(3) <야흐웨>(יְהוָה)는 이스라엘 사람들의 전통을 따라 읽은 것입니다. 히브리어 본문에 적힌 대로 읽으면 <여호와>가 됩니다. <욧>(י), <헤>(ה), <와우>(ו), <헤>(ה) 네 글자로 이루어진 하나님의 이름을 예로부터 이스라엘 사람들은 소리내어 읽지 않고, '주님'을 뜻하는 <아도나이>로 바꾸어 읽는 수가 많았습니다. 그 <아도나이>의 모음만 차례대로 써 보면 <쉬와>(이 경우에는 단모음 <아>가 더 짧아진 꼴의 복합 <쉬와>, <하텝 파타흐>), <오>, <아>가 나오는데, 이 세 모음을 본디 네 자음 <욧>, <헤>, <와우>, <헤>에 차례대로 붙여 읽다보니, <여호와>라는 발음이 생기게 된 것입니다. 그렇지만, 이 하나님의 이름의 짧은 꼴이 <야흐>이고, 또 오래된 헬라어 자료에서는 <야우웨> 또는 <야베>로 적어 놓은 것으로 보아서, 본디 이 하나님의 이름은 <야흐웨>(יְהוָה)였으리라고 짐작하게 되었습니다. 곧 <욧> 아래 짧은 모음 <아>, <헤> 아래에는 소리 나지 않는 <쉬와>, <와우> 아래에는 짧은 <에>를 붙여 읽는 것이 아마도 본디 하나님의 이름의 발음에 가깝지 않을까 생각하게 된 것입니다.3) 이리하여, 이제는 우리나라에서도 '야훼' 또는 '야웨'로 읽는 사람들이 많아지고 있습니다.

---

3) 하나님의 이름 יהוה의 발음에 대해서는 "여호와,"『성서백과대사전』제8권(서울: 성서교재간행사, 1980), 370; H. O. Thompson, "Yahweh," *The Anchor Bible Dictionary* (New York a.o.: Doubleday, 1992), Vol.6, 1011-1012; 장영일, "야웨 이름의 기원과 의미,"『장신논단』12 (1996.11), 104-136을 참고하십시오.

(2)+(3) 곧 <에트야흐웨>4)(אֶת־יְהוָה)('주님을', '야훼를')는 앞서 나온 명령형 <할를루>("너희는 찬양하라")의 목적어가 됩니다.

(4) <콜>(כֹּל־)은 본디 '전체', '모두'를 뜻하는 히브리어 실체사인데, 뒤에 복수 명사가 오면 '모든'이란 뜻으로, 단수 명사가 오면 '...마다'라는 뜻으로 쓰입니다. 여기서는 앞의 <엣>처럼 뒤에 이음줄이 붙어서 그 다음 낱말인 <고임>과 한 묶음이 되었습니다. 그 바람에 본디는 긴 모음 <오>(<홀렘>)가 짧은 모음 <오>(<카메츠 하툽>)이 되었습니다. 그리하여, 긴 모음 <아>(<카메츠>)와 같은 꼴이 된 것입니다.

(5) <고임>(גּוֹיִם)의 뒷부분 <임>(יִם)은 이 낱말이 남성 복수 절대형인 것을 알려 줍니다. <고이>는 '민족', '겨레'를 뜻합니다. 발음에는 차이가 없지만, 이 낱말에서 모음 <이>를 완전표기(scriptio plena)하려면 <욧>이 하나 더 있어야 합니다. 곧 גּוֹיִים이 되어야 합니다.

(4)+(5), 곧 <콜고임>(כָּל־גּוֹיִם)은 '모든 민족(들)5)'을 뜻하는데, 여기서는 호격이 됩니다. 그러니까, 앞서 야훼를 찬양하라는 명령을 받은 '너희'의 실체가 바로 이 <콜고임>입니다.

---

4) אֶת만 음역할 때는 <엣>으로 적지만, 모음이나 반자음이 뒤따를 때는 <에트>로 적습니다. '히브리 낱말의 한글 음역 조견표' 3.(3)을 보십시오.

5) 우리말에서는 단수 복수의 구별이 분명하지 않습니다. 실제 복수를 뜻하는 경우에도, 그 앞에 복수를 전제하는 낱말이 있으면 단수로 쓰는 수가 많습니다. 그러니까, '모든 나라'라고 할 때, '모든'이 이미 복수를 전제하고 있기 때문에 굳이 '모든 나라들'이라 쓰지 않아도 됩니다.

따라서 (1)+(2)+(3)+(4) 곧 <할를루 에트야흐웨 콜고임>(הַלְלוּ
אֶת־יְהוָה כָּל־גּוֹיִם)(1절 전반절)을 히브리어 낱말 순서를 따라
우리말로 옮긴다면, "찬양하라 야훼를, 모든 민족(들)아!"가 됩니
다. 이렇게 하여 시편 117편의 첫째 문장이 이뤄졌습니다. 이것을
개역개정판에서는 "너희 모든 나라들아 여호와를 찬양하며"로
옮겼습니다. 우리말에서는 아무래도 호격을 앞세우는 것이 보통
이기 때문일 것입니다. 히브리 명사 <고이>를 때때로 '나라'로 번
역할 수도 있습니다. 여기서 '나라'는 실제로 그 나라를 이루고
있는 사람들을 가리킵니다. 또 '찬양하며'라고 옮김으로써 그 다
음 문장과 이어진다는 점을 분명히 한 것은 좋으나, 명령형의 강
도가 조금 떨어지게 되었습니다.

(6) <샤브후후>(שַׁבְּחוּהוּ)를 이해하려면, 먼저 문법상으로 두
요소가 한데 어우러져 이 낱말이 된 점을 생각해야 합니다. 맨 뒤
의 <후>(הוּ)는 행위의 대상을 밝히는 남성 단수 삼인칭 대명접미
어이므로 '그(남자)를'을 뜻합니다. 나머지 <샤브후>(שַׁבְּחוּ)는
<할를루>(הַלְלוּ)와 마찬가지로 <피엘> 남성 복수 명령형입니다.
다만 둘째 자음 <벳>의 중복점이 그대로 남아 있다는 점에서 차이
가 있습니다. 뜻으로 보면, <샤바흐>(שָׁבַח)의 <피엘>형은 <할랄>
의 <피엘>형과 비슷하여, '찬송하다' 정도로 옮길 수 있습니다. 이
리하여, <샤브후후>는 "너희는 그를 찬송하라!"는 뜻입니다.

(7) <콜하움밈>(כָּל־הָאֻמִּים)의 <콜>(כָּל־)은 앞 (4)의 경우와
같습니다. <하움밈>(הָאֻמִּים)은 세 요소로 나누어 볼 수 있습니다.
앞의 <하>(הָ)는 정관사이고 끝에 들어 있는 <임>은 남성 복수 절
대형 어미입니다. 가운데 남은 <움>이 명사 뿌리를 암시합니다.

그런데, 사전을 찾아 보면, <움>이란 히브리 명사는 없고, 그 대신 <움마>(אֻמָּה)가 나올 따름입니다. 이 <움마>는 여성 명사로서 그 복수형이 구약 성경에서는 여성형 복수어미를 지닌 <움못> (אֻמּוֹת)과 남성형 복수어미를 지닌 <움밈>(אֻמִּים)의 두 가지로 나옵니다. <움마>의 뜻은 '백성'입니다. <움밈>에서 문법적으로 한 가지 더 눈여겨 볼 것은 <움>이 복수가 될 때 그 둘째 자음인 <멤>이 중복된다는 점입니다. 이리하여 <하움밈>은 '그 백성들', <콜하움밈>은 '모든 백성(들)'을 뜻합니다. 여기서 앞서 <콜고임> 도 <콜학고임>(כָּל־הַגּוֹיִם)으로 할 수 있지 않았을까 하는 생각이 듭니다. 아무튼 <콜하움밈>도 호격으로서, 바로 앞서 나온 명령형 <샵브후후>에 들어 있는 '너희'인 것이 드러났습니다.

이제, (6)+(7) <샵브후후 콜하움밈>(שַׁבְּחוּהוּ כָּל־הָאֻמִּים)(1절 후반절)을 히브리 낱말의 순서를 따라 그대로 우리말로 옮기면, "찬송하라 그를, 모든 백성들아!"가 됩니다. 이것이 시편 117편의 둘째 문장입니다. 이를 우리 개역개정판에서는 "너희 모든 백성들아 저를 찬송할지어다"로 옮겼습니다.

(8) <키>(כִּי)는 아주 중요한 히브리 접속사 가운데 하나로서, 문맥에 따라서 '...이기 때문에'(because, for)라는 뜻으로 쓰이면서 원인절을 이끌어 들이거나 '...한 것'/'...인 것'(that)의 뜻으로 쓰이면서 명사절을 이끌어 들입니다. 드물게는 '참으로', '실로'라는 부사의 역할을 하기도 합니다. 시편 117편에서는 보통 원인절을 이끌어 들이는 접속사로 이해합니다. 그러니까, 앞서 나온 두 명령, 곧 '찬양하라'와 '찬송하라'에 뒤이어, 왜 찬양하고 찬송해야 하는지 그 까닭('왜')을 밝히는 문장을 이끌어 들인다고 보는 것입

니다. 그렇지만, 경우에 따라서는, 찬양하고 찬송해야 할 내용('무 엇'), 곧 명사절을 이끌어 들인다고도 볼 수 있습니다. 우리는 일단 일반적인 견해를 따라 '…이기 때문에'로 이해하도록 하십시다.

(9) <가바르>(גָּבַר)의 첫 자음 <기멜>에는 보통 연강점(軟强點 <다게쉬 레네>)가 붙는 법입니다. 그렇지만, 시편 117편 2절의 경 우에는 이 낱말이 앞 낱말 <키>와 밀접히 이어지는 것으로 보아[6] —<콜고임>이나 <콜하움밈>의 경우처럼 이음줄은 없지만—열린 음절 뒤의 <기멜>에는 연강점을 붙이지 않는다는 원칙을 적용한 것이라 하겠습니다.

<가바르>는 '뛰어나다', '탁월하다'는 뜻을 지니는 동사이므로 이른바 상태동사 가운데 하나입니다. 상태동사란 어떤 행위나 동작을 표현한다기보다는 주어의 성질이나 상황이나 상태를 표 현하는 술어를 말합니다. <가바르>는 완료 단수 남성 삼인칭형이 므로 "그가 뛰어나다"란 뜻이 됩니다. 문제는 '그'가 누구인가에 있는데, 이에 대한 답은 뒤에 나오는 주어를 보아야 합니다. 일단 그 때까지 미루어놓기로 합시다.

(10) 다음에 나오는 <알레누>(עָלֵינוּ)는 전치사 <알>에 복수 공성 일인칭 대명접미어 <누>가 붙은 꼴입니다. 전치사 <알>은 복수 대명접미어가 붙을 때는 마치 복수 명사의 경우처럼 <알레> 로 됩니다. <알레누>를 직역하면 '우리 위에', 또는 '우리에 관하 여'가 됩니다.

(11) <하스도>(חַסְדּוֹ)는 남성 단수 삼인칭 대명접미어 <오>가

---

6) 이에 대해서는 아래 1.5.(1)을 보십시오.

남성 단수 명사 <헤셋>(חֶסֶד)에 붙은 꼴입니다. <헤셋>은 <세골>형 명사 가운데 첫째 종류, 곧 <카틀>형 명사로서, 본디 부부 사이, 부모 자식 사이, 동무 사이, 임금 신하 사이 등 양쪽 사이에서 상대방에게 지켜야 할 바를 잘 지키는 것을 뜻하는데, 이 낱말이 하나님과 사람 사이에 적용되어 하나님의 <헤셋>이라고 할 때는, 하나님 쪽의 '사랑', '자비', '인애', '궁휼'을 뜻합니다.

(9)+(10)+(11) 곧 <가바르 알레누 하스도>(נָבַר עָלֵינוּ חַסְדּוֹ)를 한데 묶어 보면, <가바르>의 주어가 <하스도>이고, 히브리어 동사 문장에서 정동사 다음에 주어가 오는 일반적인 어순과는 달리, 여기서는 <알레누>라는 전치사구를 주어보다 앞세워서 강조하고 있다는 점을 알 수 있습니다. 그리하여 <가바르 알레누 하스도>는 "우리에 관하여 그의 자비가 뛰어나시도다." 정도로 어순을 살려 직역해 볼 만합니다.

그런데, 개역개정판과 표준새번역에서는 <알레누>를 '우리에게 향하신'으로 옮김으로써, 이 전치사구가 마치 그 다음에 나오는 주어 <하스도>를 한정하는 것으로 이해할 여지를 주는데, 이것이 이 문장을 직역했을 때 생기는 어색함을 피하기 위한 것이기는 하지만, 그 대신 <알레누>가 히브리어 본문에서 차지하는 독특한 위치를 제대로 살리지는 못했다고 하겠습니다. 또한 동사 <가바르>(נָבַר)를 '크다'로 옮긴 것도 아쉬움이 있습니다. 히브리어를 조금 아는 사람들은 '크다'라는 뜻으로는 이보다 더 일반적으로 히브리 형용사 <가돌>(נָדוֹל)이나 상태동사 <가달>(נָדַל)을 떠올릴 수 있기 때문입니다. 또한 공동번역에서 이를 '뜨겁다'고 옮긴 것도 만족할 만하지 못합니다.

(12) <웨에메트야흐웨>(וֶאֱמֶת־יְהוָה)에서는 접속사 <워>(וְ)의 모음 <쉬와>가 뒤이어 나오는 명사 <에멧>(אֱמֶת)의 첫째 모음인 복합<쉬와>, 곧 <하텝 세골>(ֱ)의 영향을 받아 완전모음 <에>(ֶ)로 바뀌었습니다. 히브리 명사 <에멧>은 보통 '진리', '진실함'을 뜻합니다. 이 경우에는 그 뒤에 이음줄이 붙어 있고 그 다음에 <야흐웨>가 오기 때문에, 단수 연계형으로 볼 수 있습니다. 이리하여 <웨에메트야흐웨>는 '그리고 야훼의 진실'로 옮길 수 있습니다. 여기서 한 가지 이상한 것은 '야훼'라는 하나님의 이름은 이미 1절 전반절에 나왔고, 1절 후반절과 2절 전반절에서는 '야훼'를 '그'라는 남성 단수 삼인칭 대명접미어로써 표현했는데, 여기서는 다시 '야훼'라는 고유명사를 쓰고 있다는 점입니다. 이에 대해서는 나중에 다시 생각해 보겠습니다.

(13) <르올람>(לְעוֹלָם)은 전치사 <르>에 명사 <올람>이 붙은 꼴입니다. <올람>은 본디 '긴 시간', '연속'을 뜻하다가 '장래의 시간' 또는 '오래 전 시간'을 가리키게 되기도 했는데, 전치사 <르>가 붙으면, '(앞으로) 길이길이', '영원히'를 뜻합니다.

이제, (12)+(13) 곧 <웨에메트야흐웨 르올람>(וֶאֱמֶת־יְהוָה לְעוֹלָם)을 한데 묶어 보면, 주어 <웨에메트야흐웨>에 전치사구 <르올람>이 술어 노릇을 하는 명사 문장에 접속사가 붙은 것으로 이해하여, "야훼의 진실이 영원하다."로 옮길 수 있습니다. 그렇지만, 만일 바로 앞 문장의 동사 <가바르>가 여기에도 적용된다고 보면, "야훼의 진실이 영원히 뛰어나시다."로 옮길 수도 있습니다.

아무튼, 2절 첫머리의 접속사 <키>의 영향이 여기까지 미친다고 볼 수 있습니다. 그러니까 1절에서 시인이 '모든 민족'에게

"너희는 야훼를 찬양하라!"고, 또 '모든 백성'에게 "너희는 그를 찬송하라!"고 요구한 까닭을, 2절에서 시인은 "우리에 관하여 그의 자비가 뛰어나고 야훼의 진실이 영원하기 때문이라." 또는 "우리에 관하여 그의 자비가, 야훼의 진실이 영원히 뛰어나기 때문이라."고 밝힌 셈입니다.

(14) <할를루야흐>(הַלְלוּ־יָהּ)는 이 시편의 맨 처음에 나온 명령형 동사 <할를루>(הַלְלוּ)에 목적어 <야흐>(יָהּ)가 붙은 꼴입니다. <야흐>는 본디 낱말 끝에 오면 소리가 나지 않는 자음 <헤>를 발음해야 한다는 점을 분명히 하기 위해 그 가운데 점(<맙픽>)을 찍은 꼴입니다. 이 <야흐>는 <야흐웨>의 짧은 꼴로 알려져 있습니다. 이리하여 <할를루 야흐>는 "야훼를 찬양하라!"는 뜻이 되어, 뜻으로 보면 이 시편의 첫머리 <할를루 에트야흐웨>와 같습니다. 여기서 "야훼를 찬양하라!"는 표현을 쓸 때, 긴 꼴은 언제 쓰며 짧은 꼴은 언제 쓰는가 하는 물음이 생깁니다.

1.3. 시편 117편 히브리어 본문이 시(詩)로서 지니고 있는 특성

『쉬투트가르트 판 히브리어 비평판 성경』(BHS)에 실린 시편 117편의 꼴을 보면, 이것이 창세기나 출애굽기의 대부분을 차지하는 줄글[散文]과는 다르게, 2절이 1절과 같은 줄에 오지 않고 새 줄로 시작하고 있고, 2절 끝의 <할를루야흐>도 따로 한 줄을 차지하고 있는 것을 알아차릴 수 있습니다. 곧, 인쇄된 꼴만 보아도, 이것이 시문(詩文)인 것을 알 수 있습니다.

그렇다면, 히브리 산문과 시문은 어떻게 구별할 수 있습니까?[7] 히브리 문학뿐만 아니라 어느 나라 문학에서든 산문과 시문을 구별할 때 통하는 몇 가지 기준이 있습니다. 우선 여러 가지 운율과 함축적이고 상징적인 표현을 즐겨 쓴다는 점에서 시문은 산문과 구별됩니다. 이러한 점은 히브리 시문에도 있으리라 기대할 수 있습니다. 그런데, 히브리 시문에서 두드러지는 특징도 있을 것입니다. 이제 시편 117편을 통해서 히브리 시문의 특징을 몇 가지 찾아보십시다.

(1) 먼저 1절이 두 명령문으로 이루어져 있다는 점에서 출발해 보십시다. 이 점은 히브리어 강세(accent) 부호 가운데서 <아트나흐>(אַתְנָח)가 <고임>(גּוֹיִם)의 <임>(יִם)에 붙어 있다는 사실에서도 알 수 있습니다. <아트나흐>는 일반적으로 한 절을 둘로 나누는 강세 부호로 알려져 있기 때문입니다. 그런데, 히브리어 강세 부호의 체계가 시편, 욥기, 잠언의 세 책에 쓰이는 것과 나머지 책에 쓰이는 것이 다르고, 특히 앞의 경우에는 한 절을 둘로 나누는 강세가 <아트나흐>가 아니라 <올레 워요렛>(עוֹלֶה וְיוֹרֵד)인 것이 시편 117편 1절에는 적용되지 않습니다. 이는 시편 1편 1절의 강세 부호와 견주어 보면 잘 드러납니다.[8]

아무튼 히브리어 본문의 어순을 살려 직역할 경우, 117편 1절은 "야훼를 찬양하라, 모든 민족들아!"라는 문장과 "그를 찬송하라, 모든 백성들아!"의 둘로 이루어져 있습니다. 그런데, 이 두 문장을 서로 잘 견주어 보면, 이 두 문장 사이에 상응하는 요소가

---

7) 박동현, 『예언과 목회 8』 (서울: 한국장로교출판사, 2005), 114-130 ("구약 히브리 문학의 몇 가지 특성")=<박동현의 이야기방> (http://acha.pcts.ac.kr/~dhpark) 학술자료란, 강연 원고 4를 참고하시기 바랍니다.

8) 아래 2.2.2.(4)를 보십시오.

세 가지 있는 것이 드러납니다. '찬양하라!'와 '찬송하라!', '야훼를'과 '그를', '모든 민족들아'와 '모든 백성들아'가 그 세 가지입니다. 그러니까, 두 문장의 동사와 목적어와 호격이 상응합니다. 뜻도 거의 비슷합니다.

일찍이 히브리 시문의 특징을 연구하던 서양 기독교 학자들은 이러한 현상에 '평행법'(parallelismus membrorum, 직역하면 '구성요소들의 평행성')이라는 이름을 붙였습니다. 두 문장을 이루는 요소들이 서로 하나씩 짝을 이룬다는 뜻에서 그런 이름을 붙였다고 할 수 있습니다. 나중에는 이렇게 서로 상응하는 것을 내용에 따라 다시 여러 가지로 나누어 보았습니다. 평행되는 두 문장이 서로 비슷한 뜻을 지닐 때는 '동의 평행법', 서로 반대되는 뜻을 지닐 때는 '반의 평행법', 둘이 한데 어우러져서 온전한 하나의 뜻을 나타낼 때는 '종합 평행법'이라고 한 것입니다.[9]

(2) 2절은 첫머리에 접속사 <키>가 있고 마지막에 <할를루야흐>가 있어서 그저 평행되는 두 문장으로 이루어진 1절처럼 한 절을 둘로 그냥 나누어보기는 힘듭니다. 그렇지만, 일단 이 두 부분을 뺀 나머지는 두 부분으로 나눌 수 있습니다. "우리에 관하여 그의 자비가 뛰어나도다."와 "그리고 야훼의 진실이 영원하도다."가 그 둘입니다. 다만 둘째 문장 첫머리에 접속사 <와우>('그리고')가 들어 있어서 그런 접속사가 없이 두 명령형이 나란히 나오는 1절과 다릅니다. 또 바로 이 때문에 첫 문장의 동사가 둘째 문장에도 적용된다고 볼 여지가 있습니다. 아무튼 이 두 문장의 내용을 살펴보면, 그 둘이 앞서 1절의 경우처럼 동의 평행을

---

9) 이에 대해서는 Adele Berlin, "Parallelism," *ABD* V, 155-162, 특히 155를 보십시오.

이룬다기보다는 오히려 종합 평행을 이룬다고 보는 것이 낫겠습니다. 야훼의 자비와 진실이 한데 어우러져서 '우리에 관하여' 야훼 하나님이 보이시는 태도를 표현한다고 볼 수 있기 때문입니다. 히브리어 사전, 이를테면 *HAL*에서 <에멧>(אֱמֶת) 항목을 찾아보면, 하나님에 대해서 <헤셋>(חֶסֶד)과 <에멧>이라는 두 낱말이 나란히 쓰이는 경우가 창세기 24장 27절, 출애굽기 34장 6절, 시편 25편 10절, 26편 3절, 40편 11-12절, 57편 4, 11절, 61편 8절, 86편 15절, 89편 15절, 108편 5절, 115편 1절, 117편 2절, 138편 2절에 있다고 나와 있습니다.

(3) 더 나아가서, 1절에서는 두 문장의 목적어로 먼저 '야훼'가 나오고, 뒤에 야훼를 뜻하는 삼인칭 남성 대명접미어 '그'가 나오던 것이, 2절에서는 두 문장의 주어로 먼저 '그의 자비'가 나오고 뒤이어 '야훼의 진실'이 나옴으로써, 하나님에 대한 낱말이 '야훼'―'그'―'그'―'야훼'라는 순서로 나오는 것을 볼 수 있습니다. 이를 학자들은 교차법(chiasm)이라고 부릅니다. 이것도 시문에서 볼 수 있는 수사 기교라고 할 수 있습니다.

(4) 일반적으로 시문에서는 산문에서 쓰는 와우연속법이라든가, 목적격 명사 앞에 붙는 <엣>은 잘 쓰지 않습니다. 그렇지만, 시편 117편의 경우에는 첫째 명령문의 목적어 '야훼' 앞에 <엣>이 들어 있습니다.

(5) 1절 전반절의 첫 단어와 후반절의 첫 단어의 첫 모음과 마지막 모음이 각각 <아>와 <우>로 같습니다. 또 전후반절의 마지막 단어의 마지막 모음이 <임>으로 같습니다. 여기서 일종의 두운법, 각운법을 볼 수 있습니다.

1.4. 시편 117편 『쉬투트가르트 판 히브리어 비평판 성경』(*BHS*)의 비평 내용

(1) *BHS* 시편 편집자인 바르트케(H. Bardtke)는 1절의 <할를루>에 대해서 비평란(apparatus criticus)에서 mlt Mss cj c 116이라는 주를 붙이고 있습니다. 이 약자들이 뜻하는 바가 무엇인지[10]를 이 비평판 성경 앞의 서문에서 찾아보면 다음과 같습니다.

> mlt Mss=multi i.e. plus quam 20 codices manuscripti,
> '많은 사본, 곧 20개 이상의 코덱스 사본들'
> cj c 116=conjungit cum 116, '116편과 이어져 있다'

곧 이 라틴어 약자들은 117편의 첫 낱말 <할를루>가 20개 이상의 히브리어 <코덱스> 사본에서는 116편과 이어져 있다는 사실을 알려 줍니다. 여기서 116편 마지막 낱말인 <할를루 야흐>에 대한 비평란의 설명을 함께 살펴볼 필요가 있습니다. 거기에 보면 칠십인역에서는 116편 마지막의 <할를루야흐>가 '그 다음에 오는 것하고 이어져 있고'(cj c sq=conjungit cum sequens), 그러니까, 시편 117편 첫 낱말과 이어져 있고, 시리아어역에는 빠져 있다고 합니다. 실제로 알프레드 랄프스(Alfred Rahlfs)가 엮어낸 칠십인역을 보면, 히브리말 <할를루야흐>에 해당하는 헬라 낱말

---

10) 이에 대해서는 Hans Peter Rüger, *An English Key to the Latin Words and Abbreviations and the Symbols of Biblia Hebraica Stuttgartensia* (Stuttgart, 1981)(민영진, 『국역성서연구』 [서울: 성광문화사, ²1990], 360-387 <부록3>에 번역되어 있음)과 문희석 편, 『구약원고참고서』(서울: 보이스사, 1973), 45-70('제이부. 구약원어 성서에 나오는 기호, 라틴어, 요약된 단어의 참고서')을 참고하십시오.

<알렐루이아>(Αλληλουια)가 시편 116편[11] 첫머리에 들어 있습니다.

(2) 히브리어 시편 117편 1절의 마지막 낱말인 <하움밈>에 대한 비평란의 설명을 보면, 케니코트 사본(Ms)에는 <하암밈>(הָעַמִּים), 곧 히브리말로 '백성'을 뜻할 때 가장 자주 쓰는 <암>(עַ)의 복수형에 정관사가 붙은 꼴로 되어 있다는 점을 알 수 있습니다. 아울러 『쉬투트가르트 판 히브리어 비평판 성경』의 시편을 엮은 바르트케(H.Bardtke)는 레닌그라드 사본의 <하움밈>을 <르움밈>(לְאֻמִּים)으로 읽자고 제안합니다(prp=proponit). <르움밈>은 '백성'을 뜻하는 또 다른 히브리 낱말인 <르옴>(לְאֹם, לְאֹם)의 복수형입니다. 그러니까, 1절 전반절 끝의 <고임>에 정관사가 붙지 않았다는 점에 맞추어보자는 것으로 보입니다. *HAL*에서 <르옴>을 찾아보면, 실제로 이 낱말의 복수가 <고임>의 평행어로 쓰이는 경우가 구약 본문 여러 곳에 있음을 알 수 있습니다(창 25:23; 사 34:1; 43:9; 시 2:1; 44:3,15; 105:44; 149:7).

(3) 시편 117편 2절의 마지막에 나오는 <할를루야흐>에 대한 비평란의 설명은 ut 116,19[a-a]입니다. 그러니까, 이는 시편 116편의 마지막에 나오는 <할를루야흐>와 마찬가지의 주를 붙일 수 있다는 것입니다. 그 내용은 이미 앞에서 살펴보았습니다. 곧 117편 마지막의 <할를루야흐>도 칠십인역에서는 오히려 다음 시편인 118편과 이어져 있다는 것입니다. 실제로 알프레드 랄프스의 칠십인역을 보면 <알렐루이아>가 118편 첫머리에 나옵니다.

---

11) 히브리 성경의 시편 117편이 칠십인역에서는 116편으로 되어 있습니다.

1.5. 시편 117편에 대한 마소라 주기(註記)의 내용

BHS 시편 117편에 관련된 아람어 마소라 주기12)의 내용은 다음 두 가지입니다.

(1) 2절의 <키>에 대해서 난외 왼쪽에 아람어 약자로 적어 놓은 소마소라 주기는 네 부분으로 이루어져 있습니다. 맨 처음에 히브리 자모 <달렛> 위에 점이 찍힌 꼴(דּ)이 나오는 것은 이 낱말의 출현 빈도를 가리키는 것으로, 이 낱말이 '네 번' 나온다는 것을 말합니다. 나머지 세 부분은 이 낱말의 출현 방식에 대한 설명인데, 둘째 요소인 בטע는 전치사 <브>에 '강세'를 뜻하는 아람 낱말 <타암>(טַעַם)이 합한 것으로, '강세와 함께', '강세를 지닌 것으로'를 말합니다. 셋째 요소인 ר"פ는 <로쉬 파숙>(רֹאשׁ פָּסוּק)의 약자이므로 '절의 끝'을 뜻합니다. 마지막 요소인 דסמיך는 아람어 관계사 <드>(דּ)에 '무엇이 뒤따르다'는 뜻의 수동형 동사 <스믹>(סְמִיךְ)이 합한 꼴로서, '그 뒤에 이어지는 것이 있는'이라는 뜻이 됩니다. 이리하여 ד בטע ר"פ דסמיך를 통틀어 보면, 시편 117편 2절 첫머리의 <키>가 "절의 첫머리에서 그 다음 낱말과 이어져서 강세를 지니는 꼴로 나오는 경우가 네 번 있다"는 것을 뜻합니다. 이 설명 가운데서, 이 낱말이 그 다음 낱말과 이어진다는 점은 특히 <키> 다음에 나오는 동사 <가바르>의 첫 자

---

12) 이에 대해서는 무엇보다도 Page H.Kelley, Daniel S.Mynatt, Timothy G.Crawford, *The Masorah of Biblia Hebraica Stuttgartensia. Introduction and Annotated Glossary* (Grand Rapids, Michigan/ Cambridge, U.K.: William B.Eerdmans Publishing Company, 1998) > 페이지 H. 켈리, 다니엘 S. 마이낫, 티모씨 G. 크로포드 지음, 강성열 옮김, 『히브리어 성서(BHS)의 마소라 해설』 (서울: 비블리카 아카데미아, 2005)를 보십시오.

모 <기멜>에 연강점(<다게쉬 레네>)이 빠진 데서 똑똑히 드러납니다[13]).

(2) 2절 끝의 <할를루야흐>에 대한 소마소라 주기(**ּ ס"פ ג׳**)는 두 부분으로 이뤄져 있습니다. 앞부분 **ּ ג׳**은 <할를루야흐>가 13번 나온다는 사실을 말하고, 뒷부분 **פ"ס**은 <숩 파숙>(**סוֹף פָּסוּק**)의 약자로서 '절의 끝'을 뜻합니다. 이리하여 이 둘을 합해 보면, <할를루야흐>가 "절의 끝에 열세 번 나온다"는 점을 알려 줍니다. 실제로 한 시편이 <할를루 야흐>로 끝나는 경우로서 시편 104, 105, 106, 113, 115, 116, 117, 135, 146, 147, 148, 149, 150편의 열세 시편을 찾아볼 수 있습니다.

---

13) 이에 대해서는 위 1.2.(9)를 보십시오.

2. 시편 1편 읽기

2.1. 시편의 제목과 난외 부호 몇 가지

시편 1편 본문에 바로 들어가기에 앞서, 몇 가지 알아볼 것이 있습니다. *BHS* 시편의 제목과 1편 첫머리 난외에 표시되어 있는 몇 가지 부호가 바로 그것입니다.

2.1.1. BHS 시편의 제목

BHS 시편 첫 쪽을 펴 보면 맨 위에 PSALMI תהלים이라고 적혀 있습니다.

(1) תהלים

우선 모음 없이 그저 자음만으로 된 낱말 תהלים에 대해 알아 보십시다. 맨 뒤에 있는 ים이 히브리 남성 명사 복수 절대형 어미 <임>일 것으로 추측하여 히브리어 사전을 들추어 보면, <트힐라> (תְּהִלָּה)라는 여성형 단수 명사가 그 기본꼴인 것을 알 수 있습니다. 이 <트힐라>는 '자랑하다' 또는 '찬양하다'는 뜻의 동사 <할 랄>(הלל)의 <피엘>(강의 능동 어간)에서 비롯된 명사입니다.

단수 여성형 명사에 남성 복수 절대형 어미가 붙은 것을 어떻 게 이해할 것입니까? *HAL*의 תְּהִלָּה 항목에서는 이에 대해 참고 할 문헌으로 미셸의 히브리어 문법책[1]을 제시하고 있습니다. 그

---

[1] Diethelm Michel, *Grundlegung einer hebräischen Syntax. I. Sprach-*

에 따르면, 한 여성형 단수 명사의 복수형 어미로 남성형 <임>
(ם.)이나 여성형 <옷>(וֹת)이 다 나오는 경우가 있는데, 이 경우
여성형 <옷>은 그 단수 명사가 뜻하는 바가 개별성을 띠면서 여
럿으로 묶임을 가리키고, 남성형 <임>은 그 단수명사가 뜻하는
바가 여럿 모여서 하나의 무리를 이루면서 전체로 한 개념을 표
현할 때 쓰인다는 것입니다. 그리하여, <트힐라>의 경우 시편 78
편 4절의 <트힐롯>은 '기릴 만한 행동들'(rühmenswerte Taten)2)
을 뜻한다고 봅니다. 이같은 보기를 미셸은 출애굽기 15장 11절
과 이사야 60장 6절과 63장 7절에서도 찾아냅니다. 이리하여 시
편 22편 4[3]3)절에서 '이스라엘의 찬송 중에 거하시는 주여' 할

---

wissenschaftlich Methodik. Genus und Numerus des Nomens (Neukirchen-
Vluyn: Neukirchener Verlag, 1977), 42.

2) 이를 개역한글판, 공동번역, 표준새번역, 개역개정판 모두 '영예'
로 옮기고 있습니다. 다만 임승필(『구약성서번역 1. 시편 <개정판>』[서
울: 한국천주교중앙협의회, 1995], 205)은 '영광스러운 행적'으로 번역
하였습니다.

3) 히브리 성경의 장절 표기가 개역한글판의 장절 표기와 다른 경우
가 400여 군데 있습니다. 이에 대해서는 박동현, 『구약성경개관. 개정
증보판』(서울: 장로회신학대학교 출판부, 2005), 26-27('표 3. 히브리어
성경과 개역한글판 성경 구약 장절 대조표')을 참고하십시오. 절 구분
은 바벨론 식과 팔레스타인 식이 다르고 이미 탈무드(이에 대해서는
Gary G.Porton, "Talmud," *ABD* VI, 310-315 참고) 시대에 있었지만 한 장
안에서 절수를 헤아린 것은 16세기에 이르러서야 관철되었습니다. 히
브리 성경은 표제부터 절수를 헤아리는데, 우리말 성경 개역한글판은
표제는 절수를 헤아릴 때 뺍니다. 그리하여, 보기를 들자면 히브리 본
문의 시편 3편 2절이 개역한글판의 3편 1절이 됩니다. 논문을 쓸 때나
외국말로 된 히브리 사전들이나 주석들이나 참고서들을 읽을 때 조심
해서 보아야 합니다.

때 '찬송'으로 옮긴 <트힐롯>(תְּהִלּוֹת)은 이스라엘 백성이 부르
는 찬송 하나 하나가 모여서 된 여러 찬송들을 뜻한다고 하겠습
니다. 그와는 달리 <트힐림>(תְּהִלִּים)은 모든 시편을 한 묶음으
로 간추려 표현하는 말로, 시편 전체의 이름이 됩니다.

(2) PSALMI

라틴말 <프살미>(psalmi)는 남성 명사 <프살무스>(psalmus)의
복수형인데 <프살무스>는 헬라말 <프살모스>(ψαλμός)에서 왔
습니다.[4] <프살모스>는 본디 손가락으로 무엇을 확 잡아당김을
뜻하는데 주로 현악기를 잡아당겨 소리를 냄을 표현하는 데 쓰
였습니다. 그러던 것이 하프 같은 악기 소리를 뜻하는 말로, 나중
에는 하프 같은 악기에 맞추어 부르는 노래를 뜻하게 되었습니
다.[5] 그렇다면, 적어도 헬라 라틴계 기독교 전통에서 구약의 시
편은 소리 내지 않고 그냥 눈으로만 읽거나 시 낭송하는 식으로
읽는 책이라기보다는 악기, 그것도 현악기의 반주에 맞추어 가
락을 따라 부르는 노래책으로 이해하였던 것이 아닌가 하는 생
각이 듭니다.

이리하여 히브리 전통에서는 하나님을 찬양한다는 점에 초점
을 맞추어 시편의 책이름을 <트힐림>이라 했다면, 헬라 라틴 전
통에서는 그 시편을 사용하는 방식에 초점을 맞추어 책이름을
<프살모이> 또는 <프살미>라 했다고 할 수 있습니다.

---

[4] Charlton T. Lewis & Charles Short (eds.), *A Latin Dictionary* (Oxford: Clarendon Press, 1879)의 psalmus 항목.

[5] Henry George Liddell/ Robert Scott, *A Greek-English Lexicon. With a Supplement* (Oxford: Clarendon Press, 1968; 초판 1843)의 ψαλμός 항목.

2.1.2. 시편 1편 첫머리 난외에 붙어 있는 <세데르> 표시

BHS 시편 첫 쪽의 본문 맨 윗줄 오른쪽 난외에 보면, 본문의 글자와 같은 크기로, 우리 한글 자모 가운데 모음 'ㅏ'와 비슷한 것이 히브리 자모 <사멕>(ס)에 덧붙어 있는 꼴이 나와 있습니다. 이를 가리켜 <세데르>(סֵדֶר, '차례', '순서'라는 뜻)라 하는데, 이는 구약 성경의 장 구분이 있기 이전부터 팔레스타인에 살던 유대인들 사이에 전해 내려오던 구약본문의 단락 구분 표시입니다. 그에 따르면 히브리어 성경은 보통 452부분으로 나누어집니다.[6] 신명기 끝의 '권말 마소라 주기'(masora finalis)[7]를 따르면,[8] 오경의 경우는 167개의 <세데르>가 있는데(실제 헤아려 보면 168개) 이를 매주 하나씩 예배 시간이나 공부 시간에 읽으면 대강 삼 년에 한 번 오경을 다 읽을 수 있도록 되어 있습니다. 말라기 끝의 권말 마소라 주기를 따르면,[9] 예언서에는 모두 204개의 <세데르>가 있다고 합니다. 성문서의 경우에는 책마다 마지막에 <세데르>의 갯수를 헤아려 놓았습니다. 시편 권말 마소라 주기를 보면,[10] 시편은 19개의 <세데르>로 이루어져 있습니다. <세데르> 표시

---

[6] 이에 대해서는 Ernst Würthwein, *Der Text des Alten Testaments. Eine Einführung in die Biblia Hebraica* (Stuttgart: Württembergische Bibelanstalt, [4]1973), 23. > 에른스트 뷔르트봐인 지음, 방석종 옮김, 『성서본문비평 입문』(서울: 대한기독교출판사, 1987), 41과 William R.Scott, *A Simplified Guide to BHS* (Berkerley, California: BIBAL Press, 1987), 1-2를 보십시오.

[7] 이에 대해서는 민영진, 『국역성서연구』(서울: 성광문화사, 1984), 195를 참고하십시오.

[8] *BHS*, 353. 여기서 <스쿰>(סכום)은 '합계'란 뜻입니다.

[9] *BHS*, 1086.

[10] *BHS*, 1226.

왼쪽 옆에 작은 글씨로, 위에 점 찍힌 히브리 자모를 써 놓은 것이
그 순서를 가리킵니다. 그리하여 1편 1절 앞 <세데르> 왼쪽에 붙
은 작은 글씨로 된 א은 그것이 시편에 나오는 첫째 <세데르>인
것을 표시합니다. 둘째(ב) <세데르>는 11편 7절 다음에, 셋째(ג)
<세데르>는 20편 10절부터 시작합니다. 그 다음 <세데르> 표시
는 35편 28절 앞에 나오는 다섯째(ה) <세데르>입니다. 그 다음은
49편 19절 앞의 일곱째(ז) <세데르>입니다. 여덟째(ח) <세데르>
는 57편 12절 앞에 있습니다. 왜 넷째와 여섯째 <세데르> 표시가
없는지는 알 수 없습니다. 도서관에 있는 레닌그라드 사본 영인
본을 한 번 들쳐볼 필요가 있습니다. 시편의 <세데르>, 구약 성경
전체의 <세데르>에 대해서, 단락을 어떤 기준에서 어떻게 나누었
는지 한 번 연구해 볼 만합니다.

2.1.3. 히브리 자모로 된 장 표시: (א)

히브리어 시편의 각 장 첫머리에 수값을 지니는 히브리 자모가
작은 글씨로 적혀 있습니다. 이를테면 레닌그라드 사본 시편 119
편에서는 <콥>(ק), <욧>(י), <텟>(ט) 세 자모 위에 각각 점을 찍어
한데 써서 그것이 118번째 시편인 사실을 밝히고 있습니다. 이렇
게 장을 헤아리는 수가 하나 차이나는 것은 시편 115편에는 따로
장 표시가 없기 때문입니다. 아마도 레닌그라드 사본의 입장에서
는 114편과 115편을 한 편의 시로 본 듯합니다.
그런데 1편의 경우에는 본디 레닌그라드 사본에는 히브리어
시편의 장수를 알리는 숫자가 없다는 사실을 아래 비평란(Ps 1ᵃ
numerus > L)에서 밝히고 있습니다. 그리하여 이 <알렙>을 괄호
안에 적어 두었습니다.

구약 성경의 장수는 14세기 라틴 불가타 성경의 것을 히브리어 사본이 받아들인 것인데, 스티븐 랑톤(Stephan Langton, 약 1150-1228년)에게까지 거슬러 올라갑니다.[11] 그런데 장 구분이 번역본의 전통에 따라 다릅니다. 시편의 경우 처음 1-8편과 마지막 148-150편을 빼고는 칠십인역과 우리가 보는 히브리어 비평판 성경 사이에 다음과 같은 차이가 있습니다.

마소라 본문	칠십인역	마소라 본문	칠십인역
1-8편		116:10-19	115편
9-10편	9편	117-146편	116-145편
11-113편	10-112편	147:1-1	146편
114-115편	113편	147:12-20	147편
116:1-9	114편	148-150편	

2.2. 시편 1편 낱말별 또는 부분별 번역

시편 1편은 분량과 내용과 형식 따위의 여러 가지 면에서 시편 117편과는 많이 다르기 때문에 그 히브리어 본문 읽는 법을 지난 번과는 다른 방식으로 설명하려고 합니다. 시편 117편을 읽을 때처럼, 먼저 히브리어 본문을 단어별로 번역한 다음에 본문이 시로서 지니고 있는 특성을 알아보고, *BHS*의 비평 내용과 마소라 주기의 내용을 살펴보는 식으로 하지 않고, 그 여러 가지 요소를 한데 묶어서 먼저 첫 두 낱말 <아쉬레 하이쉬>(אַשְׁרֵי הָאִישׁ)에

---

11) 앞의 주 6에서 인용한 Ernst Würthwein의 책, 23.

대해 알아본 뒤에, 그 <하이쉬>를 꾸미는 관계문이 어디까지인지 차례로 살펴본 다음, 나머지 부분은 뜻을 따라 알맞게 끊어서 살펴보기로 하겠습니다. 다만 마소라 주기를 읽는 것은 편의상 일단 제외하기로 합니다.

2.2.1. <아쉬레 하이쉬>(אַשְׁרֵי הָאִישׁ)

(1) 시편 1편의 첫 낱말 <아쉬레>(אַשְׁרֵי)는 끝에 장모음 <에>(ֵי)가 나오는 것을 보아서 남성 복수 명사 연계형인 듯합니다. 그 단수 명사 절대형의 뿌리는 <알렙>(א), <쉰>(שׁ), <레쉬>(ר)일 것입니다. 할러데이(W.Holladay) 사전에서는 <에셰르>(אֶשֶׁר)를 올림말로 삼고 있지만, *HAL*에서는 <아쉬레>(אַשְׁרֵי) 자체를 올림말로 삼습니다. 이는 이 낱말이 남성 복수 연계형의 꼴로 이미 독특하게 사용되어 있어서 그 자체를 하나의 굳어진 꼴로 볼 수 있다는 점을 암시합니다. *HAL*에서는 이 낱말의 뜻을 "이러이러한 사람은 행복하다."(glücklich wer), "이러이러한 사람에게 행복이 있다."(heil dem der)라는 식으로 옮기고, 이 낱말이 쓰이는 방식으로 명사가 뒤따르는 경우(왕상 10:8; 시 2:12 등)와 대명접미어가 붙는 경우(신 33:29; 시 128:2 등)와 아람어 관계사가 뒤따르는 경우(시 137:8-9; 146:5)와 바로 관계문이 붙는 경우(잠 8:32)의 네 가지를 듭니다.

(2) 이리하여 <아쉬레 하이쉬>(אַשְׁרֵי הָאִישׁ)가 본디는 '그 사람의 복'을 뜻했겠지만, 지금은 "그 사람은 행복하다." 또는 "그 사람에게 행복이 있다."를 뜻하는 명사 문장으로 이해할 수 있습니다. 그렇지만, 이 표현이 정확히 "그 사람은 행복하다."란 뜻인

지, 아니면 "그 사람이 행복하기를 바란다."는 뜻인지 궁금해집
니다. 그러니까, 행복한 상황을 확정하는 표현인가, 아니면 행복
을 빌어주는 표현인가 하는 것입니다. 이에 대한 답을 알려면, 이
런 형식의 표현이 나오는 모든 구약 본문을 찾아 그 쓰임새를 따
져보아야 합니다. 이러한 작업은 원칙적으로 우리가 히브리어
성구 사전과 히브리어 성경을 직접 들추어 가면서 할 일입니다.
그렇지만, 이미 학자들이 연구해 놓은 바가 들어 있는 구약 신학
용어 사전을 찾아볼 수도 있습니다.12) 다른 한편으로는 '복'을
뜻하는 다른 중요한 히브리 낱말인 <브라카>(בְּרָכָה) 및 그 관련
낱말들과 견주어 보아서 <아쉬레>의 뜻을 밝혀보기도 합니다.13)
일반적으로 <브라카>가 하나님으로부터 비롯되는 복을 말한다
면, <아쉬레>는 사람이 복 받은 것을 이웃이 부러워하면서 그 행
복한 상황을 축하하는 말로 이해합니다. 이 낱말이 시편에 가장
많이 나오지만(26번), 그 다음 많이 쓰이는 곳이 잠언입니다(8번).
이 낱말이 쓰이는 시편 본문도 지혜 문학적인 성격을 띠는 경우
가 많은 것으로 볼 때, <아쉬레>는 지혜 문학에서 중요한 역할을
하는 것으로 볼 수 있습니다. 이럴 경우, 이 <아쉬레>는 그저 남
의 행복을 인정하고 찬양하고 축하하는 데 그치는 것이 아니라,
그 말을 듣거나 그런 글을 읽는 사람들에게 행복하게 될 수 있는
길을 소개하면서 그 길을 따라 살 것을 권장하는 의도를 표현한
다고도 하겠습니다.

---

12) 이를테면 H. Cazelles, "אַשְׁרֵי," *ThWAT* I (1973) 481-485와 M. Soebo,
"אשׁר *'šr* pi. **glücklich machen**," *THAT* I (1971), 257-260을 보면 <아쉬레>
의 쓰임새에 대해 자세한 설명을 읽을 수 있습니다.

13) 이에 대해서는 우선 김중은, "축복의 성서적 목회적 이해,"『구약
의 말씀과 현실. 심천 김중은 구약학공부문집』(서울: 한국성서학연구
소, 1996), 151-172, 특히 162를 참고할 수 있습니다.

이리하여 시편 1편의 첫 마디 <아쉬레 하이쉬>가 하나님을 찬
양하는 것이 아니라 사람을 칭송하는 것이기는 하지만, 그런대로
시편집이 찬양의 노래집이라는 분위기를 어느 정도 느끼게 해
주는 것으로 보입니다.

문제는 행복하다고 일컬어지는 '그 사람'(<하이쉬>)을 묘사하
는 관계문이 그 뒤에 길게 이어진다는 데 있습니다.

2.2.2. <하이쉬>(הָאִישׁ)를 꾸미는 관계문

이 관계문이 어디서 끝이 나는가 하는 것은 시편 1편 이해에
중요한 문제입니다. 우선 확실한 것부터 하나씩 확인해 나가기로
하십시다.

2.2.2.1. 첫째 동사 문장: <아셰르 로 할락 바아찻 르샤임>(אֲשֶׁר לֹא הָלַךְ בַּעֲצַת רְשָׁעִים)

이 관계문이 동사 문장이라는 것은 정동사 <할락>(הָלַךְ)에서
분명히 알아차릴 수 있습니다. 그 의미상의 주어는 선행사로 나온
'그 사람'(<하이쉬>, הָאִישׁ)입니다. '그'는 우선 '가지 않았던'(<로
할락>, לֹא הָלַךְ) 사람입니다. 여기 동사 הָלַךְ이 완료형으로 쓰
인 것은 너무나 분명한 결단과 그에 따른 행동을 표현하기 위함
이라고 이해할 수 있습니다. 이 사람에게 있어서는 '가지 않는 것'
은 이미 완결된 상황이라는 식입니다. 그러니까, 이런 경우에 완
료 시제는 시간 개념이라기보다는 어떤 확정된 사실을 표현한다
고 하겠습니다.[14]

---

14) *TSP*, 109.

‘가다’라는 동사가 있으면, 우리는 ‘어디로’라는 물음을 던질 수 있습니다. 그 다음에 이어지는 표현 <바아찻 르샤임>(בַּעֲצַת רְשָׁעִים)이 이에 대해 답을 주리라고 기대할 수 있는지, 과연 그런지 한 번 살펴보십시다. <바아찻>(בַּעֲצַת)은 전치사 <브>(בְּ)에 단수 여성 명사 연계형 <아찻>(עֲצַת)이 한데 어우러진 꼴입니다. <아찻>의 기본꼴을 사전에서 찾아보면 <에차>(עֵצָה)인데, 이 낱말은 ‘의논한다’, ‘상의한다’, ‘상담한다’, 더 나아가서 ‘계획한다’, ‘결정한다’를 뜻하는 동사 <야아츠>(יָעַץ)에서 비롯된 명사입니다. 따라서, 이 명사는 문맥에 따라 ‘의논’이나 ‘계획’을 뜻할 수 있습니다. <르샤임>(רְשָׁעִים)이 남성 복수 절대형 명사라는 것은 금방 눈에 띕니다. 그 기본꼴 <라샤으>(רָשָׁע)는 본디 ‘악한’, ‘나쁜’이라는 뜻의 형용사이지만, 여기서는 ‘악한 사람’, ‘나쁜 사람’이란 뜻의 명사로 쓰이고 있습니다. 히브리어 성경에서 ‘악인’을 뜻하는 히브리 낱말이 여럿 있습니다. 그 가운데서 이 <라샤으>는 *HAL*에 따르면 일반적으로 하나님 앞에서 본질적으로 오만불손하고 불경스런 태도를 보이는 경우를 뜻합니다.

이리하여 <아찻 르샤임>(עֲצַת רְשָׁעִים)은 ‘악인들의 의논, 계획’을 뜻한다고 하겠습니다. 그 앞에 본디 장소를 뜻하는 전치사 <브>(בְּ)가 붙어서 <할락>(הָלַךְ)과 관련된다고 할 때, 그 전체를 직역하면 “악인들의 의논(또는 계획) 안에 걷지 않았다(또는 않는다).”가 될 수 있습니다. 이것이 무슨 뜻입니까? *HAL*에서는 이 경우 <에차>(עֵצָה)는 ‘계획’을 뜻한다기보다는 ‘공동체’(Gemeinschaft)나 ‘전체’(Gesamtheit)를 뜻하는 것이 아니겠는가 하는 의견을 제시하고 있습니다. 이는 <에차>가 ‘가다’에 어울리는 장소의 개념이 아니고, <할락>이 구약 본문에서는, *HAL*에서도 밝히고 있듯이, 때때로 사람이 살아가는 방식, 처신하는 방식을 뜻한

다는 점을 고려한 듯합니다. 그렇다면 <할락 바아찻 르샤임>
(הָלַךְ בַּעֲצַת רְשָׁעִים)은 결국 악인들과 사귀면서 살아간다는 뜻
이라 이해할 만합니다.

아무튼, 이제는 이 동사 문장을 우리말로 옮기는 과정에 어떤
문제가 일어날 수 있는지를 생각해 보십시다.

우선 히브리어 동사 문장의 기본 어순은 동사가 먼저 나오고
그 뒤에 주어나 다른 말들이 나옵니다. 이 점에서 <로 할락 바아
찻 르샤임>(לֹא הָלַךְ בַּעֲצַת רְשָׁעִים)은 전형적인 어순을 따른
다고 하겠습니다. 그런데 우리말에서는 동사가 보통 문장의 끝
에 옵니다. 히브리말로 우리말의 이런 차이를 어떻게 이해해야
하겠습니까? 히브리 사람들의 언어 생활에서는 무슨 행동을 했
느냐가 중요했다면, 우리나라 사람들의 경우에는 그 행동의 주인
공이 누구냐가 더 중요했다고 보아야 하겠습니까?

다음으로, <르샤임>(רְשָׁעִים)은 복수인데, 개역한글판에서는
이를 그저 단수로 '악인'이라고만 옮기고 있습니다. 여기서 히브
리어의 복수는 우리말로도 반드시 복수로 옮겨야 하는가 하는
문제가 일어납니다. 본디 우리말에서는 서양말에서 중요한 '수의
일치'가 반드시 필요한 것은 아닙니다.

많은 학생이 시위를 한다. // 많은 학생들이 시위를 한다.
저기에 참새가 많다. // 저기에 참새들이 많다.

위에서 왼쪽에 있는 두 문장이 오른쪽에 있는 것보다 우리말
투에는 더 잘 어울립니다.15) 개역한글판에서 히브리어 복수 명사
<르샤임>(רְשָׁעִים)을 단수 '악인'으로 옮긴 것도 이런 점에서는

---

15) 서정수, 『국어문법』(서울: 뿌리깊은나무, 1994), 382.

충분히 이해가 됩니다. 개역 한글판은 그 뒤로도 시편 1편에 나오
는 복수 명사를 한결같이 단수로 옮기고 있습니다. 그런데, 이것
이 우리의 언어 감정에는 맞는지 몰라도, 시편 1편을 바르게 하는
데는 중대한 문제를 불러일으킵니다. 앞질러 말한다면, 이 시편
에서 행복하다고 칭송받고 인정받는 대상은 한 사람인 반면에
그를 둘러싸고 그를 유혹하는 주체들은 여러 사람이라는 사실은,
숱한 악인들 가운데 홀로 꿋꿋이 지조 있게 하나님을 섬기는 한
의인의 모습을 보여주기 때문입니다. 이에 대해서는 나중에 더
자세히 알아보기로 하고, 관계사 <아셰르> 뒤에 나오는 둘째 문
장을 보십시다.

2.2.2.2. 둘째 동사 문장: <우브데렉 핫타임 로 아맛>(וּבְדֶרֶךְ חַטָּאִים לֹא עָמָד)(1절 후상반절)

첫머리 <우브데렉>(וּבְדֶרֶךְ)은 <접속사> וְ의 유성 <쉬와>가
한편으로는 그 바로 뒤에 오는 입술소리 <벳>(ב) 때문에, 다른
한편으로는 <벳>(ב) 아래에 있는 또 다른 유성 <쉬와> 때문에
<우>(וּ)로 바뀐 꼴로, 전치사 <브>와 명사 <데렉>(דֶרֶךְ)이 합했기
때문입니다. 그 다음 낱말 <핫타임>(חַטָּאִים)에서 남성 복수 절대
형 어미 <임>(יִם)을 떼내어 놓고 사전을 찾아보면, 기본꼴이 <핫
타>(חַטָּא)인데, 이는 본디 '죄 있는'이라는 뜻의 형용사인데, 여
기서는 앞 1절 전하반절에 나온 <라샤으>(רְשָׁע)의 경우처럼 '죄
인'이라는 명사로 쓰이고 있습니다. 이 <핫타임>이 앞의 명사
<데렉>과 이어진다고 볼 때, <데렉>은 여성 단수 명사의 연계형
입니다. 그리하여 <브데렉 핫타임>(בְּדֶרֶךְ חַטָּאִים)은 '죄인들의
길 안에'라고 직역할 수 있습니다. 이미 말한 바처럼, 개역한글판

은 여기서도 히브리어 복수 명사 <핫타임>을 단수 '죄인'으로 옮기고 있습니다.

<우브데렉 핫타임> 다음의 <로 아맛>(לֹא עָמָד)에서 동사 <아맛>(עָמָד)의 마지막 모음이 길어진 것은 강세 때문입니다.

이처럼, 이번에는 앞 문장의 경우와는 달리 동사가 이 전치사구 뒤에 옵니다. 그리하여 행복한 그 사람이 '서지 않는'(<로 아맛>) 곳이 '죄인들의 길 안'인 점을 히브리어 동사 문장에서 동사와 동사 관련 어구의 뒤바뀐 어순을 통해서 표현하고 있습니다. 그런데, 우리 한글 문장에서는 본디 동사가 뒤에 오고 동사와 관련된 말들이 앞에 오기 때문에 이러한 원문의 상황을 살려서 제대로 번역하기가 거의 불가능합니다.

다른 한편으로, 이 문장과 앞 문장의 어순을 비교해 보면, 앞 문장은 동사 다음에 동사 관련 어구가 오고, 이 문장은 동사 관련 어구 다음에 동사가 옴으로써, 동사 둘이 가운데 동사 관련 어구 둘을 감싸고 있는 듯한 꼴을 하고 있습니다. 이런 수사적인 특성을 더 정확히 이해하려면 적어도 그 다음 셋째 문장도 함께 보아야 합니다.

그에 앞서 관계사 <아셰르>(אֲשֶׁר) 다음의 첫 두 문장에 같이 관계되는 비평란의 주를 살펴볼 필요가 있습니다. 다름이 아니라 <바아찻>(בַּעֲצַת)에 a로, <우브데렉>(וּבְדֶרֶךְ)에 b로 본문에서 표시한 데 대해 아래 비평란에서 '1,1ᵃ·ᵇ S invers'라는 식으로 설명한 것이 무엇을 뜻하는가 하는 것입니다. S는 시리아어 역본을 가리킵니다. invers라는 라틴어 약자는 inverso ordine, 곧 '뒤바뀐 순서로'를 뜻합니다. 그러니까, 시리아어 역본에는 <바아찻 르샤임>(בַּעֲצַת רְשָׁעִים) 대신에 <브데렉 르샤임>(בְּדֶרֶךְ רְשָׁעִים), <우브데렉 핫타임>(וּבְדֶרֶךְ חַטָּאִים) 대신에 <우바아찻 핫타임>(וּבַעֲצַת

םיאטח(חַטָּאִים)에 상당하는 뜻으로 번역되어 있다는 것입니다. 그리하여
"악인들의 계획 안에 가지 않고 죄인들의 길에 서지 않는다."가
"악인들의 길로 가지 않고 죄인들의 계획 안에 서지 않는다."는
식으로 번역했다는 것입니다. 뜻으로 보면 '길로 가다'가 '계획
안에 가다'보다 더 나아보입니다. 그렇지만 마소라 본문에 견주
어 볼 때 시리아어 역본은 그 비중이 낮기 때문에, 이를 굳이 따를
필요는 없습니다.

2.2.2.3. 셋째 동사 문장: <우브모샵 레침 로 야샵>(וּבְמוֹשַׁב
לֵצִים לֹא יָשָׁב:)(1절 후하반절)

관계사 <아셰르>(אֲשֶׁר) 다음에 세 번째로 나오는 이 동사 문
장도 그 앞 둘째 문장처럼 동사 관련 전치사구인 <브모샵 레침>
(בְּמוֹשַׁב לֵצִים)이 정동사 <야샵>(יָשַׁב)보다 먼저 나와서 강조되
어 있습니다.
<우브모샵>(וּבְמוֹשַׁב)에서 접속사 וְ의 모음 변화는 바로 앞 문
장의 첫 낱말 <우브데렉>(וּבְדֶרֶךְ)의 경우와 같습니다. 또 이 낱
말이 접속사와 전치사와 단수 명사 연계형으로 이루어진 점도
마찬가지입니다. 다만 <모샵>(מוֹשַׁב)에서 마지막 모음이 긴 <아>
(ָ)가 아니라 짧은 <아>(ַ)라는 점에서 이것이 연계형이라는 점이
금방 드러납니다. <데렉>(דֶרֶךְ)의 경우에는 절대형과 연계형의
꼴이 같았습니다. <모샵>(מוֹשַׁב)은 '앉다, 거주하다'는 뜻의 동사
<야샵>(יָשַׁב)에서 비롯된 명사로서, '앉는 곳', '자리'를 뜻합니다.
<레츠>(לֵץ)는 '큰소리치다', '야유하다'는 뜻의 동사 <리츠>(לִין)
에서 비롯된 명사로서 '수다장이', '야유자'를 뜻합니다. 이 낱말
이 잠언에서 쓰이는 여러 경우를 살펴보면, 주로 하나님의 권위를

업수이 여기고 함부로 큰소리치고 떠들어 대는 사람을 가리키는 것으로 보입니다.16) 이렇게 볼 때 개역한글판에서 이를 '오만한 자'로 옮긴 것은 괜찮은 번역이라 할 수 있습니다. 다만, 이 경우에도 히브리어 복수 명사를 단수로 옮긴 점은 문제가 됩니다.

이리하여 <우브모샵 레침>은 '그리고 오만한 자들의 자리 안에'를 뜻합니다.

이 전치사구 다음에 동사 <야샵>(יָשַׁב)의 마지막 모음이 길어진 것은 둘째 문장의 동사 <아맛>(עָמָד)의 경우처럼 거기에 강세가 붙었기 때문입니다.

이 문장과 앞의 문장을 서로 견주어 보면, 동사 관련 어구가 먼저 나오고 그 다음에 동사가 나오는 점이 두 문장에 공통됩니다. 그리하면서, '길'과 '자리', '죄인들'과 '오만한 자들', '서다'와 '앉다'가 서로 짝을 이룹니다. '서다'와 '앉다' 이 두 낱말 자체만으로는 서로 반대되는 뜻을 지니지만, 전체의 흐름을 보면, 실제로는 죄인들과 교류하지 않는다는 점을 조금씩 다른 식으로 표현했다고 하겠습니다.

더 나아가서 장소를 가리키는 '길'과 '자리', 그 장소에 있는 사람들을 가리키는 '죄인들'과 '오만한 자들', 이들의 동작을 말하는 '서다'와 '앉다'는 다시 관계사 <아셰르> 뒤의 첫 문장에 나오는 '계획', '악인들', '걷다'와 각각 맞추어 볼 수 있습니다. 그리하여 흔히 이 세 문장이 한편으로는 서로 평행성을 띠고, 다른 한편으로는 '가다'—'서다'—'앉다'라는 동사의 흐름에서 볼 수

---

16) 박동현, "성경전서 개역한글판 시편 1편의 관주에 대한 연구," 「성서원문연구」 제6호(2000년 2월), 198-244, 특히 항목 2.1.5를 참고하십시오. 이 논문은 또한 <박동현의 이야기방>(http://dhpark.net)의 연구논문 게시판 5번에서 찾아볼 수 있습니다.

있듯이 앞에서부터 뒤로 갈수록 무엇인가 진행되는 성격을 띤다
고 생각합니다. 여기서 우리는 1절의 강세 부호를 살펴 볼 필요가
있습니다.

2.2.2.4. 시편의 강세 부호

히브리어 성경에 쓰이는 강세 부호 체계는 크게 두 가지로 나
누어집니다. 하나는 시편과 욥기와 잠언에 쓰이는 강세 부호 체계
이고, 다른 하나는 이 세 책을 뺀 나머지 21권의 책에 쓰이는 강세
부호 체계입니다.

우리가 초급 문법을 배울 때, 또 히브리 원전 강독 초기 단계
에서 익힌 것은 둘째 경우입니다. 그 중요한 내용 가운데 한 가지
는, 한 절을 크게 둘로 나눌 때 앞부분의 끝에 붙는 강세 부호가
<아트나흐>(אַתְנָח)라는 것입니다.

그런데, 시편과 욥기와 잠언에만 쓰이는 강세 부호 체계에서는
원칙적으로 한 절을 둘로 나누는 강세 부호는 <아트나흐>가 아
니라 <올레 워요렛>(עוֹלֶה וְיוֹרֵד)이고, <아트나흐>는 그 반절을
다시 반으로 나눌 때 쓰는 것으로 알려져 있습니다. 1절의 경우에
<르샤임>(רְשָׁעִים)에 붙어 있는 강세, 곧 <쉰>(שׁ) 위의 ˹와 <아인>
(ע) 아래의 ˌ을 합한 것이 <올레 워요렛>입니다. 따라서, 강세에
따라 1절을 전반절과 후반절로 나눈다면, 전반절은 <르샤임>에서
끝이 납니다. <아트나흐>는 어디에 있습니까? <아트나흐>는 후
반절의 <아맛>(עָמָד)에 있습니다. 그리하여, 이런 시문의 강세
부호 체계를 존중할 경우에는, 관계사 <아셰르> (אֲשֶׁר) 뒤에 나
오는 세 동사 문장 가운데서 첫째 문장이 둘째, 셋째 문장보다 더
중요하게 다루어질 수 있습니다. 이를테면, '악인들의 계획에 가

지 않는다.'는 것이 복 있는 '그 사람'의 생활 원칙이고, 이것을
더 자세히 설명하는 것이 '죄인들의 길에 서지 않는 것'과 '오만
한 자들의 자리에 앉지 않는 것'이라는 식입니다.17)

2.2.2.5. 1절과 2절의 연속성

그러면, 1절로서 첫머리 <하이쉬>(הָאִישׁ)에 대한 관계문이 끝
났습니까? 우선 1절 끝 낱말 <야샵>(יָשָׁב) 다음에 절의 끝을 표시
하는 부호 ':'(<솝 파숙>, סוֹף פָּסוּק)이 있으니, 관계문이 끝난
것처럼 보입니다. 만일 그렇다면, 이제 1절 전체를 한꺼번에 번역
해 볼 필요가 있습니다. 이를테면, "악인들의 계획에 걷지 않고
죄인들의 길에 서지 않고 오만한 자들의 자리에 앉지 않는 사람
은 행복하도다." 정도로 번역할 수 있습니다. 문제는 이럴 경우에
<아쉬레>(אַשְׁרֵי)가 첫머리에 있어서 '복되다'는 사실을 인상 깊
게 표현하는 히브리 본문의 맛이 제대로 살아나지 않는다는 데
있습니다.18) 아마 그 때문에 개역한글판에서 '복 있는 자는...'이

---

17) 김정우, "BHS 시편의 본문비평 장치 해설," 「성서원문연구」 제4
호 (1999년 2월), 24-33을 참고하십시오.

18) 이와 비슷한 경우로 마태복음 5장 앞부분에서 헬라어 <마카리오
스>(μακάριος)로 시작하는 문장이나 구약에서 히브리 낱말 <호이>
(הוֹי)로 시작하는 문장을 들 수 있습니다. 이를테면 개역한글판 아모스
5장 18절에서는 "화 있을찐저 여호와의 날을 사모하는 자요"로 번역함
으로써, 히브리어 본문의 첫머리에 <호이>(הוֹי)가 온다는 점을 고려했
으나, 이사야 5장 8절에서는 "가옥에 가옥을 연하며 ...하는 그들은 화
있을찐저"로 옮김으로써 히브리어 본문 첫머리에 나오는 <호이>(הוֹי)
가 한글 번역에서는 맨 뒤로 가고 말았습니다.

라는 식으로 번역했을 것입니다. 그렇지만, 이는 '복 있다'는 서술어를 '복 있는' 한정어로 바꾸어 쓴 문제점을 남깁니다. 그리하여 "행복하리, 악인들의 의논대로 걸어가지 않고 죄인들의 길에 서지 않고 거만한 자들의 자리에 앉지 않는 사람!"이라고 번역하면 조금 더 낫지 않을까 하는 생각도 해 봅니다.

그런데, <아셰르>(אֲשֶׁר)로 시작되는 관계문은 1절로 끝나지 않고, 2절로도 연결되는 것으로 보입니다. 2절의 첫머리 <키 임>(כִּי אִם)에서 이를 알 수 있습니다. <키 임>은 앞에 나오는 <로>와 같이 쓰이면서 "'ㄱ'이 아니고, 'ㄴ'이다."(영어의 '... not ... , but [rather] ...')를 뜻할 때 나오는 접속사이기 때문입니다. 이리하여 1절 끝의 마침 부호를 넘어서서 1절과 2절은 짝을 이루면서 긴밀히 이어지는 것으로 보아야, 본문을 제대로 이해할 수 있습니다. 1절에서 복 있는 사람의 부정적인 표식을 말했다면, 이제는 2절에서 그보다 더 중요한 긍정적인 표식을 밝혀야 할 때이기 때문입니다. 2절은 다시 두 부분으로 나누어집니다. 전반절은 명사 문장이고 후반절은 다시 동사 문장입니다.

2.2.2.6. 첫째 명사 문장: <키 임 브토랏 야흐웨 헵초>(כִּי אִם בְּתוֹרַת יְהוָה חֶפְצוֹ)(2절 전반절)

<브토랏>(בְּתוֹרַת)은 전치사 <브>(בְּ)와 여성 단수 명사 연계형 <토랏>(תוֹרַת)이 합친 꼴로, 그 뒤 <야흐웨>(יְהוָה)와 이어 읽게 됩니다. <토랏>(תוֹרַת)의 기본꼴인 <토라>(תוֹרָה)는 본디 '가르치다', '(손가락으로) 가리키다'를 뜻하는 동사 <야라>(יָרָה)의 사역 능동 어간(<히프일>)인 <호라>(הוֹרָה)에서 비롯된 명사로서 '길 안내', '가르침'을 뜻합니다. 이것이 나중에 하나님의 '가르침'

이 고정된 형태를 지니게 된 '율법'을 뜻하는 말로 쓰이게 됩니다. 이리하여 <브토랏 야흐웨>(בְּתוֹרַת יְהוָה)는 우선 '야훼의 가르침 안에'라고 직역할 수 있습니다.

그 다음 낱말 <헵초>(חֶפְצוֹ)의 맨 뒤에 붙은 <오>(וֹ)는 단수 남성 삼인칭 대명접미어이어서 '그 남자의'를 뜻합니다. 이 대명접미어가 붙은 명사의 기본꼴은 <헤페츠>(חֵפֶץ)인데, 이 낱말은 '..을 기뻐하다', '...을 좋아하다', '...하고 싶어하다'를 뜻하는 동사 <하페츠>(חָפֵץ)에서 비롯된 명사로서 '기쁨', '즐거움', '바람[願]'을 뜻합니다. 이리하여 <헵초>(חֶפְצוֹ)는 '그 남자의 기쁨(또는 즐거움, 바람)'으로 직역할 수 있습니다.

이처럼 이 문장은 동사 없이 서술어가 되는 전치사구 하나와 주어가 되는 명사 하나로 이루어진 문장입니다. 그런데, 서술어가 먼저 나오고 주어가 나중에 나옵니다. 이는 주어가 서술어보다 먼저 나오는 히브리어 명사 문장의 일반 어순과 반대입니다. 따라서, 서술어가 강조된다고 볼 수 있습니다. 그러니까, 다른 어떤 것이 아니라 바로 '야훼의 가르침 안에' '그 남자의 기쁨(또는 즐거움, 바람)'이 있다는 식으로 표현한 것입니다. 여기서 <헵초>(חֶפְצוֹ)의 <오>(וֹ)가 가리키는 '그 남자'는 누구입니까? 1절 첫머리에 나온 <하이쉬>(הָאִישׁ), '그 사람'입니다.

이리하여 <아셰르>(אֲשֶׁר) 이후에 처음으로 나오는 이 명사 문장을 히브리 어순을 살려 직역한다면, '오히려 야훼의 가르침에 자신의 기쁨이 있는 (사람)' 정도로 할 수 있습니다. 이것이 우리말로는 어색하기 때문에, '오직 여호와의 율법을 즐거워하며'라는 식으로 개역한글판에서 옮기고 있는데, 이 번역은 히브리어 명사 문장을 동사 문장으로 바꾸어 번역한 것이어서 히브리어 본문의 독특한 분위기를 제대로 살리지 못하고 있습니다.

여기서 히브리어 명사 문장의 기능, 특히 이 경우처럼 동사 문장에 둘러싸인 명사 문장의 기능에 대해 생각해 볼 필요가 있습니다. 명사 문장과 동사 문장이 다른 점이 무엇입니까? 정동사가 있느냐 없느냐 하는 것은 문장을 구별하는 형식적인 기준일 따름입니다. 아주 일반적으로 말해서 동사 문장이 어떤 행동이나 과정을 표현한다면, 명사 문장은 주어의 존재나 성질이나 상태나 상황을 표현하는 수가 많습니다. 이리하여 본문의 경우에 "그의 즐거움이 야훼의 가르침에 있다."는 명사 문장과 "그가 야훼의 가르침을 즐거워한다."는 동사 문장은 말하려는 바가 서로 다릅니다. 앞 문장에서 야훼의 가르침을 즐거워하고 있는 상태 또는 상황에 초점을 두고 있다면, 뒷 문장에서는 그런 과정이나 행동을 말합니다. 이리하여 야훼의 가르침에 대한 '그'의 관계가 뒷 문장보다 앞 문장에서 훨씬 더 강하게 표현되고 있는 것입니다. 특히 이 경우처럼 명사 문장이 앞뒤의 동사 문장과 관련되어 있을 때, 명사 문장은 동사 문장에서 표현하려는 바의 전제가 되는 배경 상황을 밝혀 준다고 할 수 있습니다.

2.2.2.7. 넷째 동사 문장: <우브토라토 예흐게 요맘 왈라열라>
(וּבְתוֹרָתוֹ יֶהְגֶּה יוֹמָם וָלָיְלָה:)(2절 후전반절)

<우브토라토>(וּבְתוֹרָתוֹ)는 접속사 <워>(וֹ), 전치사 <브>(בְ), 여성 단수 명사 <토라>(תוֹרָה)의 연계형인 <토랏>(תוֹרַת), 남성 단수 삼인칭 대명접미어 <오>(וֹ)의 네 요소로 이루어져 있습니다. 그 첫머리 <우>(וֹ)는 1절에서 <아셰르>(אֲשֶׁר) 다음에 나오는 둘째, 셋째 문장의 첫 낱말의 경우처럼 접속사 <워>(וֹ)의 모음이 입술소리이자 유성 <쉬와>가 있는 <브>(בְ) 때문에 달라진 것입

니다. 그 뜻은 '그리고 그 남자의 가르침 안에'입니다. 글의 흐름으로 보면, 여기서 말하는 '그 남자'는 바로 앞에 나온 '야훼'를 가리킵니다.

그 다음 낱말 <예흐게>(יֶהְגֶּה)는 동사 <하가>(הָגָה)의 단순 능동 어간 미완료 단수 남성 삼인칭형입니다. 동사 <하가>는 짐승들이 내는 소리, 이를테면 비둘기가 구구거리거나 사자가 으르렁거리는 것을 말하는데, 사람이 주어가 될 때는 작은 소리로 무엇을 생각하면서 읽는 것, 또는 계획하는 것을 뜻합니다. 따라서 이 낱말을 '묵상하다'로 옮긴 것은 그리 잘 된 번역이 아닙니다. 개역개정판에서는 시편에 이 낱말이 나올 때 주로 '작은 소리로 읊조리다'로 옮겼습니다. 그렇지만, 이렇게 소리를 내며 읽을 때, 그 뜻을 곰곰 생각한다는 뜻이 들어 있다는 점을 잊지 말아야 합니다. 아무튼 이 <예흐게>(יֶהְגֶּה)의 주어는 1절 첫머리의 <하이쉬>(הָאִישׁ)입니다.

이리하여 <브토라토 예흐게>(בְּתוֹרָתוֹ יֶהְגֶּה)는 동사보다 동사 관련 전치사구가 먼저 나와서 강조된 동사 문장입니다. 그러니까, '그 사람'은 다른 것이 아닌 바로 '그(=야훼)의 가르침을 소리내며 읽는다'는 것입니다. 여기서 <토라>(תוֹרָה)는 구체적으로 책 같은 것을 뜻하는 것으로 보입니다. 그냥 추상명사인 '가르침'을 읽음의 대상으로 삼을 수는 없기 때문입니다.

<요맘 왈라열라>(יוֹמָם וָלַיְלָה)는 두 낱말이 한 개념을 표현하는 경우로 볼 수 있습니다. <요맘>(יוֹמָם)은 '낮'을 뜻하는 <욤>(יוֹם)에 '동안'을 뜻할 수 있는 옛 어미 <멤>(מ)이 붙어서 '낮동안'을 뜻하게 된 것입니다. <라열라>(לַיְלָה)에는 그런 어미가 붙지 않았지만 두 낱말 사이에 접속사의 모음이 긴 <아>가 됨으로써 두 낱말이 긴밀하게 연결된 것을 알 수 있습니다.

다시 여기에 쓰인 동사 <하가>(הָגָה)로 돌아가 보십시오. 이 동사가 <예흐게>(יֶהְגֶּה)라는 미완료형으로 쓰인 것을 어떻게 이해해야 하겠습니까? 1절에 나오는 동사들이 모두 완료형이었기 때문에 더욱 더 그 까닭이 궁금합니다. 얼른 생각할 수 있는 것은 미완료형은 되풀이되는 동작을 표현하기 때문에, 이 경우도 '읊조리곤 한다'는 뜻으로 이해할 수 있는 듯합니다. 그렇지만, 그렇게 할 바에야 차라리 2절 후반절도 2절 전반절처럼 명사 문장으로 하는 게 더 낫지 않았겠는가 하는 생각도 듭니다. 이를테면, '오히려 야훼의 가르침에 자기의 즐거움이 있고, 밤낮의 묵상거리가 그의 율법인 (사람)'이라는 식으로 할 수 있었을 것입니다. 그런데도, 여기 미완료 정동사가 쓰인 것은 이 후반절이 앞 전반절 명사 문장이 표현하는 상태나 상황을 구체적으로 설명하는 것으로 볼 수 있습니다. 따라서 2절 전반절과 후반절을 평행 관계로 보는 데 조금 문제가 있습니다. 이런 점을 생각하여 2절 전체를 번역해 본다면, "오히려 밤낮으로 그의 율법을 작은 소리로 읊조림으로써 야훼의 가르침에 자기의 즐거움이 있는" (사람)으로 할 수 있습니다.19) 그러나 우리말로는 이렇게 하는 것이 어색하기 때문에 후반절을 전반절의 결과로 옮길 수도 있을 것입니다. 그러니까, 전반절의 상황을 기반으로 해서 후반절을 이해할 수 있겠다는 뜻입니다. 그리하여 "오히려 야훼의 율법에 자기의 즐거움이 있어서 그의 율법을 밤낮으로 작은 소리로 읊조리는 (사람)" 정도로 옮길 수 있겠습니다.

이처럼 1절의 관계사 <아셰르>(אֲשֶׁר)의 영향이 2절 끝까지 미친다고 할 때, 1-2절을 통틀어 번역해 볼 필요가 있습니다. 이것이 쉬운 일은 아니지만, 한 번 다음과 같이 시도해 볼 만합니다. "악

---

19) *TSP*, 109-110을 참고하십시오.

인들의 계획에 가지 않고 죄인들의 길에 서지 않고 오만한 자들의
자리에 앉지 않고 오히려 야훼의 율법에 자기 즐거움이 있어서
그의 율법을 밤낮으로 읊조리는 사람은 행복하도다!"

그러면, 이제 관계문은 2절로 끝난 것입니까? 3절과 1-2절은
어떤 관계이겠습니까? 이 논의를 계속하기 전에 시편 1편 2절의
내용과 관련하여 옛 애굽의 서기관의 신 <토트>의 수호를 받는
한 지혜자가 두루마리를 읽고 있는 그림 자료를 참고할 만합니
다.[20] 애굽의 지혜자는 <토트> 신의 글들을 공부함으로써 세상
을 유지하고 주장해 나가는 거룩한 힘들에 동참할 수 있다고 믿
었다고 합니다. 그러니까 애굽의 지혜자는 이 경전 연구를 통해
서 하늘을 떠받치고 있는 사람이라는 것입니다. 시편 1편에 나타
나는 경전 중심의 경건성은 이러한 애굽의 지혜 전통에 강하게
영향을 받은 이스라엘의 지혜 운동과 깊은 관계가 있는 것으로
보입니다. 포로 후기 이스라엘에서 모세의 율법이 중요하게 된
이후로 특히 글로 적힌 율법을 우주의 법과 동일시하는 경향이
강해지면서 유대교에서는 경전 연구 자체가 구원의 길이 되는
전통으로 발전하게 되었다고 합니다(요 7:49 참고).

2.2.3. 3절

앞에서 우리는 1절의 <하이쉬>(הָאִישׁ)를 꾸미는 관계문이 적
어도 2절 끝까지 이어진다는 것을 확인했습니다. 이제 우리는 3
절도 이 관계문에 들어가는가 하는 문제를 따져보려고 합니다만
그에 앞서 우선 3절 자체를 살펴보겠습니다.

---

[20] *WaBAT*, 330의 윗 그림(번호 478a).

3절은 *BHS*의 줄바꾸기에서도 드러나듯이 크게 세 부분으로 이루어져 있습니다. (ㄱ) <워하야 크에츠 샤툴 알팔게 마임>(וְהָיָה כְּעֵץ שָׁתוּל עַל־פַּלְגֵי מָיִם)이라는 주문(主文)과 (ㄴ) 뒤이어 나오는 관계문 <아셰르 피르요 잇텐 브잇토 워알레후 로이볼>(אֲשֶׁר פִּרְיוֹ יִתֵּן בְּעִתּוֹ וְעָלֵהוּ לֹא־יִבּוֹל)과 (ㄷ) <워콜 아셰르야아세 야츨리아흐>(וְכֹל אֲשֶׁר־יַעֲשֶׂה יַצְלִיחַ)라는 둘째 주문(主文)이 그 세 부분입니다. 시편과 욥기와 잠언의 강세 부호 체계를 따르면, 한 절을 둘로 나누는 강세 부호인 <올레 워요렛>이 <팔게 마임>(פַּלְגֵי מָיִם)에 있고, 그 다음으로 절을 나누는 강세인 <아트나흐>가 <입볼>(יִבּוֹל)에 있어서 (ㄱ)을 3절 전반절, (ㄴ)을 3절 후상반절, (ㄷ)을 3절 후하반절로 부르기로 하겠습니다.

이제 각 부분을 차례로 살펴본 뒤에 앞서 제기된 질문에 대한 답을 찾아보기로 하십시다.

2.2.3.1. <워하야 크에츠 샤툴>(וְהָיָה כְּעֵץ שָׁתוּל עַל־פַּלְגֵי מָיִם)(3절 전반절)

(1) 첫 낱말 <워하야>(וְהָיָה)는 본디 산문에서 흔히 볼 수 있는 <와우> 완료 연속법이므로 시편의 분위기에는 잘 어울리지 않는 형식입니다. 어쨌든 이를 직역하면, "그리하여 그는 되리라" 정도가 됩니다. 따라서 이 낱말을 통해 표현하려는 바와 관련되면서 이보다 앞서 있는 사건을 표현하는 동사가 무엇인지 찾아볼 필요가 있습니다. 현재 본문에서 이를 추적해 보면, 우선 바로 앞 2절의 마지막 동사 <예흐게>(יֶהְגֶּה)가 눈에 띕니다. 그렇다면, 이 3절도 1절에서 시작된 관계문의 연속으로 보아서, "... 그의 율법을 주야로 읊조리어서 ...처럼 된 사람은 복이 있도다."라는 식

으로 1-3절이 이어진다고 볼 수 있습니다. 이렇게 보지 않으려
면, 이 〈워하야〉(וְהָיָה)는 이 시편 첫머리의 〈아쉐레〉(אַשְׁרֵי)와
연결되어, "...는 복이 있도다. 그리하여 그는 ...처럼 되리라."는
식으로 1-3절을 이해해야 합니다. 이럴 경우 3절은 1-2절에서 말
하는 복의 내용을 설명해 주는 구절이 됩니다. 드물기는 하지만
〈와우〉 미완료 연속법이 비(非)동사 문장 뒤에도 올 수 있기 때
문에,21) 이 가능성도 전혀 없는 것은 아닙니다. 그렇지만, 〈아쉐
레〉와 〈워하야〉 사이가 너무 멀고 그 사이에 이미 동사가 여럿
나왔기 때문에 그렇게 보기는 힘듭니다. 이리하여, 〈워하야〉는
바로 앞 동사 〈예흐게〉 (יֶהְגֶּה)와 연결시켜서 이해하는 것이 좋
겠습니다. 미셸(D.Michel)에 따르면, 〈워하야〉는 앞의 내용을 더
자세히 설명하기 위해서 뒤이어 나오는 비유를 끌어들이는 기능
을 한다고 합니다.22)

   (2) 〈크에츠 샤툴〉(כְּעֵץ שָׁתוּל)에서 〈크에츠〉(כְּעֵץ)는 전치사
〈크〉(כְּ, '...처럼')에 남성 단수 명사 절대형 〈에츠〉(עֵץ)가 어우러
진 꼴이고, 〈샤툴〉(שָׁתוּל)은 '심다'라는 뜻의 단순능동어간(〈칼〉)
동사의 남성 단수 수동분사형입니다. 그리하여, 〈크에츠 샤툴〉을
직역하면, '심긴 한 나무처럼' 정도가 됩니다. 그런데, 우리말에
서는 수동태와 부정관사에 해당하는 '한'을 잘 쓰지 않으므로,
그냥 '심은 나무'로 옮겨도 괜찮습니다.

21) Bruce K. Waltke/ M. O'Connor, *An Introduction to Biblical Hebrew Syntax* (Winona Lake, Indiana: Eisenbraun, 1990), 534-535를 참고하십시오.

22) *TSP*, 96과 110.

(3) <알팔게 마임>(עַל־פַּלְגֵי מָיִם)에서 <팔게>(פַּלְגֵי)는 그 단수 명사가 <카틀>형 <스골> 명사 <펠렉>(פֶּלֶג)인 것을 짐작하게 합니다. <팔게>에서 <라멧>(ל) 아래의 <쉬와>(ְ)는 소리가 나지 않으면서 그 다음의 자모 <기멜>(ג)이 부드럽게 발음되게 하는 이른바 '중간 <쉬와>'(Shewa medium)입니다.23) <펠렉>(פֶּלֶג)은 그 강의 능동 어간 <피엘>이 '짜가르다', '고랑을 만들다'는 뜻을 지니는 동사 <팔락>(פלג)에서 비롯된 명사로서 사람이 파서 만든 물웅덩이나 물길을 뜻합니다. 따라서, <팔게 마임>(פַּלְגֵי מָיִם)을 직역하면, '물의 구덩이들'이나 '물의 길들' 정도가 됩니다. 그리하여, 이 낱말에서 우리는 인공 수로나 운하를 생각해 볼 수 있습니다. <팔게 마임>이란 표현은 그밖에도 이사야 32장 2절("... 마른 땅에 '냇물' 같으니..."), 시편 119편 136절("... 내 눈물이 '시냇물' 같이 흐르나이다"), 잠언 5장 16절('도랑물'), 21장 1절('보의 물'), 예레미야 애가 3장 48절('시내')에 나옵니다. 이리하여 <팔게 마임>을 '시내'로 옮기는 것은 문제가 됩니다. 히브리말로 '강'을 말할 때는 보통 <나하르>(נָהָר)를 쓰고, 비가 올 때 개울을 이루는 <와디>는 <나할>(נַחַל)이라고 합니다.

<팔게 마임>을 이렇게 이해할 때, 전치사 <알>(עַל)을 보기에 따라서는 '(물길) 위에'라는 뜻으로 읽을 수도 있습니다. 이런 가능성을 이미 게제니우스(W. Gesenius)가 암시하고 있습니다.24) 또 킬(O. Keel)의 책에 나오는 관련 그림25)에서도 그런 생각을 해

---

23) 중간<쉬와>에 대해서는 E. Jenni, *Lehrbuch der Hebräischen Sprache des Alten Testaments* (Basel/Stuttgart: Verlag Helbing& Lichtenhahn, 1978), 52-53을 보십시오. 데이빗슨의 문법책 §25,2d와 §4,5a에서는 이 <쉬와>를 유성 <쉬와>로 봅니다.

24) *GKH*, §119cc.

볼 수 있습니다. 그렇지만, 우리말로는 '...가에'가 더 자연스럽습니다.

그리하여 (1)+(2)+(3)은 "그리하여 그는 물길 가에 심은 나무처럼 되리라." 정도로 옮기면 좋을 것입니다.

2.2.3.2. <아셰르 피르요 잇텐 브잇토 워알레후 로입볼>(אֲשֶׁר פְּרִיו יִתֵּן בְּעִתּוֹ וְעָלֵהוּ לֹא־יִבּוֹל)(3절 후상반절)

(1) <아셰르 피르요>(אֲשֶׁר פְּרִיו)에서 <피르요>(פְּרִיו)는 명사 <프리>(פְּרִי)에 남성 단수 삼인칭 대명접미어 <오>(וֹ)가 붙은 꼴이므로 '그의 열매'를 뜻합니다. 여기서 '그'는 누구를 가리킵니까? 앞에 나온 '나무'(<에츠>, עֵץ)를 가리키는데, 이 <에츠>는 또한 관계사 <아셰르>(אֲשֶׁר)의 선행사이기도 합니다. 이리하여 <아셰르 피르요>는 '그(나무)의 열매'(whose fruit)를 뜻합니다. 이것이 관계문 안에서 어떤 역할을 하는지, 곧 주어인지, 목적어인지는 그 뒤를 보고 알아내야 합니다.

(2) <잇텐>(יִתֵּן)은 동사 <나탄>(נָתַן)의 단순 능동 어간 <칼> 미완료 남성 단수 삼인칭형인데, 이 동사 <나탄>이 명사 <프리>(פְּרִי)를 목적어로 하면, '열매를 맺다'를 뜻합니다. 이리하여 앞의 <아셰르 피르요>는 정동사 <잇텐>의 목적어인 점이 분명해졌습니다. 이때의 미완료는 단번에 완결되지 않고 되풀이되거나 습관

---

25) *WaBAT*, 330 아래쪽 그림(번호 480번)과 331의 그림(번호 479번). 앞의 그림은 애굽의 제19왕조(주전 1345-1200년) 때의 무덤에서 나온 것이고, 뒷 그림은 19-20왕조(주전 1345-1085년) 때의 무덤에서 나온 것입니다(같은 책, 371).

적인 상황을 가리키는 것으로 이해할 수 있습니다.26) 미셸은 1절
의 완료 동사들이 주어의 어떤 특정 유형의 사람에 속하려면 이
러저러한 행동을 한다는 사실을 드러내고, 3절의 미완료는 주어
의 본질에 속하는 사실을 표현한다고 풀이합니다. 그러니까, 1절
의 경우에 '가다', '서다', '앉다'는 주어가 할 수도 있고 하지 않을
수도 있으나 그가 복된 사람으로 살려면 그렇게 하지 않을 수 없
다는 점을 완료형으로 표현했다면, 3절의 경우에 열매를 맺고 잎
이 마르지 않는 것은 주어가 하거나 하지 않을 수 있는 것이 아니
라 물길 가에 심은 나무라면 당연히 그런 일이 있게 된다는 점을
미완료형으로 표현했다는 것입니다.27) 어찌 보면 지나치게 의도
적인 설명이라고 볼 수 있으나 일단 참고해 볼 만합니다.

(3) <브잇토>(בְּעִתּוֹ)는 전치사 <브>(בְּ)와 '때', '시간'을 뜻하는
명사 <엣>(עֵת)과 남성 단수 삼인칭 대명접미어 <오>(וֹ)가 한데
어우러진 꼴입니다. <엣>은 그 뒤에 접미어가 붙을 때 둘째 자모
<타우>(תּ)가 중복이 됩니다. 이는 본디 그 뿌리에서 둘째 자모와
셋째 자모가 같았던 것이 되살아나기 때문입니다. 이른바 <아인>
중복동사에서 비롯된 명사이기 때문입니다. <브잇토>는 '그의
때에', 곧 '제때에'를 뜻합니다.

이리하여, (1)+(2)+(3)은 '그의 열매를 제때에 맺는 (나무)'로
옮길 수 있습니다.

(4) <워알레후>(וְעָלֵהוּ)의 앞부분은 접속사 <워>(וְ)이고 뒷부
분은 남성 단수 삼인칭 대명접미어 <후>(הוּ)인 것을 그런 대로

---

26) *GKH*, §107g.

27) *TSP*, 같은 곳.

짐작할 수 있으나, 그 사이에 들어 있는 명사의 기본꼴을 알아내기는 쉽지 않습니다. 사전을 들추어 보면, '나뭇잎'을 뜻하는 <알레>(עָלֶה)가 기본꼴임을 알 수 있습니다. <워알레후>는 '그리고 그의 나뭇잎'을 뜻하는데, 이때 '그'는 앞의 <피르요>(וֹ)의 경우와 마찬가지로 '나무'를 가리킵니다. <워알레후>가 관계사 <아셰르>(אֲשֶׁר) 이후의 두 번째 문장에서 어떤 역할을 하는지는 그 다음 동사를 보아야 알 수 있습니다.

(5) <로입볼>(לֹא־יִבּוֹל)의 <입볼>(יִבּוֹל)에서는 이것이 일단 <칼> 미완료 동사의 남성 단수 삼인칭형인 것을 알 수 있고, 그 둘째 자모 <벳>(ב)이 중복되어 있는 점을 보고 그 기본꼴이 <나발>(נבל)임을 짐작할 수 있습니다. <나발>을 뿌리로 하는 동사가 두 가지 있는데, 하나는 '마르다'를, 다른 하나는 '어리석다'를 뜻합니다. 여기서는 앞의 경우입니다. 이처럼 <입볼>(יִבּוֹל)은 자동사이므로 그 앞에 나온 <알레후>(עָלֵהוּ)는 동사 문장의 주어가 됩니다. 이 점에서 <알레후>는 관계사 <아셰르>(אֲשֶׁר) 이후의 첫 동사 문장에서 목적어 역할을 하는 <피르요>(פִּרְיוֹ)와는 다릅니다.

이리하여, (4)+(5) 곧 <워알레후 로입볼>은 '그리고 그의 잎이 마르지 않는 (나무)'를 뜻합니다. 이 경우 동사의 미완료형도 앞 문장의 <잇텐>처럼 반복적이거나 습관적인 상태를 가리키는 것으로 이해할 수 있습니다. 이 동사 문장에서 주어를 동사보다 앞세운 것은 주어를 강조하기 위해서라기보다는 이 주어가 앞에 나온 관계사 <아셰르>와 이어지기 때문입니다.

이제, (1)-(5)를 통틀어 보면, '그의 열매를 제때에 맺고 그의 잎이 마르지 않는 (그 나무)를 뜻합니다.

(6) 여기에 3절 전반절까지 연결시켜 번역하면, "그리고 그는 자기 열매를 제때에 맺고 자기 잎이 마르지 않는, 물길 가에 심은 나무처럼 되리라."가 됩니다. 문제는 이렇게 죽 이어서 번역하면, 히브리어 시문에서 볼 수 있는 구조, 곧 관계문이 주문 뒤에 길게 이어지는 점을 제대로 살릴 수가 없습니다. 이제 3절의 마지막 부분을 살펴보십시다.

2.2.3.3. <워콜 아셰르야아세 야츨리아흐>(וְכֹל אֲשֶׁר־יַעֲשֶׂה יַצְלִיחַ) (3절 후하반절)

(1) 이 3절 후하반절은 다시 주어(主語)인 <워콜 아셰르야아세>(וְכֹל אֲשֶׁר־יַעֲשֶׂה)와 서술 동사 <야츨리아흐>(יַצְלִיחַ)의 두 부분으로 나누어집니다. 그런데, 이렇게 주어가 서술어보다 먼저 나온 데서, 주어를 강조하려는 의도가 드러납니다.

주어 <워콜 아셰르야아세>는 선행사 <콜>(כֹל)과 관계문 <아셰르야아세>(אֲשֶׁר־יַעֲשֶׂה)로 이루어져 있는데, 그 뜻은 '그가 하는 바 전부'입니다. <야아세>(יַעֲשֶׂה)는 <페> 후음 동사이자 <라멧헤> 동사인 <아사>(עָשָׂה)의 단순 능동 어간 <칼> 미완료 남성 단수 삼인칭형입니다. 그런데, 동사의 뜻이 '하다'이어서 그 주어가 되는 '그'를 3절 전반절에 나온 <에츠>(עֵץ, '나무')로 보기는 힘들고, 1절 첫머리의 <하이쉬>(הָאִישׁ, '그 사람')로 볼 수밖에 없습니다. 그렇다면, 이 3절 후하반절의 주어는 그 앞에 두 개의 동사 문장으로 이루어진 관계문을 품고 있는 나무의 비유를 넘어서서 3절 첫머리 <워하야>(וְהָיָה)에 나오는 주어와 이어집니다. 그리하여, "그의 열매를 제때에 맺고 그의 잎이 마르지 않는 나무와 같이 되어서 그가 하는 바 전부는..."으로 죽 이어서 생각해 볼 수 있습니다.

(2) <야츨리아흐>(יַצְלִיחַ)는 <찰라흐>(צלח)의 사역 능동 어간
(<히프일>) 미완료 남성 단수 삼인칭형입니다. 마지막 자모 <헷>
(ח)과 그 앞의 <욧>(י) 사이의 짧은 모음 <아>를 표시하는 부호
<파타흐>(ַ)는, 후음 앞에 긴 모음이 있을 때, 후음의 발음을 수월
하게 하려고 들어간, 이른바 '도입 <파타흐>'(patach furtivum)입니
다. <야츨리아흐>(יַצְלִיחַ)의 주어는 앞서 나온 <콜>(כל), 곧 <콜
아쉐르야아세>(כל אֲשֶׁר־יַעֲשֶׂה, '그가 하는 바 전부')이지 사람
이 아니어서, "그것이 잘 되리라."를 뜻합니다.

이제 (1)+(2) 곧 <워콜 아쉐르야아세 야츨리아흐>는 "그리고
그가 하는 바 전부는 잘 되리라."를 뜻합니다. 주어부가 강조된
것을 우리말로 어떻게 살려야 할지 난감합니다.

그런데, *BHS* 비평란에서 드러나듯이, 바르트케(H.Bardtke)는
3절 후하반절을, 여호수아 1장 8절을 참고하여, 주석적인 부분으
로 봅니다. 그런데, 이러한 견해의 표시는 본문 비평의 단계를 넘
어섭니다. 이에 대한 사본상의 근거가 없기 때문입니다. 또 여호
수아 1장 8절을 보면, 동사 <찰라흐>의 사역 능동 어간 <히프일>
형은 나오지만 시편 1편 3절 후하반절과 꼭 같은 식의 표현이 거
기 들어 있는 것은 아님을 알 수 있습니다. 바르트케가 여기서 'gl,
cf Jos 1,8'이란 주를 붙인 것은, 율법 준수와 형통을 관련시킨 사
실이 여호수아 1장에도 나온다는 사실을 고려하였기 때문이겠
습니다.28)

---

28) 이에 대해서는 또한 김정우, "『비블리아 헤브라이카 슈투트가르
텐시아』 시편의 본문비평장치 해설", 「성경원문연구」 제3호(서울: 대한
성서공회 원문연구소, 1998년 8월), 149-180, 특히 156의 설명을 참고하
십시오.」 「

(3) 이리하여 순전히 형식적인 면에서 보면, 1절에서 시작된 관계문은 3절 끝까지 죽 이어지고, 4절 첫머리의 <로켄 하르샤임>(לֹא־כֵן הָרְשָׁעִים)에 이르러서야 글의 흐름이 끊어진다고 하겠습니다. 따라서, 1절 첫머리의 관계사 <아셰르>(אֲשֶׁר)가 이끄는 관계문은 매우 복잡합니다. 이 관계문은, 먼저 1절에 있는 세 개의 동사 문장, 2절에 있는 한 개의 명사 문장과 한 개의 동사 문장, 3절에 있는 두 개의 동사 문장, 통틀어 말하면 여섯 개의 동사 문장과 한 개의 명사 문장으로 이루어집니다. 그런데, 3절의 첫 동사 문장은 그 자체로 다시 두 개의 동사 문장으로 이루어진 관계문을 품고 있고, 3절의 둘째 동사 문장은 주어가 관계문을 지니고 있습니다. 이처럼 1-3절은 여러 모로 복잡하게 짜여져 있기 때문에, 이를 히브리 본문의 분위기에 맞추어 제대로 번역한다는 것은 사실 불가능합니다. 일단 본문의 시적인 구조를 제쳐놓고 문법적으로만 1-3절 전체를 한데 엮어서 직역한 바를 다만 그 구성 단위를 따라 줄만 바꾸어 적어 본다면 다음과 같이 되겠습니다.

악인들의 의논으로 가지 않고
죄인들의 길에 서지 않고
오만한 자들의 자리에 앉지 않고
오히려 야훼의 율법에 자신의 즐거움이 있어
그의 율법을 주야로 읊조리어서,
자신의 열매를 제때에 맺고 자신의 잎이 마르지 않는,
물길 가에 심은 나무처럼 되어
행하는 바 전부가 잘 되는 사람은 복이 있도다!

(4) 이제 '악인들'(<르샤임>, רְשָׁעִים)에 대해 말하는 4-5절로 넘어가 봅시다. 4절이 5절과 이어지는 반면, 6절은 4-5절과 나누어 보아야 한다는 점은 아래에서 4, 5, 6절을 한 절씩 읽어나가는 가운데 분명해지겠습니다. 그렇지만 앞질러 간단히 그 까닭을 말해 본다면, 5절 첫머리의 <알켄>(עַל־כֵּן)('그러므로')은 5절을 4절의 결과로 이해할 것을 알려 주는 반면, 6절 첫머리의 <키>(כִּי)는, 그 뒤에 나오는 두 문장이 1-5절 전체를 간추려서 마무리하는 성격을 띰으로써 원인절을 이끌어 들이는 접속사라기보다는 문장 전체를 강조하는 부사적인 역할을 한다고 보는 것이 더 낫기 때문입니다.

2.2.4. 악인들(4-5절)

4절은 강세 부호 <아트나흐>를 따라 전반절(<로켄 하르샤임>, לֹא־כֵן הָרְשָׁעִים)과 후반절(<키 임캄모츠 아셰르팃드펜누 루아흐>, כִּי אִם־כַּמֹּץ אֲשֶׁר־תִּדְּפֶנּוּ רוּחַ)의 두 부분으로 나누어집니다.

5절 첫머리의 <알켄>(עַל־כֵּן, '그러므로')은 앞에서 말한 바를 한데 묶어 다음으로 나아가는 다리 역할을 합니다. 이리하여 5절은 4절과 긴밀하게 이어집니다. <알켄>을 제외한 5절의 나머지 부분은 <로야쿠무 르샤임 밤미쉬팟>(לֹא־יָקֻמוּ רְשָׁעִים בַּמִּשְׁפָּט)과 <워핫타임 바아닷 찻디킴>(וְחַטָּאִים בַּעֲדַת צַדִּיקִים)의 두 부분으로 나누어집니다.

2.2.4.1. <로켄 하르샤임>(לֹא־כֵן הָרְשָׁעִים)(4절 전반절)

(1) 이는 비(非)동사 문장 곧 동사 없는 문장으로 볼 수 있습니다. 서술어 <로켄>(לֹא־כֵן)이 주어 <하르샤임>(הָרְשָׁעִים) 앞에 나와 있지만, 이 경우는 "무엇이 어떠하다."는 식의 비동사 문장이어서, 이는 일반적인 어순을 따른 것이라 하겠습니다. 다만, 그렇다 하더라도, 부정어 <로>(לֹא)가 문장의 첫머리에 나와서 읽는 사람에게 강렬한 인상을 주는 히브리어 본문의 분위기는 놓쳐 볼 수 없습니다. 이런 점을 살려 우리말로 옮기기는 거의 불가능합니다.

(2) <로켄>은 '이같지 않다'는 뜻인데, 여기서 <켄>(כֵן, '이같이')는 무엇을 가리키겠습니까? 글의 흐름으로 볼 때, 좁게는 3절에서 말한 바를, 넓게는 1절의 <하이쉬>(הָאִישׁ)에 대해 관계사 <아셰르>(אֲשֶׁר) 이후 3절 끝에 이르도록 말한 바 전체를 가리키는 듯합니다. 그것이 그러한지는 그 뒤 문장을 본 뒤에 다시 생각해 보겠습니다만, 뒷 경우에서 <로켄>(לֹא־כֵן)은 결국 <로 아쉬레>(לֹא־אַשְׁרֵי)의 성격을 띠기도 합니다. 곧 "이런 사람은 복되도다. (그러나) 악인들은 그렇지 않도다(=복되지 않도다)."라는 식이 될 것입니다.

(3) 주어 <하르샤임>(הָרְשָׁעִים)에 정관사가 붙어 있는 것이 눈에 띕니다. 직역하면 '그 악인들'이 되어서, 이 <하르샤임>이 1절 전반절 끝의 <르샤임>(רְשָׁעִים)을 가리키는 것으로 볼 수 있습니다. 그렇지만, 실제로는 악인들 일반을 가리키는 것으로 이해할 수 있겠습니다. 곧, 악인의 범주에 들어가는 사람들이라는 뜻에서 <르샤임> 앞에 정관사를 붙인 것으로 보입니다.29) 여기서 한

---

29) *GKH*, §126*l*을 참고하십시오.

가지 눈여겨볼 것은, 1-3절에서 길게 묘사한 <하이쉬>는 단수인 반면, 4-5절에서 짧게 설명하는 <하르샤임>은 복수라는 점입니다. 이러한 수의 대비를 통해서 우리는 숱한 악인들에게 둘러싸인 가운데서도 꿋꿋이 믿음의 길을 지키는 의인 한 사람의 모습을 그려 볼 수 있습니다.

(4) 바르트케가 마련한 *BHS* 비평란을 보면, 칠십인역을 참고하여 이 <로켄 하르샤임> 뒤에 다시 한 번 <로켄>(לֹא־כֵן)을 넣을 것('ins'='끼워 넣어야 한다')을 제안하고 있습니다. 실제로 칠십인역에서 이 부분을 보면, οὐχ οὕτως οἱ ἀσεβεῖς, οὐχ οὕτως (<욱 후토스 호이 아세베이스, 욱 후토스>)로 되어 있습니다. 히브리어 사본상으로는 아무런 뒷받침이 없는 이러한 경우는 아마 운율을 고려한 삽입이 아닐까 추측해 볼 수 있습니다.[30]

2.2.4.2. <키 임캄모츠 아셰르트팃드펜누 루아흐>(כִּי אִם־כַּמֹּץ אֲשֶׁר־תִּדְּפֶנּוּ רוּחַ)(4절 후반절)

(1) 첫머리에 나오는 <키 임>(כִּי אִם)은 전반절 첫머리의 <로>(לֹא)와 상응시켜 이해하는 것이 좋습니다. 이는 1절에 세 번 나오는 <로>와 2절 첫머리의 <키 임>(כִּי אִם)이 상응하는 것과 비슷합니다. 이리하여 "악인들은 그렇지 않고 오히려 이렇다."는 구조를 4절에서 볼 수 있습니다. 여기서 주어 <하르샤임>(הָרְשָׁעִים)

---

30) 앞 주 28에서 이끌어 쓴 김정우의 글, 156-157을 참고하십시오. 시편 본문비평에서 칠십인역을 어떻게 다룰 것인가 하는 문제에 대해서는 김정우, "시편 본문비평에 있어서 칠십인역과 쿰란 사본의 위치와 가치," 「성경원문연구」 제3호(1998년 8월), 291-317, 특히 291-300을 참고할 수 있습니다.

은 다시 나오지도 않고, 이를 가리키는 대명사도 없습니다. 서술
어 <캄모츠 아셰르팃드펜누 루아흐>(כַּמֹּץ אֲשֶׁר־תִּדְּפֶנּוּ רוּחַ)만
있을 따름입니다.

(2) <캄모츠>(כַּמֹּץ)는 전치사 <크>(כְּ)와 정관사 '<하>+중복점
(<다게쉬 포르테>)'(הַ·)과 '지푸라기'를 뜻하는 명사 <모츠>(מֹץ)
가 한데 어우러져서 줄어든 꼴(כַּמֹּץ < כְּהַמֹּץ)인데, "그 지푸라기
와 같다."를 뜻합니다. 이 경우 정관사도 본질 또는 어떤 유형을
가리키는 것으로 보면 될 것입니다. 이 점에서 앞서 3절의 '심은
나무'(<에츠 샤툴>, עֵץ שָׁתוּל)의 <에츠>(עֵץ)에 정관사가 붙지
않은 것이 우선 이상하게 보입니다. 그렇지만, 거기서 정관사가
없는 것은 그 나름대로 이해할 수 있습니다. 곧, '물길 가에 심은
나무라면 어느 것이라도'라는 뜻으로 읽을 수 있기 때문입니다.
  이리하여 <키 임캄모츠>를 4절 전반절과 이어서 보면, "악인
들은 이와 같지 않고 오히려 지푸라기와 같다."는 식입니다.

(3) 이 <모츠>(מֹץ)를 꾸미는 관계문이 <아셰르팃드펜누 루아흐>
(אֲשֶׁר־תִּדְּפֶנּוּ רוּחַ)인데, 여기서 동사 <팃드펜누>(תִּדְּפֶנּוּ)의 꼴을
정확히 알아차리기가 쉽지 않습니다. 우선 앞의 <티>(תִּ)는 동사
미완료형 이인칭 또는 삼인칭 단수 여성형의 접두사인 것은 어렵
지 않게 알 수 있습니다. 다음으로 꼬리 부분의 <엔누>(נּוּ ֶ < נְהוּ ֶ)
는, 낱말의 뜻을 강조하는 것이 아니라 발음을 강화하는 '강세의
<눈>'(nun energicum)이 들어 있는 남성 단수 삼인칭 대명접미어
일 수 있습니다. 그렇다면, 가운데 남는 두 자모 <달렛>(ד)과 <페>
(פ)에서 동사의 뿌리를 추측해 내야 합니다. 이때 <달렛>에 찍힌
점이 중복점(<다게쉬 포르테>)이라는 점이 도움이 됩니다. 이는

동사 뿌리의 첫 자모가 〈눈〉(נ)일 수 있음을 암시하기 때문입니다. 이리하여 사전을 들추어 보면, '날려 흩뜨리다'를 뜻하는 동사 〈나답〉(נדף)의 단순 능동 어간 〈칼〉형을 찾아낼 수 있습니다. 이 뿌리에서 이제 거꾸로 〈팃드펜누〉의 꼴을 추적해 보십시다. 〈나답〉의 칼 미완료 이인칭 또는 삼인칭 단수 여성형은 〈팃돕〉(תִּדֹּף) 인데, 여기에 '강세의 〈눈〉'이 들어 있는 남성 단수 삼인칭 대명 접미어 〈엔누〉(ֶנּוּ)가 붙으면 그 앞의 모음이 유성 〈쉬와〉로 바뀝니다.31) 그리하여 〈팃드펜누〉(תִּדְּפֶנּוּ)라는 꼴이 생긴 것입니다. 그 뜻은 "네(여성)가 또는 그(여성)가 그것(남성)을 날려 흩뜨린다."가 됩니다.

이 동사의 주어는 그 다음에 나오는 〈루아흐〉(רוּחַ)입니다. 이 경우 〈루아흐〉는 성령을 뜻하는 것이 아니라, 그 본디 뜻대로 '바람'을 말합니다. 이 〈루아흐〉가 보통은 여성이어서 앞의 동사가 여성 단수형이 된 것입니다.

〈아셰르팃드펜누 루아흐〉를 직역하면, '바람이 날려 흩뜨리는 (지푸라기)'가 됩니다.

이것이 우리 말투에는 맞지 않으므로 '바람에 흩날리는 (지푸라기)'로 옮길 수 있습니다. 이는 앞서 '물길 가에 심은 나무'라고 할 때 히브리어 본문의 수동태를 우리말로는 능동태로 옮긴 것과는 반대로, 히브리어 본문의 능동태가 우리말의 수동태로 잘 표현될 수 있는 경우입니다.

(4) 칠십인역에서는 4절 끝에 '지면(地面)으로부터'를 뜻하는 표현(〈아포 프로소푸 테스 게스〉, ἀπὸ προσώπου τῆς γῆς)가 덧붙어 있다는 점을 바르트케가 *BHS* 비평란에서 알려줍니다.

---

31) 이에 대해서는 *DMIH*, §27.6을 참고하십시오.

히브리 말로는 <밉프네 하아레츠>(מִפְּנֵי הָאָרֶץ) 또는 <밀립프네 하아레츠>(מִלְּפְנֵי הָאָרֶץ) 정도가 됩니다.

(5) 여기서 앞에서 미루어 둔 문제로 다시 돌아가 보십시오. 다름 아니라, 4절 전반절의 <로켄>(לֹא־כֵן)에서 <켄>(כֵן)이 무엇을 가리키느냐 하는 문제입니다. 4절 후반절의 <캄모츠>(כְּמֹץ)가 3절의 <크에츠>(כְּעֵץ)와 대조가 된다고 보면, <켄>은 그저 3절을 가리킨다고 볼 수 있습니다. 그렇지만 글 전체의 흐름을 보면, 이 <켄>이 1-2절의 내용도 염두에 두고 있다고 볼 수 있습니다. 1-3절에서 복 있는 사람을 두고 길게 말한 다음에 4절 첫머리에서는 아주 간단하게 악인들은 그럴 수 없다는 식으로 잘라 말하고 있기 때문입니다. 이리하여 "악인들은 악인들의 의논대로 걷고 죄인들의 길에 서고 오만한 자들의 자리에 앉지만 여호와의 율법에는 자기들의 즐거움이 없어서 그의 율법을 도무지 읊조리지 않아 물가에 심은 나무처럼 되어 하는 일마다 잘 되는 법이 없고"라는 긴 진술 내용이 <로켄 하르샤임>이란 짧막한 말 한 마디에 들어 있다고 볼 만합니다.

2.2.4.3. <알켄 로야쿠무 르샤임 밤미쉬팟>(עַל־כֵּן לֹא־יָקֻמוּ רְשָׁעִים בַּמִּשְׁפָּט)(5절 전반절)

(1) 여기서 <야쿠무>(יָקֻמוּ)는 동사 <쿰>(קוּם, '일어서다')의 단순 능동 어간 <칼> 미완료 남성 복수 삼인칭형입니다. 글의 흐름으로 볼 때, 이 경우의 미완료는 '할 수 없다' 또는 '하지 못한다'는 뜻까지 포함하고 있는 것으로 보입니다.

(2) 그 주어는 그 다음에 나오는 <르샤임>(רְשָׁעִים)인데, 여기

에는 4절과는 달리 정관사가 붙어 있지 않습니다. 그 까닭은 4절 후반절의 〈찻디킴〉(צַדִּיקִים)에도 정관사가 붙어 있지 않는 데서 알아차릴 수 있습니다. 곧, 5절에서는 악인들과 의인들을 일반적 으로 대조시키고 있는 것입니다.

(3) 〈밤미쉬팟〉(בַּמִּשְׁפָּט)은 전치사 〈브〉(בְּ)와 정관사 '〈하〉+ 중복점(〈다게쉬 포르테〉)'(·הַ)과 명사 〈미쉬팟〉(מִשְׁפָּט)이 한데 어우러진 꼴(בַּמִּשְׁפָּט < בְּהַמִּשְׁפָּט)인데, 직역하면 '그 심판 안에 서'가 되지만, 이 경우 정관사도 관용적인 경우로 보면 '심판에서' 정도로 옮겨도 괜찮겠습니다.

(1)+(3), 곧 '심판에서 일어서다'가 무엇을 뜻하는지는 학자들 사이에 의견이 다릅니다. 개역한글판에서는 '심판을 견디다'로 옮기고 있습니다. 아마도 심판의 자리에서 당당하게 나서다는 뜻으로 이해한 듯합니다.

2.2.4.4. 〈워핫타임 바아닷 찻디킴〉(וְחַטָּאִים בַּעֲדַת צַדִּיקִים) (5절 후반절)

(1) 〈워핫타임 바아닷 찻디킴〉(וְחַטָּאִים בַּעֲדַת צַדִּיקִים)을 어 떤 문장으로 볼 것인가에 대해서는 두 가지 답을 할 수 있습니다.

우선 그 자체로만 읽으면, 이는 명사 주어 〈핫타임〉(חַטָּאִים, '죄인들')과 전치사구 서술어 〈바아닷 찻디킴〉(בַּעֲדַת צַדִּיקִים, '의인들의 모임에')로 이루어진 비(非)동사 문장입니다.

그렇지만, 전반절과 관련시켜 읽으면, 전반절의 〈로야쿠무〉 (לֹא־יָקֻמוּ)가 여기에 전제되어 있다고 보아서, 서술 동사와 부정

어가 빠진 동사 문장으로 볼 수 있습니다. 글의 흐름으로 보아서
는 후자가 전자보다 더 낫습니다. 전자로 생각하더라도 전반절의
<로>(לֹא)는 후반절에도 포함시켜서 이해해야 할 것이기에 더욱
더 그러합니다. 이는 117편 2절 첫 문장에 나온 동사 <가바르>
(גָּבַר)가 경우에 따라서는 그 다음 문장의 동사로 볼 수도 있다는
것과 비슷합니다.

(2) 주어 <핫타임>(חַטָּאִים)은 이미 1절에서 <레침>(לֵצִים)과
<르샤임>(רְשָׁעִים)과 비슷한 뜻의 낱말로 쓰인 적이 있습니다.

(3) <바아닷>(בַּעֲדַת)은 전치사 <브>(בְּ)와 여성 단수 명사 <에
다>(עֵדָה)의 연계형이 붙은 꼴인데, <에다>가 연계형으로 되면
서 그 첫 자음인 후음 <아인>(ע)의 모음 <에>(ֵ)가 복합 <쉬와>
가운데 하나인 <아>(ֲ)로 짧아졌습니다. <에다>는 '만나다', '모
이다'를 뜻하는 동사 <야앗>(יָעַד)에서 비롯된 명사로서 '모임'을
뜻합니다.

바르트케가 마련한 *BHS* 비평란을 보면, 칠십인역에서는 '모
임에'에 해당하는 부분이 '의논에'(<엔 불레>, ἐν βουλῇ)로 되어
있어서, 1절의 경우처럼 <바아찻>(בַּעֲצַת)이 여기 있는 것으로 짐
작하게 합니다. 그럴 경우에 1-3절에서 복 있다고 인정받고 칭송
받는 '그 사람', 의인이 '악인들의 의논에' 가지 않는 사람이라면,
4-5절에서 말하는 악인들은 '의인들의 의논에' 일어설 수 없거나
들 수 없다는 식이 되어, 둘 사이의 대조가 한층 더 분명해집니다.
그렇지만, 칠십인역의 번역자가 히브리어 낱말 <아닷>(עֲדַת)의
둘째 자모 <달렛>(ד)을 <차데>(צ)로 잘못 읽었을 가능성도 없지
않습니다.[32]

(4) 여기 처음으로 죄인들에 대조되는 존재로서 단수가 아닌 복수로 〈찻디킴〉(צַדִּיקִים)이 등장합니다. 이리하여 1-3절에서 말한 〈하이쉬〉(הָאִישׁ)는 이제 〈찻디킴〉 곧 '의인들'의 무리에 드는 사람, 〈찻디킴〉 가운데 한 사람이라는 점을 본문은 넌지시 일러주고 있는 셈입니다. 이제 이 사람은 더 이상 홀로 악인들에 맞서지 않아도 됩니다. 이 사람 뒤에는, 비록 소수일지 모르지만, 이 사람과 마찬가지로 악인들의 사귐에 들어가지 않고 야훼의 율법을 중심으로 살아가는 동료들이 있다는 식입니다.

이제, 이 5절 후반절의 동사와 부정어가 4절에 이미 나와 있다는 전제 아래에서 그 전체를 번역해 보면, "그리고 죄인들이 의인들의 모임에서 일어서지 못하리라." 정도가 됩니다.

(5) 〈알켄〉(עַל־כֵּן)을 뺀 5절의 두 부분은 서로 어느 정도 평행을 이룬다고 볼 수 있습니다. 곧 〈르샤임〉(רְשָׁעִים)과 〈핫타임〉(חַטָּאִים), 그리고 〈밤미쉬팟〉(בַּמִּשְׁפָּט)과 〈바아닷 찻디킴〉(בַּעֲדַת צַדִּיקִים)이 짝을 이룹니다. 다만 '심판에서'와 '의인들의 모임에서'가 비슷한 뜻인지는 의문입니다.

2.2.4.5. 5절과 1절의 관계

4절이 적은 범위로는 3절과 대조가 된다면, 5절은 1절과 대조가 됩니다. 우선 〈르샤임〉(רְשָׁעִים)과 〈핫타임〉(חַטָּאִים)이 나란히 나오는 점에서 그러하고, 그 다음으로는 앞에서 5절의 〈바아닷〉과 관련하여 부분적으로 이미 언급한 바가 있지만, 〈밤미쉬팟〉(בַּמִּשְׁפָּט)과 〈바아닷 찻디킴〉(בַּעֲדַת צַדִּיקִים)은 1절의 〈바

---

32) 앞의 주 28에서 이끌어 쓴 김정우의 글, 157을 참고하십시오.

아닷 르샤임>(בַּעֲדַת רְשָׁעִים), <브데렉 핫타임>(בְּדֶרֶךְ חַטָּאִים),
<브모샵 레침>(בְּמוֹשַׁב לֵצִים)과 견주어 볼 만합니다. 이뿐만 아
니라, 5절의 동사 <쿰>(קוּם)은 1절 후반절의 첫 동사 <아맛>(עָמַד)
과 상응합니다. 더 나아가서, 1절에서 '그 사람' 의인이 악인들과
교류하지 '아니하는' 분명한 모습을 표현하고 있다면, 5절에서
는 '악인들'이 도무지 의인들과 함께 자리하지 '못하는', 자리'할
수 없는' 상황을 말합니다.

2.2.5. 마침말(6절)

2.2.5.1. 첫머리 <키>(כִּי)와 6절의 성격

6절 첫머리의 <키>(כִּי)를, 원인절을 이끌어 들이는 접속사로
보면, 5절에서 말한 바의 까닭을 6절에서 밝히는 것으로 이해할
수 있습니다. 그러니까, "악인들이 심판에 일어서지 못하고 죄인
들이 의인들의 모임에 일어서지 못하는 것은 이 때문이다."라는
식이 됩니다. 그렇지만, 이 <키>(כִּי)가 '정말', '참으로'라는 뜻으
로 6절 전체를 강조하는 부사의 역할을 한다고 볼 수도 있습니다.
이럴 경우에는, 6절이 한편으로는 1-3절의 내용을, 다른 한편으
로는 4-5절의 내용을 간추려, 그 둘을 한 절에 나란히 둠으로써,
앞에서 말한 바를 한데 묶어 마무리하는 것으로 보입니다. 6절
전반절이 '의인들의 길', 후반절이 '악인들의 길'에 대해 말하기
때문에, 이렇게 보는 것이 글 전체의 흐름에 더 잘 들어맞습니다.

2.2.5.2. <요데아으 야흐웨 데렉 찻디킴>(יוֹדֵעַ יְהוָה דֶּרֶךְ צַדִּיקִים)(6절 전반절)

(1) <요데아으 야흐웨>(יוֹדֵעַ יְהוָה)

이 문장에서 첫머리에 정동사형이 나오지 않고 분사형 <요데아으>(יוֹדֵעַ)가 나오는 것이 얼른 눈에 띕니다. 정동사형, 이를테면 완료형 <야다으>(יָדַע)가 있었을 경우와 뜻에서 어떻게 다르겠습니까?

분사는 뿌리로 보면 동사지만, 쓰임새로 보면 명사나 형용사에 가깝습니다. 그리하여, 분사가 서술어인 경우에는 동사 문장이라기보다는 명사 문장으로 보는 것이 일반적입니다. 이럴 경우 분사는 주어가 무슨 동작을 했다거나 어떤 사건이 일어났다는 점보다는 그 동작이나 사건이 지속되고 있는 상황이나 존재를 두드러지게 나타냅니다.[33] 본문에 나오는 <요데아으>의 경우에는 이 점이 한층 더 강화됩니다. 동사 <야다으> 자체가 단순한 동작을 표현하는 동사가 아니라, 인식의 상황 곧 지속적인 상태를 표현하기 때문입니다.

이리하여 <요데아으 야흐웨>는 "야훼께서 알고 계신다."는 뜻입니다. 경우에 따라서는 "야훼께서는 알고 계시는 분이시다."로도 옮길 수 있습니다. 그런데, 이는 명사 문장 가운데서 "'가'는 '나'이다." 식의 문장이고, 그런 경우에는 주어가 서술어보다 앞서는 일반적인 어순이 뒤바뀌어 있어서, <요데아으>가 다시 한번 강조된다고 볼 수도 있습니다.

(2) <데렉 찻디킴>(דֶּרֶךְ צַדִּיקִים, '의인들의 길')은 한편으로는 바로 다음 문장의 <데렉 르샤임>(דֶּרֶךְ רְשָׁעִים, '악인들의 길')과, 다른 한편으로는 1절 후상반절의 <데렉 핫타임>(דֶּרֶךְ חַטָּאִים, '죄인들의 길')과 대조가 됩니다.

---

33) 앞의 주 21에서 이끌어 쓴 Waltke/ O'Connor의 책, 624를 참고하십시오.

2.2.5.3. <워데렉 르샤임 토벳>(וְדֶרֶךְ רְשָׁעִים תֹּאבֵד)(6절 후반절)

(1) <데렉 르샤임>(דֶרֶךְ רְשָׁעִים)이 바로 앞의 <데렉 찻디킴>(דֶרֶךְ צַדִּיקִים)과 대조가 될 뿐만 아니라, 정동사 앞에 나와서 이 문장만 두고 보면, 강조되고 있습니다.

(2) 1-3절의 <하이쉬>(הָאִישׁ)에 대조되는 인물을 가리키는 말로, <핫타임>(הַחַטָּאִים)도 5절에 한 번 나오기는 하지만, 4-6절에서는 <르샤임>(רְשָׁעִים)이 세 번, 절마다 한 번씩 쓰이고 있습니다.

(3) <토벳>(תֹּאבֵד)는 <페 알렙> 동사 <아밧>(אָבַד)의 단순 능동 어간 <칼> 미완료 여성 단수 삼인칭형입니다.

2.2.5.4. 6절 전후반절의 관계

(1) 전후반절이 반의(反意) 평행을 이루는 요소를 살펴보십시다.

먼저, 전반절의 분사 <요데아으>(יוֹדֵעַ)와 후반절의 <토벳>(תֹּאבֵד)이 서로 짝을 이룹니다. 다음으로 전반절에서는 주어가 '야훼'인 반면, 후반절의 주어는 '악인들의 길'입니다. 여기서 <데렉>(דֶרֶךְ)이 사람이 살아가는 양식을 상징한다는 점을 생각한다면, 의인들의 삶에서는 야훼가 주체로 나타나지만, 악인들은 자기들이 삶의 주체가 된다는 점을 의도적으로 표현한 것이 아닌가 하는 생각도 해 볼 수 있습니다.

(2) 어순을 살펴보면, 앞 문장은 서술어가 주어보다 먼저 나오고, 뒷 문장은 주어가 서술어보다 앞서서, 서술어+주어, 주어+서술어의 교차구조(chiasm)를 알아차릴 수 있습니다.

3. 시편 150편 읽기

3.1. 시편 150편의 흐름과 짜임새

시 150편의 구조는 단순합니다. '찬양하라!'는 동사 명령형으로 시작하는 명령문이 아홉 개 나온 뒤에 마지막으로 한 청원형 (jussive)¹⁾ 문장이 이 모두를 뭉뚱그립니다. 1절에서는 찬양할 공

---

¹⁾ 우리말로는 Jussive를 여러 가지로 번역해 놓았습니다. 고영민 편저,『알기쉬운 히브리어 문법. 수정증보판』(서울: 성광인쇄사, 1971), 96과 최의원,『구약 히브리어문법』(서울: 신망애사, 1974), 65와 이순한 역편,『성서 히브리어』(서울: 백합출판사, 1974), 80과 유재원,『성서히브리어문법 수정판』(서울: 대영사, 1986), 134와 R. 해리슨 저, 차학순 역,『히브리어 연구 입문』(서울: 무림출판사, 1991), 115와 서한원, 이양묵 지음,『알기쉬운 새히브리어 교본』(서울: 성지출판사, 1995), 58과 안유섭,『최단기완성 마스터 히브리어』(서울: 예찬사, 1998), 126과 최인기,『성서 히브리어』(서울: 골든윙스, 2005), 81에서는 '단축형'으로, A.B. 데이빗슨 지음, 존 모클린 개정, 이영근 옮김,『히브리어 문법(제26판)』(서울: 크리스챤다이제스트, 1995), 123에서는 '지시법'으로, E. Kautzsch 증편, 신윤수 옮김,『게제니우스 히브리어 문법』(서울: 비블리카 아카데미아, 2003), 197에서는 '지시형'으로, 박미섭,『성서히브리어문법』(서울: 기혼, 2005), 147에서는 '단축 미완료형'으로, 제임스 마틴 지음, 황선욱 옮김,『데이빗슨의 히브리어 교본 제 27판』(서울: 은성, 1998), 90에서는 '단축 명령형'으로, 최명애,『알기쉬운 성경히브리어』(서울: 쿰란, 2005), 193에서는 '단축형'과 '간접명령'으로, 방석종,『히브리어 문법』(서울: 대한기독교서회, 2000), 149에서는 '강세 간접 명령형'과 '강세 명령형'으로, Kyle M. Yates 저, 김찬국 역,『성서 히브리어 문법』(서울:

간을 알려주고, 2절에서는 찬양할 까닭을 일러준다. 3절에서는
관악기와 현악기를 써서 찬양할 것을 권유하고, 4절에서는 관·
현·타악기와 춤으로 찬양할 것을 촉구하며, 5절에서는 큰 타악기
로 찬양하라고 한다. 6절은 찬양할 주체를 포괄적으로 밝히는 구
절이다.

　이제 한 문장씩 읽어가면서, 문법적인 내용을 알아보도록 하
십시다.

3.2. 찬양 공간(1절)

3.2.1. <할를루 야흐>(הַלְלוּ יָהּ)(1절 전상반절)

"너희는 야훼를 찬양하라!"는 뜻의 이 명령문에서, 야훼라는
이름이 짧은 꼴 <야흐>(יָהּ)로 나왔습니다. 비평란에 보면, 이 <할
를루 야흐>가 '3-10개의 히브리어 사본'(ps Mss)과 시리아어 역본
에는 빠져 있다고 합니다.

연세대학교 출판부, 1973), 133에서는 '당위요구법(當爲要求法)'으로,
한동구, 『실용 히브리어 문법 I—기초과정—』(서울: 미크로, 2001), 86
에서는 '당위명령형'으로, 이상호, 『성경히브리어문법』(안양: 생명수,
2001), 107에서는 '권유명령형'으로, 윌리암 L. 할러데이 편집, 손석태,
이병덕 공역, 『구약성경의 간추린 히브리어, 아람어 사전』(서울: 참말,
1994), xv에서는 '(온건한)명령형'으로 옮겼습니다. 이와는 달리 J. 와인
그린 저, 김재관 역, 『구약성서 히브리어완성. 수정판』(서울: 기독교문서
선교회, 1999), 95와 김영진, 『성서히브리어』(서울: 올람하타낙, 2001),
131에서는 그냥 '저씨브'로 음역했습니다.

3.2.2. <할를루엘 브콧쇼>(הַלְלוּ־אֵל בְּקָדְשׁוֹ)(1절 전하반절)

(1) 여기서, "너희는 찬양하라!"는 명령형의 목적어가 야훼가 아니고 <엘>(אֵל)인 점이 독특합니다. <엘>은 본디 가나안에서 신(神)을 가리킬 때 보통 쓰던 말이었습니다.

(2) קָדְשׁוֹ를 <캇쇼>로 잘못 읽지 않도록 조심해야 합니다. 이 낱말의 강세가 마지막 음절 <쇼>(שׁוֹ)에 있고, 그 앞 음절 קָד은 자음과 모음과 자음으로 이루어진 닫힌, 강세 없는 음절이어서 그 모음은 짧기 때문입니다. 남성 단수 삼인칭 대명접미어 <오>(וֹ)를 떼내고, 명사의 기본꼴을 찾아보면 <코데쉬>(קָדֶשׁ)가 나옵니다.

<코데쉬>(קָדֶשׁ)는 '거룩하다'는 뜻의 동사 <카다쉬>(קָדַשׁ)에서 비롯된 명사로서 우선 조심해서 다루어야 할 거룩한 것을 뜻합니다. 그런데 이 낱말이 문맥에 따라 '거룩한 장소' 곧 성소를 가리킬 수 있습니다. 킬(O.Keel)은 보기에 따라서는 본문의 경우를 "그의 거룩하심 가운데 계시는 하나님을 찬양하라!"로 번역할 수도 있다고 하면서 참고할 구절로 시편 29편 2절, 89편 36[35]절, 96편 9절, 아모스 4장 2절을 듭니다.2)

(3) 전치사 <브>(בְּ)가 까닭을 나타내는 것으로 이해하여 <브콧쇼>를 '그의 거룩하심 때문에'로 번역하는 것은 그리 좋아 보이지 않습니다.

(4) <할를루엘 브콧쇼>를 우리는 일반의 경향을 따라, "너희는 하나님을 그의 성소에서 찬양하라!" 정도로 옮기면 좋겠습니다.

---

2) *WaBAT,* 153.

3.2.3. <할를루후 비르키아으 웃조>(הַלְלוּהוּ בִּרְקִיעַ עֻזּוֹ)(1절 후반절)

(1) 첫 낱말 <할를루후>(הַלְלוּהוּ)는 남성 복수 명령형 <할를루> (הַלְלוּ)에 남성 단수 삼인칭 대명접미어 <후>(הוּ)가 붙은 꼴입니다. 이 <후>(הוּ)는 앞에 나온 <엘>(אֵל)이나 <야흐>(יָהּ)를 가리킵니다.

(2) <비르키아으>(בִּרְקִיעַ)는 전치사 <브>(בְּ)에 명사 <라키아으> (רְקִיעַ)의 연계형이 붙은 꼴입니다. <라키아으>의 연계형 <르키아으>(רְקִיעַ)의 첫 모음이 유성 <쉬와>이어서, 유성 <쉬와>가 둘 나란히 오면 앞의 것은 완전 모음, 그것도 주로 짧은 <이>가 됩니다. 그래서 <비르키아으>(בִּרְקִיעַ)가 되었습니다.

<라키아으>(רְקִיעַ, '창공')는 창세기 1장 6절을 떠올리게 합니다. 이 낱말은 '넓게 펼치다'란 뜻의 동사 <라카으>(רְקַע)에서 비롯된 명사로서, '넓게 펼쳐놓은 것'을 뜻하다가, 굳게 펼쳐진 것으로 생각한 둥근 하늘을 가리키는 말로 쓰이게 되었습니다.

(3) <웃조>(עֻזּוֹ)에서는 우선 남성 단수 삼인칭 대명접미어 <오>(וֹ)를 알아볼 수 있어서, 이 접미어가 붙은 명사의 기본꼴은 자모 <아인>(ע)과 <자인>(ז)을 중심으로 찾아보게 됩니다. 특히 <자인>(ז)이 중복되어 있는 것으로 미루어 보면, 이 낱말의 뿌리는 עזז이었을 것으로 보입니다. 여기 쓰인 명사의 기본꼴은 '강함을 입증해 보이다'를 뜻하는 동사 <아잣>(עָזַז)에서 비롯된 <오즈> (עֹז)입니다. <오즈>에 접미어가 붙을 때는 중복점이 살아나고 모음이 <우>로 짧아집니다. <오즈>의 뜻은 '강함', '힘'입니다.

(2)+(3) <비르키아으 웃조>를 직역하면 '그의 강함의 창공에서'가 됩니다. 연계형 명사 뒤의 절대형 명사가 가끔 연계형 명사의 속성을 표현하는 수가 있습니다. 그렇다면, '창공'이 강하다는 뜻이겠습니까? 임승필이 '그의 웅대한 창공에서'라고 옮긴 것을 이런 이해의 반영으로 볼 수 있습니다. 그렇지만, '강함'에 이미 '그의'라는 소유격이 붙어 있어서 이는 옳지 않습니다. 글의 흐름으로 보면 <엘>의 강함이 드러나 있는 창공을 표현하려 한 것으로 이해할 수 있습니다. 이렇게 볼 때, '그 권능의 궁창에서'라는 개역한글판의 번역은 그런대로 괜찮습니다. 다만, '그 권능'은 '그의 권능'으로 바로잡아야 할 것입니다.

(4) <할를루후 비르키아으 웃조>를 우리는 그저 잠정적으로 "너희는 그의 힘의 창공에서 그를 찬양하라!" 정도로 옮겨보십시다.

3.3. 찬양의 이유(2절)

3.3.1. <할를루후 비그부로타우>(הַלְלוּהוּ בִגְבוּרֹתָיו)(2절 전반절)

(1) <비그부로타우>(בִגְבוּרֹתָיו)는 전치사 <브>(בְּ)와 여성 명사 <그부라>(גְּבוּרָה)의 복수형과 남성 복수 삼인칭 대명접미어 <아우>(יו)가 한데 어우러진 꼴입니다.

<그부라>(גְּבוּרָה)는 우리가 첫 시간에 시편 117편을 읽을 때 2절에서 알게 된 동사 <가바르>(גָּבַר, '뛰어나다')에서 비롯된 명사로, '힘'을 뜻합니다. 그런데, 이런 추상명사를 복수로 쓸 때는

그 추상명사가 본디 지니는 내용이 나타나는 구체적인 경우를
가리킵니다. 이리하여 여기서도 <그부롯>(גְּבוּרוֹת)은 하나님의
힘찬 행동들, 하나님이 능력으로 행하신 놀라운 일들을 뜻합니
다. 개역한글판에서 '능하신 행동'이라고 옮긴 것도 이 때문인 듯
합니다.

(2) 문제는 이 경우 전치사 <브>(בְּ)가 앞 1절의 경우와 다른 뜻
을 지닌다는 데 있습니다. <브콧쇼>(בְּקָדְשׁוֹ) 또는 <비르키아으>
(בִּרְקִיעַ)의 <브>(בְּ)는 장소를 가리키는 역할을 했지만, 여기서는
원인을 표현하는 것으로 볼 수 있습니다.

(1)+(2) 이리하여 <할를루후 비그부로타우>는 "너희는 그의
힘찬 행동들 때문에 그를 찬양하라!" 정도로 옮길 수 있습니다.

3.3.2. <할를루후 크룹 구들로>(הַלְלוּהוּ כְּרֹב גֻּדְלוֹ)(2절 후반
절)

(1) <크룹>(כְּרֹב)은 전치사 <크>(כְּ)와 연계형 단수 명사 <룹>
(רֹב)이 한데 어우러진 꼴입니다. <룹>(רֹב)은 '많다'를 뜻하는 동
사 <라바브>(רָבַב)에서 비롯된 추상명사로 '많음'을 뜻합니다.
이리하여 <크룹>(כְּרֹב)은 '...의 많음을 따라'로 옮길 수 있습니다.

(2) <구들로>(גֻּדְלוֹ)는 남성 단수 삼인칭 대명접미어 <오>가
<기멜>(ג), <달렛>(ד), <라멧>(ל)의 세 자모로 이루어진 명사에
붙은 꼴입니다. 접미어가 붙은 상황에서 이 명사의 첫 모음이 짧
은 <우>인 것을 보면, 아마 그 기본꼴은 <고델>(גֹּדֶל)일 것으로

보입니다. 왜냐하면, 어조장모음(tone long vowel) <오>(וֹ)가 어미로 붙을 때 짧은 <우>로 되는 경우가 많기 때문입니다. 앞에 나온 <오즈>(עֹז) - <웃조>(עֻזּוֹ)가 바로 그런 보기였습니다. 과연 사전을 들추어 보았더니 <고델>(גֹדֶל)이라는 명사가 있었습니다. 이 명사는 '커지다, 자라다'를 뜻하는 동사 <가달>(גָדַל)에서 온 것으로, '큼', '위대함'을 뜻합니다.

(1)+(2) 이리하여 <크롭 구들로>(כְרֹב גֻדְלוֹ)는 '그의 크심의 많음을 따라'로 직역할 수 있습니다. 이 경우 전치사 <크>(כְ)는 어떤 근거를 제시하는 것으로 이해할 수 있습니다. 그런데 바르트케는 3-10개의 히브리어 사본과 시리아어 역본에서는 이 <크>(כְ) 대신에 <브>(בְ)가 있음을 BHS 비평란에 제시합니다. 그리하여 여기에 <브롭 구들로>(בְרֹב גֻדְלוֹ)가 있었다면, 이는 앞의 경우와 마찬가지로 '그의 크심의 많음 때문에'로 직역할 수 있습니다.

아무튼 '크심의 많음'이란 표현은 우리말투에 맞지 않습니다. 그리하여 '풍성하신 위대함' 정도로 옮기면 어떨까 생각합니다. 개역한글판에서는 '지극히 광대하심', 임승필은 '가없는 위대함'으로 번역합니다.

(3) <할를루후 크롭 구들로>를 "너희는 그의 풍성한 위대함을 따라 그를 찬양하라!"로 번역해 두십시다.

3.4. 관악기와 현악기를 동원한 찬양(3절)

3.4.1. 〈할를루후 브테카으 쇼파르〉(הַלְלוּהוּ בְּתֵקַע שׁוֹפָר)(3
절 전반절)

(1) 〈브테카으〉(בְּתֵקַע)는 전치사 〈브〉(בְּ)와 연계형 단수 명사
〈테카으〉(תֵקַע)가 한데 어우러진 꼴입니다. 〈테카으〉(תֵקַע)는
'치다', '나팔을 불다'를 뜻하는 동사 〈타카으〉(תָּקַע)에서 비롯
된 명사로서 '나팔 부는 것'을 뜻합니다.

(2) 〈쇼파르〉(שׁוֹפָר)는 보통 수양의 뿔로 만든 나팔을 말합니다
(수 6:5). 이리하여 〈브테카으 쇼파르〉(בְּתֵקַע שׁוֹפָר)를 직역하면
'나팔을 부는 것으로'가 됩니다. 이 경우 〈브〉(בְּ)는 동시 동작 또
는 행동의 양태를 표현합니다. 뿔나팔은 본디 악기라기보다는
절기 때나(시 81:4[3]) 야훼께서 오심을(시 47:6[5]) 알리기 위해
쓰는 신호 도구였는데, 나중에 예배에 쓰인 것으로 보입니다.3)

(3) 〈할를루후 브테카으 쇼파르〉는 "너희는 나팔을 불면서 그
를 찬양하라!"로 옮길 수 있습니다.

3.4.2. 〈할를루후 브네벨 워킨노르〉(הַלְלוּהוּ בְּנֵבֶל וְכִנּוֹר)(3
절 후반절)

(1) 이제부터 여러 가지 악기의 히브리 이름이 나옵니다. 〈네
벨〉(נֵבֶל)은 현악기, 특히 하프를 뜻하는 것으로 알려져 있습니다.
〈킨노르〉(כִנּוֹר)는 통이 달린 현악기를 가리키는 것으로 보입니
다. 이 두 낱말을 피터스는 '거문고'와 '비파'로,4) 개역한글판과

---

3) *WaBAT*, 326을 참고하십시오.

개역개정판에서는 각각 '비파'와 '수금'으로, 공동번역과 표준새번역에서는 '거문고'와 '수금'으로, 임승필은 '수금'과 '비파'로 번역했습니다. 오늘 우리는 '비파'나 '수금'이 어떻게 생긴 악기인지 잘 모릅니다. 국어사전에서는 '수금(竪琴)'을 '하프'와 같다고 하고, '비파(琵琶)'는 '현악기의 한 가지. 몸은 길둥글고 자루가 곧으며, 네 줄과 네 기둥으로 되고, 퉁기어서 소리를 낸다'라고 풀이합니다.5) 이리하여 우리는 '수금'과 '비파'를 갈음할 다른 말을 찾아볼 만합니다. 그런데 마땅한 말이 생각나지 않습니다. 차라리 국악기 이름을 쓸 바에야 '거문고'와 '아쟁'이라고 하면 어떻겠습니까? 별 뾰족한 대안이 없으면, 개역한글판을 따르는 것이 무난합니다.

(2) 이리하여 <브네벨>(בְּנֵבֶל)은 '비파를 가지고서', '비파를 연주하면서'라는 뜻이 되어, 이 경우 전치사 <브>(בְּ)는 도구나 수단을 표현합니다. 그런데, <킨노르>(כִנּוֹר)에는 따로 전치사 <브>(בְּ)를 붙이지 않았습니다. 그리하여 <브네벨 워킨노르>(בְּנֵבֶל וְכִנּוֹר)라고만 되어 있어서, 이것이 비파와 수금의 합주를 뜻하는 것인가 하는 생각이 듭니다. 그럴 수도 있겠지만, 달리 생각해 보면, <킨노르>(כִנּוֹר)에 굳이 따로 전치사를 붙이지 않아도 이해하는 데 별 문제는 없고, 이 본문이 시문이기 때문에 될 수 있는 대로 간단히 표현하기 위해서 그리했다고 볼 수도 있겠습니다.6)

---

4) Alexander A. Pieters, 『시편촬요』 (1898).

5) 『우리말큰사전』, 2440과 1979.

6) 옛 히브리 사람들이 쓰던 현악기에 대해서는 *WaBAT*, 323-326을 참고하십시오.

(3) 〈할를루후 브네벨 워킨노르〉는 "너희는 비파와 수금으로 그를 찬양하라!"로 옮길 수 있습니다.

3.5. 관·현·타악기와 춤을 동원한 찬양(4절)

3.5.1. 〈할를루후 브톱 우마홀〉(הַלְלוּהוּ בְתֹף וּמָחוֹל)(4절 전반절)

(1) 〈톱〉(תֹף)은 템버린처럼 손에 들고 치는 작은북을 가리킵니다. 이는 '북을 치다'는 뜻의 동사 〈타팝〉(תָּפַף)에서 왔습니다.[7]

(2) 〈우마홀〉(וּמָחוֹל)에서 접속사 〈워〉(וְ)가 〈우〉(וּ)로 된 것은 그 다음 자모가 입술소리인 〈멤〉(מ)이기 때문입니다. 〈마홀〉(מָחוֹל)은 빙글빙글 돌아가면서 추는 춤을 뜻합니다. 동사 〈홀〉(חוּל)에서 왔습니다. 여럿이 모여서 빙글빙글 돌아가면서 작은북을 치며 노래한다는 것은 어디서나 볼 수 있는 모습이 아니겠습니까?

(3) 바르트케가 마련한 *BHS* 비평란에 따르면, 몇몇 히브리어 사본에서는 〈마홀〉(מָחוֹל) 앞에도 전치사 〈브〉(בְ)를 적고 있습니다. 논리적으로는 그렇게 하는 것이 더 낫지만, 앞 3절 후반절에서 언급한 것처럼, 반드시 그리해야 할 필요는 없습니다.

---

7) 옛 이스라엘의 타악기에 대해서는 *WaBAT*, 314-318을 참고하십시오.

(4) <할를루후 브톱 우마홀>은 "너희는 작은북과 춤으로써 그를 찬양하라!"고 옮길 수 있습니다.

3.5.2. <할를루후 브민님 워우갑>(הַלְלוּהוּ בְּמִנִּים וְעוּגָב)(4절 후반절)

(1) <민님>(מִנִּים)은 '현악기의 줄', '현악기'를 뜻하는 단수 명사 <멘>(מִן)의 복수 절대형인데, 구체적으로 어떤 악기를 말하는지 알아차리기가 어렵습니다. 개역한글판과 개역개정판에서는 그냥 '현악'으로, 공동번역과 표준새번역과 피터스의 『시편촬요』에서는 '현금'으로, 임승필은 '현악기'로 옮겼습니다. 국어사전을 보면, 현금(玄琴)이 곧 거문고입니다.8)

(2) <우갑>(עוּגָב)은 '피리'를 가리킵니다.9)

(3) <할를루후 브민님 워우갑>은 "너희는 현악기와 피리로써 그를 찬양하라!"로 옮길 수 있습니다.

3.6. 큰 타악기를 동원한 찬양(5절)

3.6.1. <할를루후 브칠즐레샤마으>(הַלְלוּהוּ בְצִלְצְלֵי־שָׁמַע)(5절 전반절)

---

8) 『우리말큰사전』, 4634.

9) 옛 이스라엘의 관악기에 대해서는 *WaBAT*, 318-322를 보십시오.

(1) <칠츨레>(צִלְצְלֵי)에서 남성 복수 연계형 어미 <에>(ֵ)를 떼내 놓고 보면, 두 개의 자모가 차례대로 거듭나오는 צִלְצְל이라는 특별한 형태가 남습니다. 그런데, *HAL*에서는 아예 그 복수형 <첼츨림>(צְלָצְלִים)을 올림말로 삼고 있습니다. 이 낱말의 뿌리는 '(귀가) 울리다' 또는 '(입술이) 떨리다'는 뜻의 동사 <찰랄>(צָלַל)에서 온 명사로서, '(소리가) 울리는 큰 대야 같은 것', '심벌즈'를 가리킨다고 합니다.

이에 상응하는 우리 악기가 있습니까? 있다면 그 이름은 무엇입니까? 개역한글판과 개역개정판에서는 이를 '제금(提琴)'이라고 옮겼는데, 그 뜻을 국어사전에서 찾아보았더니, '길이 60cm 정도 되는 중국 명·청대의 한 현악기. 야자나무 열매로 박 쪽과 같이 파서 만든 울림통에 그 자른 면은 뱀껍질이나 오동나무 판으로 봉하고 두 줄을 매어 말총으로 맨 활로 문질러서 소리를 낸다.'10)라고 풀이하고 있습니다.

그렇지만 <칠츨레>는 4절에 나온 <톱>(תֹף, '소고')보다는 큰 타악기를 가리키는 것으로 보입니다.

(2) <샤마으>(שָׁמַע)가 그 자체로는 '듣다'는 뜻의 동사 기본꼴과 같지만, 그 앞 낱말과 이음줄(<막켑>, מַקֵּף)로 이어져 있을 뿐만 아니라, 그 앞 단어가 남성 복수 연계형이어서, 이는 명사인 것을 짐작할 수 있습니다. 사전을 찾아보면, '소리 울림', '아름다운 소리'를 뜻하는 <셰마으>(שֶׁמַע)에서 그 첫 음절에 강세가 오면서 짧은 모음 <에>(ֶ)가 긴 <아>(ָ)로 된 것이겠습니다.

(3) 이리하여 <칠츨레샤마으>(צִלְצְלֵי־שָׁמַע)는 울리는 소리가

---

10)『우리말큰사전』, 3689.

좋은 심벌즈 같은 것을 뜻한다고 하겠습니다.11)

(4) <할를루후 브칠츨레샤마으>는 "너희는 좋은 소리 나는 제금으로써 그를 찬양하라!"로 옮겨 보겠습니다.

3.6.2. <할를루후 브칠츨레 트루아>(הַלְלוּהוּ בְּצִלְצְלֵי תְרוּעָה)
(5절 후반절)

(1) <트루아>(תְרוּעָה)의 첫 자모 <타우>(ת)에 연강점(<다게쉬 레네>, dagesh lene)이 없는 것은 이 낱말을 앞 낱말로 긴밀히 이어지는 것으로 보았기 때문일 것입니다.

<트루아>(תְרוּעָה)는 한편으로 '시끄럽게 소리 지르다', 다른 한편으로는 '기뻐 외치다'는 뜻으로 쓰이는 동사 <루아으>(רוע)에서 비롯된 명사로서, 때로는 전쟁의 소음을 가리키기도 하지만, 여기서는 기뻐 외치는 소리, 환호성을 가리키는 것으로 보입니다.

(2) 그렇다면, <칠츨레 트루아>(צִלְצְלֵי תְרוּעָה)는 큰 기쁨을 드러낼 때 마구 치는 심벌즈 같은 것으로 이해할 수 있습니다.

(3) 이 <칠츨레 트루아>(צִלְצְלֵי תְרוּעָה)와 전반절의 <칠츨레 샤마으>(צִלְצְלֵי־שָׁמַע)가 실제 어떻게 구별되는지 확실히 알 수 없습니다. HAL에서는, 쾰러와 바움가르트너가 엮어낸 구약 히브리어 아람어 사전 제2판에 따르면 앞의 것은 가운데가 우묵한 작

---

11) WaBAT, 317 아래 그림(그림 번호 455번)을 참고해 볼 만합니다.

은 금속판을 서로 가까이 겹쳐 쳐서 소리 내는 기구를, 뒤의 것은
잘 울리게 만든 큰 금속판들이라고 풀이한다는 점을 소개합니
다. 아울러 킬의 책 318쪽의 그림(번호 456번)을 참고하라고 합
니다.

킬은 이 두 표현이 두 가지 악기를 가리킨다기보다는 한 악기
를 치는 두 가지 방법을 뜻하는 것으로 봅니다. 곧 민수기 10장
1-10절에서 뿔나팔을 불 때 울리지 않게 불기도 하고 울려 불기
도 하는 것처럼, 심벌즈 같은 악기를 치되 한 번은 약하게, 한 번
은 세게 치는 것을 뜻한다는 것인데, 이리함으로써 리듬이 생겨
숨 쉬는 것과 맞출 수 있다는 것입니다. 킬의 이러한 주장을 뒷받
침하는 그림이 바로 앞에서 말한 그림인데, 이 그림을 보면 큰 둥
근 북 같은 것을 가운데 한 사람이 선 채 잡고 있고 그 양쪽에 한
사람씩 서서 번갈아 치는 듯한 모습을 띠고 있습니다. 이 그림은
주전 9-8세기경에 생긴 것으로 보이는데 갈그미쉬에서 발굴된
높이 90cm, 넓이 130cm 크기의 현무암 돌을새김에서 온 것입니
다.12)

개역한글판과 개역개정판에서는 이 둘을 각각 '큰소리 나는
제금'과 '높은 소리 나는 제금'으로, 표준새번역에서는 '오묘한
소리 나는 제금'과 '큰소리 나는 제금'으로, 공동번역에서는 '자
바라'와 '징'으로, 임승필은 '낭랑한 자바라'와 '우렁찬 자바라'
로, 피터스의 『시편촬요』에서는 '화흔 소리 나는 제금'과 '큰 소
리 나는 제금'으로 번역했습니다.

(4) <할를루후 브칠츨레 트루아>는 "너희는 기쁜 소리 내는
제금으로써 그를 찬양하라!"로 번역해 보십시다.

---

12) *WaBAT*, 371.

3.7. 찬양의 주체(6절)

3.7.1. <콜 한느샤마 트할렐 야흐>(כֹּל הַנְּשָׁמָה תְּהַלֵּל יָהּ)

(1) <느샤마>(נְשָׁמָה)는 본디 '숨을 쉬다', '헐떡거리다'를 뜻하는 동사 <나샴>(נָשַׁם)에서 비롯된 명사로서 '숨'을 뜻하는 수가 많지만, 여기서는 '숨쉬는 존재', '살아 있는 존재'라는 뜻을 지니는 것으로 보입니다.

(2) <콜 한느샤마>(כֹּל הַנְּשָׁמָה)를 직역하면 '살아 있는 존재 전부'가 되어 실제로는 '모든 산 것'을 가리킵니다. 그렇지만, <콜>(כֹּל) 뒤에 단수형 명사가 오면, 이를 '...마다'로 옮김으로써, <콜>(כֹּל) 뒤에 복수형 명사가 와서 '모든 ...들'로 옮기는 경우와 조금 구별해 볼 수 있습니다.

(3) <트할렐>(תְּהַלֵּל)은 우선 동사 <할랄>(הִלֵּל)의 강의 능동 어간(<피엘>) 단수 남성 이인칭 또는 여성 삼인칭 미완료형으로 볼 수 있는데, 여기서는 주어가 <콜 한느샤마>(כֹּל הַנְּשָׁמָה)로 여성 단수이므로 후자의 경우라 하겠습니다.

그런데, 글의 흐름으로 보아, 이 미완료형은 실제로 이 문장을 말하는 사람이 문법적으로 이 미완료형의 주어에게 바라는 바를 표현합니다. 이는 청원형(jussive)입니다. 그러니까, <콜 한느샤마 트할렐>(כֹּל הַנְּשָׁמָה תְּהַלֵּל)은 "숨 쉬는 것마다 찬양하기를 내가 바란다."는 뜻을 담고 있습니다. 따라서,이것을 "모든 숨쉬는 것들아, 찬양하라!"로 옮기면 잘못입니다. 이럴 경우 히브리어 본문의 주어인 '모든 숨쉬는 것'이 번역에서 갑자기 호격으로 바

꿔게 됩니다. 따라서 청원형을 우리말로 옮길 때는 차라리 "...할지라!"는 옛스런 표현을 쓰는 것이 나아 보입니다. 아니면, "...하기를!"이라는 식으로도 할 수 있을까요?

이런 청유형이 명령형과 다른 점이 무엇이겠습니까? 무엇보다도 자신이 바라는 바를 은근히 밝힌다는 점에서 자신이 바라는 바를 드러나게 알리는 것과 다르다고 하겠습니다. 또한 명령형은 2인칭에서만 쓸 수 있지만, 청유형은 3인칭에서도 쓸 수 있습니다.

(4) <콜 한느샤마 트할렐 야흐>는 "숨 쉬는 것마다 야훼를 찬양할지라!"로 번역할 수 있습니다.

3.7.2. <할를루야흐>(הַלְלוּ־יָהּ)

이에 대해서는 문법적으로 별다른 설명이 필요하지 않습니다. 다만 바르트케가 마련한 *BHS* 비평란의 내용을 한번 살펴보도록 하십시다. 이에 따르면, 시편에서 마지막으로 나오는 이 <할를루야흐>가 칠십인역 가운데서는 알렉산드리아 사본과 베로넨 사본과 루치안 개정본에 나오지 않고, 그 밖에도 콥트어 역본과 시리아어 역본과 제롬 역본에 빠져 있습니다.

4. 시편 23편 읽기

4.1. 시편 23편의 흐름과 짜임새

시 23편은 표제, 야훼께서 내 목자이심을 밝히는 1절, 목자께서 나를 먹이심을 묘사하는 2-3절, 목자에 대한 신뢰를 고백하는 4절, 야훼께서 나를 극진히 대접하심을 묘사하는 5절, 신뢰와 각오를 밝히는 6절로 나누어 읽을 수 있습니다.

4.2. 표제와 주제(1절)

4.2.1. 표제(標題): <미즈모르 르다윗>(מִזְמוֹר לְדָוִד)(1[없음] 절 첫머리)

(1) <미즈모르>(מִזְמוֹר)는 본디 그 강의 능동 어간 <피엘>이 '악기를 연주하다'는 뜻을 지니는 동사 <자마르>(זמר)에서 비롯된 명사로서 악기의 반주에 맞추어 부르는 노래를 가리킵니다. 따라서, 이를 '시'(개역한글판, 개역개정판, 피터스 역)나 '시편'(2005 가톨릭 공용번역본)으로 옮기기보다는 '노래'(공동번역, 표준새번역)나 '찬송'으로 옮기는 것이 더 나아 보입니다. '시'라고 할 때는 '산문'에 맞서는 문학 형식이 먼저 떠오르는데, <미즈모르> 자체는 그런 점보다는 노래로 불린다는 점에 관심을 두고 있기 때문입니다.

시편에는 이 낱말이 3-6편, 8-9편, 12-13편, 15편, 19-24편, 29-31편, 38-41편, 47-51편, 62-68편, 73편, 75-77편, 79-80편, 82-85편, 87-88편, 92편, 98편, 100-101편, 108-110편, 139-141편, 143편 표제의 경우만 모두 57번이나 나옵니다.

(2) <르다윗>(לְדָוִד)은 전치사 <르>(לְ)에 고유명사 <다윗>(דָוִד)이 붙은 꼴입니다. 문제는 이 경우에 전치사 <르>를 어떻게 이해할 것인가 하는 데 있습니다. <르>를 보통은 '...에게'나 '...을 위하여'의 뜻으로 풀이합니다. '...에게'로 쓰일 때 이 전치사가 실제로는 '...의'라는 뜻을 지닐 때가 있습니다. 본문의 경우도 보통은 그렇게 이해하여 <미즈모르 르다윗>을 '다윗의 시'로 옮깁니다. 그렇지만 '다윗의 시'라고 번역했더라도, 이를 어떻게 이해하느냐 하는 것은 또 다른 문제입니다. 다윗이 지은 시,[1] 다윗에게 속한 시, 다윗을 위한 시, 다윗에게 바친 시 등 여러 가지로 해석할 여지가 있기 때문입니다.

(3) 우리는 <미즈모르 르다윗>을 그냥 '다윗의 노래'로 번역해 두기로 합니다.

4.2.2. 내 목자 야훼: <야훼 로이 로 에흐사르>(יְהוָה רֹעִי לֹא אֶחְסָר:)(1절 나머지)

(1) <야훼 로이>(יְהוָה רֹעִי)는 하나님의 이름 '야훼'(יְהוָה)와

---

1) 피터스의 『시편활요』에서는 <미즈모르 르다윗>을 '다빗이 지은 시'로 옮기고 있습니다.

'나의 목자'를 뜻하는 <로이>(רֹעִי)의 두 낱말로 이루어진 명사 문장입니다.

(2) <로이>는 '목자'를 뜻하는 명사 <로에>(רֹעֶה)에 단수 공성 일인칭 대명접미어 <이>(ִ)가 붙으면서 본디 명사의 끝 모음과 자음 ה 가 떨어져 나간 꼴입니다. <로에> 자체는 '양을 치다', '양을 먹이다'라는 뜻의 동사 <라아>(רָעָה)의 단순 능동 어간 <칼> 능동 분사 남성 단수 절대형입니다. 이리하여 <로에>는 '양치기', '양 먹이는 사람'을 뜻하는데, 이 분사에 단수 공성 일인칭 대명접미어가 붙어서 '나의 양치기' 또는 '나의 양 먹이는 사람'을 뜻하게 되었다고 할 때, 이 '나의'의 기능은 무엇입니까? 시 23편 1절의 경우에는 이 '나의'가 실제로는 '나를'을 뜻한다는 점이 너무나 분명해서 더 이상 따져볼 필요가 없습니다. 그러니까, 이 경우 인칭 대명접미어가 형식상으로는 '소유격'이지만, 뜻으로 보면 그 분사가 표현하는 동사의 대상, 곧 '목적격' 노릇을 한다는 것입니다. 서양 문법학자들은 이런 경우를 '목적어 속격'(objective genitive)이라고 부릅니다. 이리하여 <로이>는 '나를 양 치듯 치는 분', '나를 양 먹이듯 먹이시는 분', '나를 양 돌보듯 돌보는 분'을 뜻하게 됩니다.

이 점을 같은 분사를 쓰되 본문의 경우보다 더 분명히 표현하고 있는 경우가 창세기 48장 15절입니다. 거기에 보면, 야곱이 요셉에게 유언하는 가운데 할아버지의 하나님, 아버지의 하나님이 또한 자신이 태어날 때부터 지금까지 '나를 기르신 하나님'이라고 말하는데, 그 히브리어 표현을 보면 <하엘로힘 하로에 오티>(הָאֱלֹהִים הָרֹעֶה אֹתִי)입니다. 야훼 대신에 <엘로힘>을 쓰고 있는 점은 다르지만, 전체의 뜻은 본문의 경우와 거의 비슷합니다. 그리하여, 시편 23편 1절의 경우와 비슷하게 이 표현은 '나의 목자이신 하나님'2)이라고도 옮길 만합니다. 그런데, 표현 방식이 창세기의 경우에는, 그것이 물론 한정적으로 쓰인 까닭이기는 하지만, 산문으로 분사 앞에 관사도 붙이고 그렇게 분사로 쓰인 동사가 본디 지니는 뜻을 두고 볼 때 목적어가 되는 '나를'을 목적격 표시어 <엣>(אֵת)에 단수 공성 일인칭 대명접미어<이>(ִי)를 붙여서 똑똑히 표현했습니다. 사실 여기서 <하로에 오티>(הָרֹעֶה אֹתִי)는 <로이>(רֹעִי)로 줄여서 쓸 수도 있었을 것입니다. 따라서, 만일 이를 시문으로 표현한다면 <하엘로힘 하로이>(הָאֱלֹהִים הָרֹעִי) 또는 아예 관사를 빼고 <엘로힘 로이>(אֱלֹהִים רֹעִי) 정도로 했을 것입니다. 이렇게 보면 시편 23편의 첫 문장은 창세기 48장 15절에서 말하려는 바와 비슷한 내용을 시적으로 표현한 것이라 볼 수 있습니다.

그런데, <로이>(רֹעִי)의 '나의'가 이런 식으로 언제나 <라아> 동사의 목적격 노릇을 하는 것은 아닙니다. 본문과는 다른 경우로 똑같은 낱말에 똑같은 인칭 대명접미어가 쓰인 보기를 하나 들어보겠습니다. 이사야 44장 28절에 보면 이스라엘의 하나님 야훼께서 이방 나라 페르시아의 임금 고레스에 대해서 '나의 목자', 곧 <로이>라고 부르십니다. 이런 경우에 '나의 목자'는 고레스가 야훼를 양 치듯 치는 사람, 양 먹이듯 먹이는 사람, 양 돌보듯 돌보는 사람이란 뜻이 될 수 없음은 두 말할 나위가 없습니다. 여기서 <로이>는 하나님께 속한 목자, 하나님이 부리시는 목자란 뜻이므로, '나의'를 나타내는 인칭 대명접미어는 뜻으로 볼 때 '주격' 노릇을 합니다. 이런 경우를 문법학자들은 '주어 속격'(subjective genitive)이라고 합니다.

---

2) 실제로 *NJPST*에서는 이 부분을 The God who has been my shepherd 로 옮겼습니다.

(3) 이제 본문의 <야흐웨 로이> 전체를 살펴보십시다. 두 낱말로 이루어진 이 명사 문장을 우리는 아무 생각 없이 그저 "야훼는 나의 목자시다."라고 쉽게 번역합니다. 그렇지만, 이 두 낱말 가운데서 어느 것을 문장의 주어로 보느냐에 따라서, 이 문장에 대한 이해가 달라질 수 있습니다. "야훼가 나의 목자시다."라고 할 때, 이는 <야흐웨>를 주어로, <로이>를 술어로 본 것입니다.

그런데, 혹시 <로이>를 주어로 볼 수는 없겠습니까? 그럴 경우에는 이 문장의 뜻이 어떻게 되겠습니까? <로이>를 주어로 본다는 것은 <야흐웨>가 술어가 된다는 말이고, "아무개가 무엇이다." 식의 명사 문장의 일반 어순은 주어가 먼저 나오고 서술어가 뒤따르는 것이므로, 이 경우는 서술어가 먼저 나와 강조되었다고 할 수 있습니다. 그리하여, <야흐웨 로이>는 "내 목자는 (그 누구도 아니고 오직) 야훼시라."는 뜻을 지니게 됩니다.3)

<야흐웨>를 주어로 보는 경우에는 <야흐웨 로이>가 "야훼는 누구신가?"라는 물음에 대해 답하는 것처럼 들리고, <로이>를 주어로 보는 경우에는 <야흐웨 로이>가 "누가 내 목자인가?"라는 물음에 대해 답하는 것처럼 들립니다. 여러분은 이 둘 가운데 어느 것이 본문의 흐름에 맞다고 생각하십니까?

더 나아가 <야흐웨 로이>를 이 두 가지 말고 또 달리 이해할 길은 없겠습니까? 혹시 <야흐웨>와 <로이>를 둘 다 호격으로 보아서 "야훼, 내 목자시여!"라고 옮기면 어떻겠습니까?4) 시편 23편 2-3절에서 야훼가 삼인칭으로 등장하지 않고 이인칭으로 불

---

3) F.-L.Hossfeld/E.Zenger, *Die Psalmen. Psalm 1-50* (Die Neue Echter Bibel 29) (Würzburg: Echter Verlag, 1993), 153이 그런 경우입니다.

4) E.S.Gerstenberger, *Psalms. Part 1 with an Introduction to Cultic Poetry* (Grand Rapids, Michigan: Eerdmans, 1988), 114와 견주어 보십시오.

렸다면, 그렇게 볼 가능성이 훨씬 더 커집니다.5)

　(4) <에호사르>(אֶחְסָר)는 <페> 후음 동사 <하사르>(חָסַר)의 단순 능동 어간 <칼> 단수 일인칭 공성 미완료형입니다. 동사 뿌리의 마지막 자모가 <레쉬>(ר)이어서, 미완료형의 둘째 폐음절 모음이 <오>(ֹ)가 되지 않고 짧은 <아>(ַ)가 되었고, 여기서는 강세 때문에 길어졌습니다.

　<하사르>(חָסַר)는 '무엇 없이 지내다'는 뜻인데, <로 에호사르> (לֹא אֶחְסָר)를 우리말로 옮기기가 쉽지 않습니다. 문맥으로 보면 "내게 없어서 아쉬운 것이나 모자라는 것이 없다."는 뜻이겠는데, 이를 표준새번역처럼 "내게 아쉬움 없어라."로 옮기면, 히브리 동사의 일인칭 단수 공성 주어 '나'가 제대로 살아나지 않습니다. 그리하여 개역개정판처럼 "내가 부족함이 없으리로다." 가 조금은 어색하지만 그런 정도로 둘 수밖에 없습니다.

　(5) <야흐웨 로이>는 기본 상황을 설정해서 표현하는 명사 문장이고 <로 에호사르>는 거기에 따른 결과를 묘사하는 동사 문장으로 이해할 수 있습니다.6) 이리하여 "여호와는 나의 목자시니 내가 부족함이 없도다."는 개역한글판의 번역은 그런대로 괜찮습니다. 2005 가톨릭 공용번역본에서는 "주님은 나의 목자, 나는 아쉬울 것 없어라."로 옮겼습니다.

---

5) 목자와 양들에 관한 그림 자료는 *WaBAT*, 208-209를 참고하십시오.

6) *TSP*, 129-130과 견주어 보십시오.

4.3. 나를 먹이시는 목자(2-3절)

4.3.1. <비느옷 데셰 야르비체니>(בִּנְאוֹת דֶּשֶׁא יַרְבִּיצֵנִי)(2절 전반절)

(1) 이 문장에서는 전치사구 <비느옷 데셰>(בִּנְאוֹת דֶּשֶׁא)를 정동사보다 앞세워 강조합니다. 이 점은 우리말 번역에서도 이 부분을 주어와 동사보다 앞세움으로써 살릴 수 있습니다.

(2) <비느옷>(בִּנְאוֹת)은 전치사 <브>(בְּ)의 유성 <쉬와>(ְ)가 그 뒤의 명사 <느옷>(נְאוֹת)의 첫 모음 또한 유성 <쉬와>이어서 짧은 <이>(ִ)로 길어진 꼴입니다.

<느옷>에서 복수 여성 연계형 어미 <옷>(וֹת)을 알아볼 수 있으므로, 그 단수 기본꼴의 모음이야 어떻든 자음은 נאה이리라 기대하게 됩니다. 그런데 사전을 들여다보면, 그렇지 아니하고 <나와>(נָוֶה)를 찾아야 그 여성 복수 연계형으로 <느옷>이 들어 있습니다. *HAL*의 설명에 따르면, <나와>는 <나웨>(נָוֶה)의 여성형으로 그 복수 연계형은 본디 נְוֹת로 써야 하는데(습 2:6), 여기서는 נְאוֹת로 되었다고 합니다. 아무튼 <나와>는 '짐승을 풀어먹이는 곳', '목초지', '목장'을 뜻합니다.

(3) 그런데 본문에서는 이 <나와>가 복수일 뿐만 아니라, 그 뒤에 <데셰>(דֶּשֶׁא)라는 명사가 붙어서 더 자세히 설명해 주고 있습니다. <나와>가 복수인 것은 짐승을 풀어먹이는 곳이 한 군데만으로는 모자라고 때에 따라 이리저리 자리를 옮기면서 짐승을 먹이는 유목민들의 상황에 비추어 볼 때 잘 이해가 됩니다. 문

법적으로는 어근의 뜻을 집중적으로 드러내어 뜻을 명백히 하려
고 쓰는 '확장의 복수'(Amplikativ-Plurale)라고 설명할 수도 있습
니다. 이를테면 시편 1편 1절의 〈아쉬레〉(אַשְׁרֵי)도 그런 경우입
니다.[7] 구약에 열두 번 이 복수형이 나오는데 그 가운데서 여섯
번이 '광야'(〈미드바르〉, מִדְבָּר)와 결합되어 나온다고 합니다.
이리하여, 본문의 〈나옷〉에서도 이스라엘의 여러 광야 가운데
있는 여러 개의 목초지를 떠올릴 수 있습니다.[8]

〈데셰〉는 *HAL*에 따르면, 사무엘하 23장 4절 같은 곳에서 비
온 뒤 갓 돋아난 신선한 풀을 가리키기도 하는데, 풀(〈에셉〉,
עֵשֶׂב)과 나무(〈에츠〉, עֵץ)의 상위 개념으로 '푸른 것'을 통틀어
일컫는 말로 이해하든지, 아니면 이 둘과 어우러져 식물을 구성
하는 요소로 볼 수 있다고 합니다. 아무튼 〈느옷 데셰〉(נְאוֹת
דֶּשֶׁא)를 직역하면, '푸름의 목초지들'이 됩니다. 곧 신선한 풀이
있어서 짐승들을 풀어 놓아 잘 먹일 수 있는 곳들을 가리킵니다.

(4) 전치사구 〈비느옷 데셰〉 뒤에서야 동사형 〈야르비체니〉
(יַרְבִּיצֵנִי)가 나오는데, 그것도 단수 공성 일인칭 대명접미어 〈에
니〉(נִי)가 붙은 꼴로 나옵니다. 접두사가 〈야〉(יַ)이고 둘째 음절
의 모음이 긴 〈이〉(ִי)이며, 대명접미어 말고는 다른 어미가 없는
것으로 보아, 〈야르비츠〉(יַרְבִּיץ)는 사역 능동 어간 〈히프일〉 단

[7] *GKH,* §124e.

[8] 실제로 이스라엘의 지정학적 상황에 비추어서 이 목초지들이 광야
가운데 있다는 데 대해서는 특히 N.Hareuveni, tr. by H.Frenklet, *Desert
and Shepherd in Our Biblical Heritage* (Neot Kedumim, The Biblical Land-
scape Reserve in Israel)(Givatayim: Peli Printing Works Lyd., 1991), 21-35
("The desert as pastureland")와 49-55("Green pastures in the desert")를 참
고하십시오.

수 삼인칭 남성 미완료형이고, 그 뿌리는 <라바츠>(רָבַץ)인 것을 알 수 있습니다. <라바츠>는 '짐승 떼가 눕다, 자리 잡다'는 뜻의 동사입니다. 이리하여 <야르비체니>(יַרְבִּיצֵנִי)는 "그(남)가 나를 눕게 하신다."는 뜻을 띱니다. 이 경우 미완료형은 지속되고 반복되고 계속되는 동작을 표현하는 것으로 이해할 수 있습니다.

어쨌든 여기서 시인은 자신을 양떼 가운데 들어 있는 한 마리 양에 견줍니다.

(5) 바르트케는 *BHS* 비평란에서 절의 끝 표시, 곧 <숩 파숙>(:)을 지금의 1절 끝에서 2절 전반절 끝으로 옮길 것을 제안합니다. 이는 아마도 운율을 고려한 제안으로 보입니다. 그렇지만, 아래에서 읽게 되는 바와 마찬가지로, 2절 전반절은 오히려 후반절과 평행을 이루므로 일단 1절은 전체적인 진술로 보아 지금처럼 독립된 절로 보는 것이 더 낫겠습니다.

(6) 이제 <비느옷 데세 야르비체니>는 잠정적으로 "푸른 풀밭에 그가 나를 눕게 하시도다."로 번역할 수 있겠습니다.

4.3.2. <알메 므누홋 여나할레니>(עַל־מֵי מְנֻחוֹת יְנַהֲלֵנִי)(2절 후반절)

(1) 이 문장도 동사 서술어보다 장소를 나타내는 전치사구를 앞세워 강조합니다.

(2) <알메 므누홋>(עַל־מֵי מְנֻחוֹת)에서 <메>(מֵי)는 '물'을 뜻

하는 <마임>(מַיִם)의 연계형입니다. <므누홋>(מְנֻחוֹת)은 그 어미 <옷>(וֹת)으로 보아서 여성 복수 명사이고, 그 단수 기본꼴은 <므누하>(מְנֻחָה)일 것으로 보입니다. 사전에서 찾아보면 מְנֻחָה는 본디 '쉼', '휴식'을 뜻하지만, 문맥에 따라서 '쉬는 곳', '쉼터'를 뜻하는 경우가 많은 것으로 풀이합니다. 그리하여 <메 므누홋> (מֵי מְנֻחוֹת)을 직역하면, '쉼들의 물'이 되는데, 이 경우 연계형 다음에 나오는 절대형은 어떤 속성을 나타낸다고 볼 수 있으므로,9) '물 가의 쉴 수 있는 곳들'이란 뜻을 지니는 것으로 이해할 만합니다.

(3) 이 뒤에 나오는 낱말 <여나할레니>(יְנַהֲלֵנִי)는 전반절 끝의 <야르비체니>(יַרְבִּיצֵנִי)처럼 동사 <나할>(נָהַל)의 단수 삼인칭 남성 미완료형에 단수 공성 일인칭 대명접미어가 붙은 꼴인데, 다만 동사가 강의 능동 어간 <피엘>인 점에서 앞과 다릅니다. <나할> (נָהַל)의 강의 능동 어간 <피엘>은 '무엇을 조심스럽게 돌보면서 이끌고 가다'는 뜻을 지니고 있습니다.

(4) 2절 전반절과 후반절은 한결같이 장소를 나타내는 전치사 구가 동사 서술어보다 먼저 나와서 강조되었을 뿐만 아니라, 내용으로 볼 때, 먹을 것과 마실 것이 보장된 상태로 '그'가 '나'를 보살피고 있다는 점을 말하므로, 일종의 종합 평행을 이룬다고 볼 수 있습니다. 다른 한편으로 이 두 부분이 합해서 1절의 동사 문장 "내가 부족함이 없도다."를 구체적으로 설명해 주고 있다고 하겠습니다.

---

9) *GKH*, §128p.

(5) <알메 므누홋 여나할레니>는 "쉴 만한 물가로 그가 나를 이끄시도다."로 옮길 수 있습니다.

4.3.3. <납쉬 여쇼벱>(נַפְשִׁי יְשׁוֹבֵב)(3절 전반절)

(1) <납쉬>(נַפְשִׁי)는 단수 일인칭 공성 대명접미어 <이>(ִ)가 <세골>형 명사 가운데서도 <카틀>형인 <네페쉬>(נֶפֶשׁ)에 붙은 꼴입니다. 이 <네페쉬>는 문맥에 따라 여러 가지로 다르게 번역할 수 있습니다. 본디 '목구멍', '목', '숨', '살아 있는 존재' 등을 뜻하는데, 시편에서는 <납쉬>(נַפְשִׁי)라는 형태로서 실제로는 '나 자신'을 가리키는 말로 쓰이는 경우가 많습니다. 따라서 이를 그냥 '내 영혼'이라고 옮기는 것으로는 만족스럽지 못합니다. 그보다는 차라리 '내 생명'이나 '내 삶의 힘'이라고 하는 것이 더 나을 것입니다.

(2) <여쇼벱>(יְשׁוֹבֵב)이 동사의 무슨 꼴인지를 얼른 알아차리기가 쉽지 않습니다. 일단 <여>(יְ)를 미완료형 삼인칭 남성 접두사로 생각하여 떼내어 놓고 보면, <쇼벱>(שׁוֹבֵב)이 남고, 여기서 자음만 살펴보면 둘째 자음과 셋째 자음이 같아서, 약동사 변화의 특수한 경우 가운데 하나일 것이라 추측할 수 있습니다. <숩>(שׁוּב) 동사가 그 뿌리일 것은 어느 정도 짐작할 수 있어서, 이것이 <숩>의 특수 강의 능동 어간 <폴렐>인 것을 알 수 있습니다.
<폴렐>과 비슷하여 혼동하기 쉬운 경우로 <포엘>이 있습니다. <포엘>과 <폴렐> 둘 다 강변화 또는 규칙변화 동사의 강의 능동 어간 <피엘>에 상응하는데, 다만 어근 자모의 특수한 상황 때문에 생긴 불규칙한 형태일 따름입니다. 동사 <사밥>(סָבַב)처럼 어

근의 둘째 셋째 자모가 같은 경우, 곧 이른바 〈아인〉 중복동사 또는 제2 어근 자모 중복동사의 경우에는, 그 강세능동형이 규칙 변화 동사처럼 〈시벱〉(סָבֵב)으로 되지 않고 〈소벱〉(סוֹבֵב)로 됩니다. 그러니까, 첫 어근 자음에 장모음 〈오〉를, 둘째 어근 자음에 장모음 〈에〉를 붙인 것입니다. 이러한 형태를 동사 〈파알〉(פָּעַל)에 맞추어 이름 붙이면, 〈포엘〉(פּוֹעֵל)형이 됩니다. 이와는 달리, 동사 〈슙〉(שׁוּב)처럼 둘째 어근 자모가 실제로는 모음이어서 동사 어근이 사실은 두 개의 자음으로 이루어져 있다고 볼 경우에는, 곧 이른바 〈아인 와우〉 동사의 경우에는, 그 강세능동형이 〈쉬웹〉(שִׁוֵּב)으로 되지 않고 〈쇼벱〉(שׁוֹבֵב)으로 됩니다. 그러니까, 첫 어근 자음에 장모음 〈오〉를 붙이고 둘째 어근 자모 〈와우〉는 빼는 대신에 마지막 어근 자음을 한 번 더 쓰고 그 사이에 장모음 〈에〉를 붙인 것입니다. 이러한 형태를 동사 〈파알〉(פָּעַל)에 맞추어 이름 붙이면, 〈폴렐〉(פּוֹלֵל)형이 됩니다.[10)

〈슙〉의 특수 강의 능동 어간 〈폴렐〉인 〈쇼벱〉은 '돌아오게 하다', '되돌리다'는 뜻을 지닙니다.

(3) 〈납쉬 여쇼벱〉은 "내 생명력을 그가 되돌리도다."[11)로나 "나를 그가 생기나게 하시도다." 정도로 옮길 수 있습니다.

4.3.4. 〈얀헤니 브마으글레체텍 르마안 쉬모〉(יַנְחֵנִי בְמַעְגְּלֵי־ צֶדֶק לְמַעַן שְׁמוֹ)(3절 후반절)

---

10) 〈폴렐〉과 〈포엘〉에 대해서는 각각 *DMIH*, §30,4와 §39,6에서 설명하고 있습니다.

11) H.-J.Kraus, *Psalmen 1-59* (Neukirchen: Neukirchener Verlag, ⁵1979), 338.

(1) <얀헤니>(יַנְחֵנִי)는 2절 전반절의 <야르비체니>(יַרְבִּיצֵנִי) 처럼 사역 능동 어간 <히프일>의 단수 삼인칭 남성 미완료형에 단수 공성 일인칭 목적격 대명접미어 <니>(נִי)가 붙은 꼴입니다. 그런데 동사 뿌리의 마지막 자모가 보이지 않아 일단 이 동사가 <라멧 헤> 동사인 것으로 추측해 볼 수 있습니다. 사전에서는 기본꼴로 <나하>(נָחָה)가 나옵니다.

이번에는 히브리 동사 문장의 일반 어순에 맞게 동사가 맨 앞에 왔습니다.

(2) *HAL*에서는 이 동사 사역 능동 어간 <히프일>의 뜻을 풀이하면서 맨 먼저, 이것이 '이끌다, 지도하다'는 뜻을 지니되 하나님이 광야에서 이스라엘을 이끄심을 뜻하는 용어로 쓰인다는 점을 밝히고 있습니다. 그리고 이에 대한 참고 문헌으로 Coats VT 22, 1972, 289f를 보라고 합니다. 여기서 우리는 벌써 본문에서 야훼 하나님을 목자로 그리는 것이 본디는 개인의 경험에서 나온 것이 아니라 이스라엘 민족의 공동체적 경험에서 비롯된 것이라는 점을 생각하게 됩니다.

이러한 점은 '목자'라는 낱말이 시편만 해도 오로지 공동체적인 맥락에서 나온다는 사실에서도 잘 드러납니다. 시 80편 2[1]절 첫머리에서 야훼를 '이스라엘의 목자'(<로에 이스라엘>, רֹעֵה יִשְׂרָאֵל)이라고 부르는 것을 비롯하여, 그밖에도 74편 1절, 79편 13절, 78편 52절, 95편 7절, 77편 21[20]절에서도 비슷한 내용을 읽을 수 있습니다. 이리하여 본디 이스라엘 백성의 목자 야훼는 양 한 마리 한 마리도 지키시지만 양떼 전체를 돌보시는 것으로 이해할 수 있는데, 본문에서 야훼 하나님을 한 개인의 목자로 일단 표현하고 있는 것은 독특해 보입니다.[12]

(3) <브마으글레체덱>(בְּמַעְגְּלֵי־צֶדֶק)은 전치사 <브>(בְּ)와 남성 복수 명사의 연계형 <마으글레>(מַעְגְּלֵי)와 여성 단수 명사의 절대형 <체덱>(צֶדֶק)이 한데 어우러진 꼴입니다. <마으글레>(מַעְגְּלֵי)의 기본꼴을 사전에서 찾아보면 <마으갈>(מַעְגָּל)로 나오고, 그 뜻은 '수레바퀴 자국', '궤도'라고 합니다. 여기서 그 복수형이 쓰이고 있는 것은 앞서 2절의 <느옷>(נְאֹות)과 <므누홋>(מְנֻחֹות)의 경우와 마찬가지로 이해할 수 있습니다. 한편으로는 본문의 여러 동사가 표현하는 이동 상황이 한 곳을 목표로 하는 것도 아니고 일회적인 것도 아니고, 다른 한편으로는 '확장의 복수'로 이해할 수도 있습니다.

절대형 명사 <체덱>(צֶדֶק)은 2절의 <므누홋>(מְנֻחֹות)처럼 앞 명사가 뜻하는 바의 속성을 규정해 줍니다. 그리하여 <마으글레체덱>(מַעְגְּלֵי־צֶדֶק)을 직역하면 '의의 궤도들'이지만, 실제로는 '의로운 궤도들', '올바른 궤도들'을 뜻합니다. '궤도'라는 우리말을 들으면, 삶의 길을 떠올리게 되어, 본문에서 양떼의 입장에서 노래하는 내용과 사람의 한평생 삶을 자연스럽게 연결해 볼 수 있습니다.

(4) <르마안 쉬모>(לְמַעַן שְׁמֹו)에서 <쉬모>(שְׁמֹו)는 남성 단수 명사 <솀>(שֵׁם)에 단수 남성 삼인칭 대명접미어 <오>(ֹו)가 붙은 꼴입니다.

(5) 3절 후반절 전체는 "그가 나를 자신의 이름을 위하여 올바른 길로 이끄시도다."로 옮길 수 있습니다.

---

12) *WaBAT*, 208 본문, 또 208-209 그림을 참고하십시오.

4.4. 신뢰 고백 (4절)

4.4.1. <감 키엘렉 브게 찰마웻>(גַּם כִּי־אֵלֵךְ בְּגֵיא צַלְמָוֶת)(4절 전상반절)

(1) <감>(גַּם)은 보통 '또한'이란 뜻의 부사로 보는데, 이것이 가정(假定)을 나타내는 접속사 <키>(כִּי)[13]와 같이 쓰일 때는 '비록 ...하더라도'란 뜻의 조건문을 이끌어 들이게 됩니다(호 8:10 등).

(2) <엘렉>(אֵלֵךְ)은 불규칙 변화 동사인 <할락>(הָלַךְ)의 단수 일인칭 공성 미완료형으로서 여기서는 <감 키>(גַּם כִּי)가 이끄는 절의 서술어 노릇을 합니다. 시제가 미완료인 것은 가정적인 조건을 나타내기 때문입니다.[14]

(3) <브게 찰마웻>(בְּגֵיא צַלְמָוֶת)은 다시 앞에 나오는 <비느옷 데셰>(בִּנְאוֹת דֶּשֶׁא)나 <알메 므누홋>(עַל־מֵי מְנֻחוֹת)이나 <브마으글레체텍>(בְּמַעְגְּלֵי־צֶדֶק)처럼, 장소를 나타내는 전치사 <브>(בְּ)와 명사 연계형 <게>(גֵיא)와 명사 절대형 <찰마웻>(צַלְמָוֶת)이 한데 어우러진 꼴입니다.

연계형 <게>(גֵיא)의 기본꼴이 <가여>(גַּיְא)라는 사실은 사전을 들추어보아야 알 수 있고, 그 뜻은 '골짜기'입니다. 때때로 <나할>(נַחַל)과 <에멕>(עֵמֶק)도 '골짜기'로 번역합니다. 그렇지만 <나할>(נַחַל)은 건기(乾期)에는 메말라 있다가 우기(雨期)에 빗물이 한데 모여 흘러내리는 곳을 뜻합니다. 따라서 여기서 초점은 골짜

---

13) *GKH*, §159bb.

14) *GKH*, §107x.

기에 있지 않고 물길에 있습니다. <에멕>(עֵמֶק)은 두 산맥 사이, 또는 산과 강 사이에 비교적 넓게 펼쳐져 있는 평평한 땅을 가리키므로 좁은 골짜기를 뜻하는 <가여>(גַּיְא)와는 다릅니다.

(4) <찰마웻>(צַלְמָוֶת)을 얼핏 보면, '그림자'를 뜻하는 낱말 <첼>(צֵל)과 '죽음'을 뜻하는 낱말 <마웻>(מָוֶת)이 합한 것 같아서, '죽음의 그림자'로 이해할 만합니다. 칠십인역에서 실제로 그렇게 번역하였습니다. 곧 <스키아 타나투>(σκιά θανάτου)라 한 것입니다. 그렇지만, HAL에 따르면, 이는 통속적으로 어원을 이해한 것이고 이 낱말은 지금 이 꼴 그대로 '어둠'을 뜻하는데, 그것도 일반적으로 '어둠'을 뜻하는 낱말로 쓰이는 <호셱>(חֹשֶׁךְ)보다 더 짙은 어둠, 한 치 앞도 내다볼 수 없어 그것을 뚫고 앞으로 나아가기가 매우 힘든 캄캄한 어둠을 가리킨다고 합니다.

(5) 이리하여 <게 찰마웻>(גַּיְא צַלְמָוֶת)은 '아주 어두운 골짜기', '캄캄한 골짜기'로 이해할 수 있고, <감키 엘렉 브게 찰마웻>은 "내가 캄캄한 골짜기를 가더라도" 정도로 옮길 수 있습니다. 그렇지만, 우리말 성경들은 이 '통속적인' 낱말 이해를 고려한 듯합니다. 개역한글판에서는 '사망의 음침한 골짜기', 표준새번역에서는 '죽음의 그늘 골짜기'(단 난하주에서는 '또는 아주 캄캄한 골짜기'), 공동번역에서는 '음산한 죽음의 골짜기'로 번역했습니다.

(6) <감 키엘렉 브게 찰마웻>은 "내가 캄캄한 골짜기를 가더라도"로 옮길 수 있습니다.

4.4.2. <로이라 라으>(רַע לֹא־אִירָא)(4절 전하반절)

(1) <이라>(אִירָא)는 '두려워하다'는 뜻의 상태동사 <야레>
(יָרֵא)의 단수 일인칭 공성 미완료형입니다. 여기에 미완료가 나
온 것은 조건절 다음의 주문장 또한 가정의 뜻을 띠기 때문입니
다. 또한 히브리 미완료 시제가 지니는 여러 가지 화법의 기능을
생각하면, <로이라>(לֹא־אִירָא)는 "내가 두려워하지 않으리."라
는 자기 의지의 표현일 수도 있고, "내가 두려워할 까닭이 없다."
는 자신감의 표현으로 이해할 수도 있습니다.

(2) <라으>(רַע)는 본디, '나쁘다, 더 이상 쓸모가 없다'는 뜻의
<아인> 중복형의 상태동사 <라아으>(רָעַע)에서 비롯된 형용사
로, 여기서는 명사로 쓰여서 '나쁜 것'을 뜻합니다. 그런데, 히브
리어에서 '좋다'(<톱>, טוֹב), '나쁘다'는 것은 윤리적인 개념이
기에 앞서 사람의 삶에 좋은가 나쁜가, 곧 이로운가 해로운가를
나타낸다고 합니다. 이리하여 <라으>가 명사로 쓰일 때는 '해
(害)를 끼치는 것', '해가 되는 것', '해'를 뜻합니다. <라아으>에
서 비롯된 명사로는 <라아>(רָעָה)가 따로 있기도 한데, 이 낱말
은 문맥에 따라 '악함', '악', '불행', '재난'의 여러 가지 뜻을 지
닙니다.
 개역한글판과 개역개정판에서는 이 <라으>를 '해'로, 피터스
의 『시편촬요』에서는 '악흔 것', 2005 가톨릭 공용번역본에서는
'재앙'이라고 옮겼고, 공동번역과 표준새번역은 아예 이 낱말을
따로 번역하지 않았습니다. 우리로서는 '재난' 정도로 옮기면 좋
으리라 생각합니다.

(3) 앞서 나온 조건절 내용에 비추어 보면, <로이라 라으>는 캄캄한 골짜기를 가다가 무슨 나쁜 일이 내게 일어난다 하더라도 나는 두려워하지 않겠다는 뜻으로 이해할 수 있습니다. 그리하여 "나는 재난을 두려워하지 않으리라."로 옮길 수 있습니다.

4.4.3. <키앗타 임마디>(כִּי־אַתָּה עִמָּדִי)(4절 후상반절)

(1) 이때 <키>(כִּי)는 일단 까닭을 밝히는 원인절을 이끄는 접속사로 볼 수 있습니다. 그렇지만, 시인의 내면에서 일고 있는 격정을 고려한다면, 또 굳이 '왜냐하면'이라는 접속사를 쓰지 않더라도 글의 흐름에서 이미 그런 원인 관계가 드러나므로, 이 <키>를 '참으로', '정말'이라는 부사적인 뜻으로 이해할 수도 있습니다.

(2) <임마디>(עִמָּדִי)는 전치사 <임>(עַם)에 단수 공성 일인칭 대명접미어 <이>(ִ י)가 불규칙하게 붙은 꼴입니다.

(3) <앗타 임마디>(אַתָּה עִמָּדִי)는 동사가 없는 문장, 보통 쓰는 용어로 명사 문장으로서 "당신이 저와 함께 하십니다."로 옮길 수 있습니다. 본문에서 명사 문장으로는 첫머리에 나온 <야흐웨 로이> 다음으로 두 번째입니다. 또한 이 시편에서 처음으로 하나님이 '당신'(<앗타>, אַתָּה)이라는 이인칭으로 불립니다. 시편 가운데서는 이처럼 하나님을 삼인칭 '그'로 부르다가, 이인칭 '당신'으로 바꾸어 부르는 경우, 또는 이와 반대로 이인칭으로 부르다가 삼인칭으로 바꾸어 부르는 경우가 적지 않습니다. 이

리하여 우리말로 번역할 때는, 하나님을 이인칭으로 하는 문장
은 올림말로 번역하고, 그렇지 않은 경우는 그저 중립적으로 번
역할 수 있습니다.

기도나 찬송을 하나님께 직접 드리는 말이나 노래라고 보면,
하나님을 이인칭으로 부르는 것이 옳습니다. 그렇지만, 기도하
거나 찬송하는 가운데 자기도 모르는 사이에 명상에 빠져 하나
님을 생각하게 되고, 거꾸로 하나님을 생각하다가 하나님께 직
접 말씀드릴 수도 있기 때문에, 이런 변화를 그리 낯설게 볼 필요
는 없습니다. 다만, 독백 형식의 말이나 대화 형식의 말에서 나타
날 수 있는 차이에 대해서는 관심을 가져볼 만합니다. 대화보다
는 독백에서 말하는 사람의 진실이 더 숨김없이 드러나는 수가
많기 때문입니다.15) 그런가 하면, 대화에서는 상대방에 대한 관
계의 직접성이 두드러지게 됩니다.

시편 23편 첫머리의 <야흐웨 로이>(יְהוָה רֹעִי)와 4절의 <앗타
임마디>(אַתָּה עִמָּדִי)는 둘 다, 하나님에 대한 시인의 깊은 신뢰를
고백하는 성격을 띱니다. 동시에 이 두 명사 문장은 그 앞뒤 동사
문장에서 말하는 바의 근거와 전제를 나타냅니다.

(4) <키앗타 임마디>는 "당신이 저와 함께 하시기 때문입니
다."로 옮길 수 있습니다.

4.4.4. <쉽트카 우미쉬안테카 헴마 여나하무니>(שִׁבְטְךָ וּמִשְׁעַנְתֶּךָ
הֵמָּה יְנַחֲמֻנִי)(4절 후하반절)

---

15) 이에 대해서는 Nicolaus Pan. Bratsiotis, "Der Monolog im Alten Testament," *ZAW* 73(1961), 30-70을 참고하십시오.

(1) <쉽트카 우미쉬안테카>(שִׁבְטְךָ וּמִשְׁעַנְתֶּךָ)에서 얼른 눈에 띄는 것은 두 낱말 뒤에서 볼 수 있는 단수 남성 이인칭 대명접미어 <으카>(ךָ) 또는 <에카>(ךֶ)입니다. 본디 <으카>인데 둘째 경우는 억양 때문에 유성 <쉐와>가 짧은 <에>로 길어진 것으로 보입니다. 이리하여 바로 앞 명사 문장 <앗타 임마디>(אַתָּה עִמָּדִי)에서 하나님을 이인칭으로 부르기 시작한 것이 여기서도 이어지고 있다는 점을 알 수 있습니다. 따라서 <앗타 임마디> 앞의 <키>(כִּי)가 여기에도 영향을 미치고 있는 것으로 보입니다.

(2) <쉽트카>(שִׁבְטְךָ)에서 알 수 있는 것은 또한 이 안에 들어 있는 명사의 기본꼴이 <세골>형 명사 가운데서도 <키틀>형에 속한다는 점입니다. 사전을 들추어 보면, 기본꼴은 '막대기'를 뜻하는 <셰벳>(שֵׁבֶט)입니다.

(3) <우미쉬안테카>(וּמִשְׁעַנְתֶּךָ)는 접속사 <워>(וְ)에, <카>(ךָ)에서 알아차릴 수 있듯이, 단수 남성 이인칭 대명접미어가 붙은 단수 명사가 한데 어우러진 꼴입니다. 접속사의 모양이 <우>(וּ)로 된 것은 그 뒤에 입술소리 <멤>(מ)이 오기 때문입니다.

이 낱말에 들어 있는 명사의 뒷부분을 보면, 이도 <세골>형 명사인 것으로 보이는데, 다만 더 구체적으로는 <카틀>형에 속하는 것으로 짐작할 수 있습니다. 이리하여 그 기본꼴 <미쉬에넷>(מִשְׁעֶנֶת)을 사전에서 찾아내게 됩니다. 이 낱말은 본디 '기대다', '의지하다'는 뜻의 동사 <샤안>(שָׁעַן)에서 비롯된 것으로, 사람이 기댈 수 있는, 의지할 수 있는 물건으로 가지고 다닐 '지팡이'를 가리킵니다.

크라우스에 따르면, 이 <미쉬에넷>이 양떼를 몰아갈 때 쓰는

'지휘용 막대기'라면, 앞의 <셰벳>(שֵׁבֶט)은 양떼를 못된 짐승들에게서 지킬 때 쓰려고 쇠를 박아 놓은 곤봉 같은 것을 말한다고 합니다.[16]

(4) 그 다음 낱말 <헴마>(הֵמָּה)는 복수 남성 삼인칭 대명사로서, 앞에 나온 두 낱말을 받는 동시에 그 뒤에 나오는 동사의 주어 노릇을 합니다. 사실 이 대명사가 없더라도 그 뒤에 나오는 정동사형에 이미 주어가 암시되어 있어서, 본문을 이해하는 데는 아무런 어려움이 없습니다. 따라서 인칭 대명사 <헴마>는 앞에 나온 주어, 곧 '당신의 막대기와 당신의 지팡이'를 다시 한 번 두드러지게 하는 기능을 맡습니다. 또한 동사가 먼저 나오는 히브리 동사 문장의 일반 어순과는 달리 주어를 앞세움으로써, 주어가 한층 더 강조되고 있습니다.

(5) <여나하무니>(יְנַחֲמֻנִי)는 2절 끝에 나온 낱말 <여나할레니>(יְנַהֲלֵנִי)와 마찬가지로 강의 능동 어간 <피엘> 동사의 남성 삼인칭 미완료형에 단수 공성 일인칭 대명접미어 <니>(נִי)가 붙은 꼴입니다. 다만, 이 경우에는 수가 단수가 아니라 복수입니다. 주어가 둘이기 때문입니다. 여기서 쓴 동사의 기본꼴은 <나함>(נחם)입니다. 그런데 우리에게는 이 동사의 강의 능동 어간 <피엘>보다는 '뉘우치다', '후회하다'는 뜻을 지니는 단순 수동이나 재귀 어간인 <니프알>이 더 잘 알려져 있습니다. HAL에서는 이 강의 능동 어간 <피엘>의 뜻을 '위로하다'로 옮기면서, 곧바로 이는 '동정하다'는 뜻이 아니라 '격려하다', '용기를 주다'를 뜻한다고

---

16) H.-J.Kraus, *Die Psalmen 1-59*, 339. 또 *WaBAT*, 209의 그림 313을 참고하십시오.

칼 엘리거가 이사야 40장 주석에서 설명한 바[17]를 인용하고 있습니다. 그뿐만 아니라 시편 23편 4절의 <여나하무니>는 "그것들이 내게 용기를 준다."는 뜻으로 이해할 것을, 루트비히 쾰러의 소논문을 근거로 제시하고 있습니다.[18]

한편 미셸은 <여나하무니>의 시제가 미완료인 것을, 미완료의 화법적 성격과 관련하여 이해하면서 <여나하무니>를 "그것들이 나를 위로할 수 있습니다."[19]로 번역합니다.

아무튼 우리말에서 '위로하다', '격려하다', '용기를 주다'는 한결같이 사람을 주어로 할 때 쓰는 말들이어서, 비록 야훼 하나님의 막대기와 지팡이라 하더라도, 막대기와 지팡이가 나를 위로한다, 격려한다, 내게 용기를 준다고 번역하기가 힘듭니다. 개역한글판과 개역개정판에서 이 동사의 번역어로 삼은 한자말 '안위(安慰)하다'를 한 한글사전에서는 '①=위안하다. ② 몸을 편하게 하고, 마음을 위로하다'로 풀이합니다.[20] 이리하여 '안위하다'가 문맥에는 그리 어긋나 보이지 않으나, 요즈음 젊은 세대가 이해하기는 힘든 낱말입니다. 2005 가톨릭 공용번역본에서는 이 낱말을 '위안을 주다'로 옮겼습니다.

그런데, 바르트케는 BHS 비평란에서 <여나하무니>(יְנַחֲמֻנִי)를 <얀후니>(יַנְחֻנִי)로 바꿔 읽을 것을 제안합니다('prp'=propositum est 또는 proponit). <얀후니>는 동사 <나하>(נָחָה)의 사역 능동어간 <히프일> 복수 삼인칭 남성 미완료형에 그 목적어로 단수

---

[17] Elliger BK XI 13 = Karl Elliger, *Deuterojesaja,* 13: "Trösten bedeutet nicht bemitleiden, sondern ermutigen."

[18] Koehler *ZAW* 68, 1957, 234.

[19] *TSP,* 147: "sie können mich trösten."

[20] 『우리말큰사전』, 2742.

공성 일인칭 대명접미어 <니>(נִי)가 붙은 꼴인데, <나하>의 사역
능동 어간 <히프일>은 이미 3절에 한 번 나온 바 있습니다. 이런
제안은 "그것들(=당신의 막대기와 당신의 지팡이)이 저를 위로
합니다."라고 하는 것이 어쩐지 어색하기 때문에, "그것들이 나를
이끕니다."로 고쳐 읽고자 하는 시도로 보입니다. 그렇지만, 아직
까지는 이러한 견해를 뒷받침할 만한 히브리어 사본이나 고대 역
본이 하나도 없습니다.

  (6) 이리하여, <쉽트카 우미쉬안테카 헴마 여나하무니>는 "당
신의 막대기와 당신의 지팡이, 그것들이 저를 위로합니다."로 옮
길 수 있습니다.

4.5. 나를 극진히 대접하시는 야훼(5절)

  4.5.1. <타아록 르파나이 슐한 네겟 초르라이>(תַּעֲרֹךְ לְפָנַי
שֻׁלְחָן נֶגֶד צֹרְרָי)(5절 전반절)

  (1) <타아록>(תַּעֲרֹךְ) 자체로는 동사 <아락>(עָרַךְ)의 단순 능동
어간 <칼> 단수 삼인칭 여성 또는 이인칭 남성 미완료형입니다.
그런데, 4절의 주어 단수 이인칭 남성이 이 동사의 주어가 되므로,
여기서 <타아록>은 이인칭 남성 미완료형입니다.
  <아락>은 '준비하다', '마련하다', '정리하다'를 뜻하는데, 여기
서는 그 뒤에 명사 <슐한>(שֻׁלְחָן, '식탁', '밥상')과 같이 쓰이면,
'밥상을 차리다'는 뜻을 지닙니다.

(2) <르파나이>(לְפָנַי)는 전치사 <르>(לְ)와 복수형 명사 <파님> (פָּנִים)과 단수 공성 일인칭 대명접미어 <아이>(ַי)가 한데 어우러진 꼴로, '내 앞에'를 뜻합니다. 그런데, 여기서는 <르파나이>를 동사 <타아록>(תַּעֲרֹךְ)의 목적어보다 앞세워 강조합니다. 그러니까, 하필이면 다른 사람 아닌 '내 앞에' 당신이 상을 차려주신다는 것입니다.

(3) <슐한>(שֻׁלְחָן)은 본디 '탁자', '상(床)'을 뜻하는데, 여기서는 '밥상', '식탁', *HAL*에 따르면, 그것도 제사하러 모인 사람들이 한데 모여 둘러앉아 제물을 나누어 먹는 상을 가리킨다고 합니다.

바르트케는 *BHS* 비평란에서 <슐한>의 마지막 자모 <눈>(ן)을 그 다음 낱말의 첫 자모 <눈>을 잘못 거듭 쓴 것으로 보아서 빼고, <슐한> 대신에 <셸라흐>(שֶׁלַח, '던지는 창')로 읽자고 제안합니다. 그런데 이 <셸라흐>의 뜻도 확실하지 않아서 경우에 따라서는 '물길', '운하'를 뜻할 수도 있습니다.[21]

(4) <네겟>(נֶגֶד)은 본디 '맞은쪽', '건너편', '짝을 이루는 것'을 뜻하는 명사인데, 여기서는 '... 앞에', '... 맞은쪽에'라는 뜻의 전치사로 쓰이고 있습니다.

(5) <초르라이>(צֹרְרָי)는 동사 <차라르>(צָרַר)의 단순 능동 어간 <칼> 분사 단수 남성 복수형에 단수 공성 일인칭 대명접미어 <아이>(ַי)가 한데 어우러진 꼴입니다. 마지막 모음이 짧은 <아>(ַ)에서 긴 <아>(ָ)로 달라진 것은 거기에 강세가 붙었기 때문입니다.

---

[21] *HAL*, 1404와 Kraus, *Psalmen 1-59*, 335를 참고하십시오.

<차라르>가 누구를 '적대시하다', '공격하다'는 뜻을 지니기 때문에, 그 능동 분사는 '적', '원수'를 뜻합니다. 여기서 이 분사가 복수형으로 나오는 점을 놓치지 말아야 합니다.

(6) 이리하여 <타아록 르파나이 슐한 네겟 초르라이>는 "내 앞에 당신이 밥상을 차려주시나이다, 내 적들 맞은쪽에[내 적들이 보고 있는 데서]"로 직역할 수 있습니다. 이 표현에는 '당신'이 그저 밥상을 내게 차려준다는 정도를 넘어서서 '적들이 나를 해치지 못하도록 당신이 나를 지켜주신다.', 달리 표현하면, '적들이 당신을 보고서 두려워해서 나를 해치지 못한다.'는 뜻이 들어 있습니다. 곧 대접과 보호의 상황이 함께 벌어지고 있다는 것입니다.

4.5.2. <딧샨타 밧셰멘 로쉬>(דִּשַּׁנְתָּ בַשֶּׁמֶן רֹאשִׁי)(5절 후상반절)

(1) <딧샨타>(דִּשַּׁנְתָּ)는 동사 <다샨>(דָּשֵׁן)의 강의 능동 어간 <피엘> 단수 이인칭 남성 완료형입니다. <다샨>(דָּשֵׁן)을 '기름기[脂肪]'를 뜻하는 명사 <데셴>(דֶּשֶׁן)과 뿌리가 같은 동사로 볼 수 있는지는 확실하지 않으나, 그 단순 능동 어간 <칼>은 '기름기가 많아지다', '살지다'는 뜻을 지닙니다. *HAL*에 따르면, <다샨>의 강의 능동 어간 <피엘>은 '생기나게 하다', '기분을 좋게 하다'를 뜻한다고 합니다. 왜 여기에 완료형이 나오는지는 다음 문장까지 살펴본 뒤에 생각해 보기로 하겠습니다.

(2) <밧셰멘>(בַשֶּׁמֶן)은 전치사 <브>(בְּ)와 '정관사 <하>+중복점 (<다게쉬 포르테>)'(הַ·)과 명사 <셰멘>(שֶׁמֶן)이 한데 어우러진 꼴입니다. 다만 첫 자모 <벳> 안의 연강점(<다게쉬 레네>)가 없어진 것은 바로 앞 낱말 <딧샨타>(דִשַׁנְתָּ)와 긴밀히 이어진 상태로 읽을 수 있기 때문입니다. <셰멘>은 사람이나 짐승의 몸에서 나는 기름기를 말하는 <데셴>(הַשֶּׁן)과는 달리 올리브 기름처럼 식물에서 나는 기름을 뜻합니다. 이 <셰멘>을 사람들은 몸이나 머리에 바르기도 하고 요리할 때 쓰기도 하고 상처난 데 바르기도 하고 창에 바르기도 하며, 어떤 사람을 임금으로 세울 때 그에게 붓기도 합니다. 또 이 <셰멘>은 제물의 구성 요소가 되기도 합니다.22) *HAL*에서는 본문의 경우 <셰멘>은 감사 제물을 함께 나누는 식사 자리에서 바르는 기름을 가리킨다고 봅니다.

여기서도 앞 문장과 마찬가지로 동사의 목적어보다 이 전치사구가 먼저 나와 강조된 것으로 볼 수 있습니다.

(3) <로쉬>(רֹאשִׁי)는 '머리'를 뜻하는 명사 <로쉬>(רֹאשׁ)에 단수 공성 일인칭 대명접미어 <이>(י·)가 붙은 꼴이어서, '내 머리'를 뜻합니다.

(4) 이리하여, <딧샨타 밧셰멘 로쉬>는 우선 잠정적으로 "당신이 기름으로 내 머리를 시원하게 하셨도다."로 직역할 수 있습니다.

4.5.3. <코시 르와야>(כּוֹסִי רְוָיָה)(5절 후하반절)

---

22) *HAL*, 1450-1451을 보십시오.

(1) <코시>(כֹּוסִי)는 '잔'을 뜻하는 단수 명사 <코스>(כֹּוס)에 단수 공성 일인칭 대명접미어 <이>(ִ)가 붙은 꼴로 '내 잔'을 뜻합니다.

(2) <르와야>(רְוָיָה)는 '실컷 마시다', '원기가 돋다'는 뜻의 동사 <라와>(רָוָה)에서 비롯된 명사로 '(마실 것이) 넘쳐남'을 뜻합니다.

(3) <코시 르와야>(כֹּוסִי רְוָיָה)는 두 개의 실체사로 이루어진 명사 문장입니다. 이를 직역하면, "내 잔은 넘쳐남입니다."가 되어서 어색합니다. 주어 <코시>(כֹּוסִי)에 알맞은 술어는 형용사일 텐데, 게제니우스에 따르면, 주어에 상응하는 형용사가 없거나 내용을 어느 정도 강조하고자 할 때 명사가 술어로 쓰일 수 있다고 합니다.[23] 이리하여 <코시 르와야> 그 자체로는, "내 잔이 (마실 것으로) 넘쳐나는 상태에 있다."는 점을 표현합니다.

그런데, 동사 문장이 계속되는 가운데 나오는 명사 문장은 동사 문장이 표현하는 내용의 배경 상황을 표현하는 수가 많습니다. 그리하여, 본문에서도 <코시 르와야>를 바로 앞 문장 <딧샨타 밧셰멘 로쉬>(דִּשַּׁנְתָּ בַשֶּׁמֶן רֹאשִׁי)와 연결시켜 이해하면, "내 잔이 넘쳐나는 동안에, 당신이 기름으로 내 머리를 시원하게 하셨도다."는 뜻이 됩니다.

여기서 한 걸음 더 나아가서, 앞에서 미루어두었던 질문, 곧 <딧샨타>(דִּשַּׁנְתָּ)는 왜 그 앞 문장의 <타아록>(תַּעֲרֹךְ)처럼 미완료형이 아니고 완료형인가 하는 문제를 생각해 보도록 하십시다. 이에 대해서 미셸[24]은 5절 전반절에는 미완료 동사가, 후반절에

---

23) *GKH*, §141c.

는 완료 동사가 쓰였다고 해서 둘이 서로 다른 시상을 표현한다
고 보지 않습니다. 오히려 4절 앞부분의 미완료형은 야훼께서 시
인과 함께 하신다 함이 무엇을 뜻하는지를 표현하는 반면에—그
러니까 야훼께서 함께 하실 때 벌어질 일을 미완료형으로 표현
한 반면에, 완료형은 그것을 더 자세히 설명한다고 합니다.25)

이처럼 5절에서 묘사하는 하나님은, 손님을 맞이하여 손님을
뒤쫓는 적들에게서 그를 지켜줄 뿐만 아니라, 그에게 몸소 (또는
하인들을 시켜서) 상을 차려 주고 손님의 머리에 향내 나는 기름
을 발라 주고 손님의 잔을 가득 채워 주는, 마음 좋고 친절하면서
힘 있는 주인과 같습니다.

이러한 묘사를, 성전에서 제사 드린 다음 기쁘게 음식을 나누는
시간을 배경으로 한다고 보는 수가 많습니다.26) 이런 식사에서는
먹고 마시는 것뿐만 아니라 기름 바름도 빼놓을 수 없다고 합니
다.27)

4.6. 신뢰와 각오 밝힘(6절)

---

24) *TSP*, 97, 번호 13.22를 보십시오.

25) 그리하여 미셀은 5절 전체를 다음과 같이 번역합니다: "So bereitest
du vor mir einen Tisch / angesichts meiner Feinde, / wobei du mein Haupt
mit Öl salbst, / während mein Becher voll ist"(그리하여 당신은 내 앞에 상
을 베푸시네 / 내 원수들 보는 데서 / 당신이 내 머리를 기름으로 바르시
면서 / 내 잔이 가득할 동안).

26) *WaBAT*, 174의 설명과 176의 그림 267과 268을 보십시오.

27) 시 104:15; 133:2도 참고할 수 있습니다(*WaBAT*, 257).

4.6.1. <악 톱 와헤셋 이르드푸니 콜여메 하야이>(אַךְ טוֹב וָחֶסֶד יִרְדְּפוּנִי כָּל־יְמֵי חַיָּי)(6절 전반절)

(1) <악>(אַךְ)은 문맥에 따라 뒤이어 말하고자 하는 바를 강조하거나 제한하거나 앞에서 말한 바와 대조되는 내용을 이끌어 들이는 말로 쓰일 수 있는데, 여기서는 그 가운데서 첫 경우에 해당하여, '참으로', '정말'이란 뜻을 지닙니다.

(2) <톱 와헤셋>(טוֹב וָחֶסֶד)은 접속사 <워>(וְ)를 통해서 <톱>(טוֹב)과 <헤셋>(חֶסֶד)이라는 두 실체사가 이어진 꼴인데, <와우>(וְ) 아래 있는 모음이 긴 <아>(ָ)인 것은 우선 그 다음 낱말 <헤셋>(חֶסֶד)에서 강세가 첫머리에 오기 때문에 강세 앞 열린 음절의 모음은 길어진다는 원칙을 따른 것으로 설명할 수 있습니다.

그런데 <톱>은 본디 형용사이고, <헤셋>은 명사이어서 이 둘을 한데 묶은 것이 조금은 어색해 보이지만, 이럴 경우 <톱>은 실제로 명사의 뜻을 지니는 것으로 볼 수 있습니다. <톱>이 하나님에 대해 쓰일 때는, '친절하심', '좋으심'을 뜻합니다.

바르트케가 마련한 *BHS* 비평란을 따르면, 칠십인역에서는 6절의 첫 두 낱말인 <악 톱>(אַךְ טוֹב)에 해당하는 부분이 5절과 이어져 있다('cj'=conjungunt) 합니다. 실제로 랄프스가 엮은 칠십인역에서 이 시편의 5절 마지막 문장을 찾아보면, <카이 토 포테리온 수 메튀스콘 호스 크라티스톤>(καὶ τὸ ποτήριόν σου μεθύσκον ὡς κράτιστον) ("그리고 당신의 잔이 얼마나 아름답게 넘치는지")이고, 6절 첫 문장도 <카이 토 엘레오스 수 카타디옥세타이 메...>(καὶ τὸ ἔλεός σου καταδιώξεταί με ...) ("그리고 당신의 자비가 나를 뒤쫓으리니...")로 되어 있습니다.

또 칠십인역과 시리아어역에서는 <헤셋>(חֶסֶד)에 해당하는 낱말에 단수 이인칭 대명접미어가 붙어 있다고 합니다. 칠십인역의 경우는 바로 앞에서 인용한 부분에서 이를 확인할 수 있습니다.

(3) <이르드푸니>(יִרְדְּפוּנִי)는 단순 능동 어간 <칼> 동사 <라답>(רָדַף)의 복수 삼인칭 남성 미완료형에 그 목적어로 복수 공성 일인칭 대명접미어가 붙은 꼴입니다. <라답>은 '뒤쫓다', '뒤따르다'를 뜻하는데, 이것이 나쁜 뜻으로 쓰이면, 남을 박해한다는 뜻을 지니지만, 본문에서는 그러하지 않습니다. 이 정동사의 미완료형은 이 문장 맨 앞에 나온 <악>(אַךְ)을 고려할 때, 말하는 사람의 확신을 표현한다고 볼 수 있습니다.

그런데, 본문에서는 이 정동사보다 <톱 와헤셋>(טוֹב וָחֶסֶד)이라는 주어가 먼저 나와서 강조되고 있습니다. 이렇게 두 가지가 한데 묶여서 주어 노릇하면서 정동사보다 먼저 나오는 것은 이미 4절 마지막 문장에서 볼 수 있었습니다. 거기서 '당신의 막대기'와 '당신의 지팡이'가 나를 위로했다면, 여기서는 야훼 하나님의 '좋으심'과 '인자하심'이 나를 뒤따른다고 합니다.

(4) <콜여메 하야이>(כָּל־יְמֵי חַיָּי)에서 <여메>(יְמֵי)는 '날'을 뜻하는 명사 <욤>(יוֹם)의 복수 연계형이고 <하야이>(חַיָּי)는 '생명', '삶'을 뜻하는 복수 명사 <하임>(חַיִּים)에 단수 공성 일인칭 대명접미어 <아이>(ַי)가 붙되 강세 때문에 그 모음이 긴 <아>(ָ)로 길어진 꼴입니다. 따라서 <콜여메 하야이>는 '내 삶의 날들의 전부'를 뜻하는데, 여기서는 이 전체가 기간을 나타내는 부사의 역할을 하므로, '내 사는 모든 날 동안'으로 의역할 수 있습니다.

(1)+(2)+(3)+(4) <악 톱 와헤셋 이르드푸니 콜여메 하야이>는 "참으로 좋으심과 인자하심이 내 사는 모든 날 동안 나를 뒤따르리라."고 번역할 수 있습니다.

4.6.2. <워샵티 브베트야흐웨 르오렉 야밈>(וְשַׁבְתִּי בְּבֵית־יְהוָה לְאֹרֶךְ יָמִים)(6절 후반절)

(1) <워샵티>(וְשַׁבְתִּי)는 접속사 <워>(וְ)에 단수 공성 일인칭 완료 동사형 <샵티>(שַׁבְתִּי)가 붙은 꼴인데, 이 동사의 뿌리는 <숩>(שׁוּב)입니다. <워샵티>를 산문에 자주 나오는 <와우> 완료 연속법으로 보면, 이는 "그리하여 내가 돌아가리이다[또는 돌아오리이다]."를 뜻합니다.

(2) <브베트야흐웨>(בְּבֵית־יְהוָה)에서 <브벳>(בְּבֵית)은 전치사 <브>(בְּ)에 '집'을 뜻하는 명사 <바잇>(בֵּית)의 연계형이 합한 꼴입니다. 그리하여 <브베트야흐웨>는 '야훼의 집에' 또는 '야훼의 집 안으로'라는 뜻을 지닙니다.

앞의 정동사 <워샵티>(וְשַׁבְתִּי)와 이어서 읽으면 "그리하여 내가 야훼의 집 안으로 돌아가리이다."를 뜻하게 됩니다.

(3) <르오렉 야밈>(לְאֹרֶךְ יָמִים)에서 <르오렉>(לְאֹרֶךְ)은 전치사 <르>(לְ)와 단수 명사 <오렉>(אֹרֶךְ)의 연계형이 합한 꼴이고, <야밈>(יָמִים)은 '날'을 뜻하는 명사 <욤>(יוֹם)의 복수 절대형입니다. <오렉>은 '길다', '길어지다'는 뜻의 동사 <아락>(אָרַךְ)에서 비롯된 명사로 '긴 상태', '길이'를 뜻합니다.

그리하여 '날들의 긴 상태'로 직역할 수 있는 <오렉 야밈>(אֹרֶךְ יָמִים)이 실제로는 '오래 사는 것', '평생'을 뜻하고, <르오렉 야밈>은 '평생 동안', '한 평생', '사는 동안'을 뜻하게 됩니다.28) 이리하여 <르오렉 야밈>은 6절 전반절의 <콜여메 하야이>(כָּל־יְמֵי חַיַּי)와 비슷한 뜻을 지니면서 짝을 이룹니다.

(1)+(2)+(3) 이리하여 <워샵티 브베트야흐웨 르오렉 야밈>은 "그리하여 내가 야훼의 집 안으로 평생 동안 돌아가리이다."로 직역할 수 있고, 첫머리에 나오는 <와우> 완료 연속법 <워샵티> (וְשַׁבְתִּי)가 반복되는 행위를 표현한다고 보면, "그리하여 내가 야훼의 집에 평생 동안 돌아가곤 하리이다."로 옮길 수 있습니다. 그렇게 되면, 이 문장은 규칙적으로 반복하여 성전을 방문하겠다, 곧 자주 성전으로 순례 오겠다는 결단의 표현으로 이해할 수 있습니다. 이를 전반절과 연관시켜 생각해 보면, "내 사는 모든 날에 나를 뒤따르는 야훼의 좋으심과 자비하심에 응답하여, 나는 평생 동안 야훼의 집에 부지런히 드나들겠다."는 식이 됩니다.

(4) 미셸은 6절 전반절이 앞서 나온 바를 요약한다고 보아 그 미완료 동사가 화법조동사의 의미까지 지닌 것으로 이해할 수 있다고 봅니다. 그리하여, 6절 전체를 "오직 좋으심과 인자하심이 나를 따를 수 있으니 / 내 사는 모든 날 동안 / 그때에 나는 야훼의 집 안으로(?) 돌아가리 / 내 사는 동안"으로 번역합니다.29)

---

28) <오렉 야밈>을 개역한글판 신명기 30장 20절과 시편 21편 5[4]절과 잠언 3장 2절, 16절에서는 '장수(長壽)'로, 시편 91편 16절에서는 '장수함'으로, 욥기 12장 12절에서는 '장수하는 자'로 옮겼습니다. <르오렉 야밈>은 시편 93편 5절에서 '영구하리이다'로, 예레미야애가 5장 20절에서는 '오래'로 번역되어 있습니다.

(5) 그런데, 바르트케가 마련한 *BHS* 비평란을 따르면, 칠십인역과 쉼마쿠스 역에서는 6절의 첫 낱말 <워샵티>(וְשַׁבְתִּי)에 해당하는 부분이 <카이 토 카토이케인 메>(καὶ τὸ κατοικεῖν με)('그리고 내가 거하는 것')인데 그것을 히브리어로 거꾸로 옮기면 <워쉽티>(וְשִׁבְתִּי)가 된다고 하면서, 시편 27편 4절을 참고해 보라고 합니다.

<워쉽티>(וְשִׁבְתִּי)에서 <쉽티>(שִׁבְתִּי)는 단순 능동 어간 <칼> 동사 <야샵>(יָשַׁב)의 부정사 연계형 <셰벳>(שֶׁבֶת)에 그 부정사의 주어 노릇하는 단수 공성 일인칭 대명접미어 <이>(ִ)가 붙은 꼴입니다. 또 시편 27편 4절을 직역하면, "한 가지를 내가 야훼께 구했나이다 / 그것을 내가 찾나이다 / '내 사는 모든 날 동안 야훼의 집에 거하는 것'(<쉽티 브베트야흐웨 콜여메 하야이>, שִׁבְתִּי בְּבֵית־יְהוָה כָּל־יְמֵי חַיַּי) ..."가 됩니다. 곧, 히브리 자음만 두고 보면, 27편 4절에 들어 있는 <쉽티 브베트야흐웨 콜여메 하야이>(שִׁבְתִּי בְּבֵית־יְהוָה כָּל־יְמֵי חַיַּי)는 23편 6절 후반절과 똑같습니다.

아무튼 칠십인역에서는 23편 6절 후반절의 '내가 야훼의 집에 거하는 것'이라는 부정사 구문을 문장의 주어로, 뒤이어 나오는 <에이스 마크로테타 헤메론>(εἰς μακρότητα ἡμερῶν)('날들의 길이대로'='평생')은 술어로 이해할 수 있습니다. 그렇지 않으면, '내가 거하는 것'을 주어로, '평생 야훼의 집에'를 술어로 볼 수 있습니다. 그리하여, 이 문장이 앞의 경우에는 "내가 야훼의 집에 거하는 것이 평생 동안 있을 것입니다."를, 뒤의 경우에는 "내가

---

29) "Nur Gutes und Huld können mir folgen / alle meine Tage meines Lebens, // wobei ich zurückkehre ins(?) Haus Jahwes, / solange ich lebe." (*TSP*, 249, 번호 36.14)

거하는 것이 평생 동안 야훼의 집 안일 것입니다."라는 뜻을 지니게 됩니다.

BHS 비평란에서는 계속해서 시편 23편 6절의 <워샵티>(וְשַׁבְתִּי)에 해당하는 부분이 시리아어역에서는 "그리고 내가 거하리라."는 뜻으로 되어 있다고 하면서, 이를 히브리어로 바꾸면 <워야샵티>(וְיָשַׁבְתִּי)가 되리라는 점을 알려 줍니다.

본문의 흐름을 보면, 시리아어역이 칠십인역보다 더 나아 보입니다. 그렇지만, 히브리 사본상으로는 이에 대해서는 아무런 뒷받침이 없습니다. 그런데도 대부분의 번역본이 마소라 본문을 따라 6절의 첫 낱말에 들어 있는 동사의 뿌리를 <슙>(שׁוּב, '돌아가다', '돌아오다')로 보지 않고, <야샵>(יָשַׁב, '앉다', '거주하다')로 바꾸어 번역하고 있습니다.[30]

---

30) 마르틴 부버의 독일어역에서는 '돌아가다(zurückkehren)'로 옮기고 있습니다.

5. 시편 22편 읽기

5.1. 시편 22편의 흐름과 짜임새

시편 22편은 히브리어 본문으로 32절이나 되는 긴 시편입니다. 히브리어 본문에서는 표제도 1절로 헤아리기 때문에, 개역한글판의 절수 표시보다 그 숫자가 하나씩 늘어납니다. 그 표현 형식과 내용을 따라 보통은 탄원시인 1[표제]-22[21]절과 감사·찬양시인 23[22]-32[31]절의 두 부분으로 크게 나눕니다.

앞부분인 1[표제]-22[21]절의 흐름을 대강 살펴보면, 표제인 1절에 이어 2[1]-3[2]절에서 시인은 자신이 야훼 하나님 때문에 어려움을 겪고 있음을 호소하고, 4[3]-6[5]절에서는 조상들의 경험을 회상하면서 하나님에 대한 신뢰를 표현합니다. 7[6]-9[8]절에서 시인은 자신의 어려운 상황을 묘사하고, 10[9]-11[10]절에서는 다시 하나님께 대한 신뢰를 고백합니다. 12[11]절에서는 하나님께 간구하는 형식으로 말씀드리고, 13[12]-19[18]절에서는 다시 자신의 어려운 상황을 주로 주변 사람들이 자신에게 보이는 태도에 초점을 맞추어 토로합니다. 20[19]-22[21]절에는 하나님께 간구하는 말이 길게 이어지고 그 마지막 부분에 가서는 응답 받은 사실을 짧게 말합니다. 이처럼 1[표제]-22[21]절은 여덟 부분으로 나눌 수 있습니다.

시편 22편의 뒷부분인 23[22]-32[31]절은 시인이 야훼를 찬양 하겠다는 뜻을 밝히는 23[22]절, 다른 사람들에게 함께 찬양하고 경외하고 두려워하자고 촉구하면서 그렇게 야훼를 찬양하고 경 외하고 두려워 해야 할 까닭을 알려주는 24[23]-25[24]절, 서원한 바를 지키겠다는 뜻을 밝히는 26[25]절, 가난한 사람들과 야훼 하 나님의 관계를 말하는 27[26]절, 야훼 경배가 공간적으로 확장됨 을 노래하는 28[27]-29[28]절, 야훼 경배가 시간적으로 확장됨을 노래하는 30[29]-32[31]절의 여섯 부분으로 나눌 수 있습니다.

이제 의미를 따라 시편 22편을 1[표제]절, 2[1]-3[2]절, 4[3]-6[5] 절, 7[6]-9[8]절, 10[9]-11[10]절, 12[11]절, 13[12]-19[18]절, 20[19]- 22 [21]절, 23[22]절, 24[23]-25[24]절, 26[25]절, 27[26]절, 28[27]- 29[28]절, 30[29]-32[31]절의 열네 부분으로 나누고 각 부분을 문 장별로 끊어서 차례대로 읽어보도록 하십시다.

5.2. 표제:

<라므낫체아흐 알르아엘렛1) 핫샤하르 미즈모르 르다윗>

(לַמְנַצֵּחַ עַל־אַיֶּלֶת הַשַּׁחַר מִזְמוֹר לְדָוִד)(1[없음]절)

시편 22편에는 제법 긴 표제가 붙어 있습니다. 1절의 표제는 <라므낫체아흐>(לַמְנַצֵּחַ)와 <알르아엘렛 핫샤하르>(עַל־אַיֶּלֶת הַשַּׁחַר)와 <미즈모르 르다윗>(מִזְמוֹר לְדָוִד)의 세 부분으로 이 루어져 있습니다.

---

1) עַל־אַיֶּלֶת을 <알르아엘렛>으로 음역함에 대해서는 음역 조견표 3. (4)를 보십시오.

5.2.1. <라므낫체아흐>(לַמְנַצֵּחַ)

(1) 이 낱말은 전치사 <르>(לְ)와 정관사 '<하>+중복점(<다게쉬 포르테>)'(·הַ)과 명사 <므낫체아흐>(מְנַצֵּחַ)가 한데 어우러진 꼴인데, 둘째 자모 <멤>(מ)에 들어 있어야 할 중복점은 그 아래의 유성 <쉬와> 때문에 빠졌습니다. 또, <므낫체아흐>의 마지막 두 자모 사이 아래에 자리 잡은 짧은 모음 <아>(ַ)는 장모음과 후음 <헷>(ח) 사이에 발음을 쉽게 하려고 끼어든 이른바 '도입 파타흐'(patach furtivum)입니다.

(2) <므낫체아흐>(מְנַצֵּחַ)는 뿌리가 <나차흐>(נָצַח)인 동사의 강의 능동 어간 <피엘> 분사 남성 단수 절대형입니다. <나차흐>(נָצַח)의 강의 능동 어간 <피엘>은 '감독하다'를 뜻하는데, 이 동사는 구약 성경에서 에스라 3장 8-9절, 역대상 15장 21절, 23장 4절, 역대하 2장 1[2]절, 17[18]절, 역대하 34장 12, 13절에만 나옵니다. 이 구절들에서 이 동사는, 한결같이 성전 건축이나 성전에서 하는 업무의 수행과 관련하여 레위인들이 하는 활동을 표현하고 있습니다.

이 구절들 가운데서, 시편의 표제에 나오는 이 동사의 분사형이 무엇을 뜻하는지를 이해하는 데 특별히 도움이 되는 구절은 역대상 15장 21절입니다. 역대상 15장 16절에서 다윗은 레위 지파의 어른들에게 성전 예배 음악을 맡을 사람들을 세우라고 명령하고, 이 명령을 따라 17절 이하에서 레위 지파의 어른들이 여러 사람에게 여러 가지 일을 나누어 맡깁니다. 그리고 21절에서는 이들이 맛디디야와 엘리블레후와 믹네야와 오벧에돔과 여이엘과 아사시야를 '수금을 타서 여덟째 음에 맞추어 인도하게'

(בְּכִנֹּרוֹת עַל־הַשְּׁמִינִית לַנַּצֵּחַ), <브킨노롯 알하쉬미닛 르낫체아흐> 했다고 합니다. 여기서 '인도하다'로 옮긴 히브리 낱말이 바로 이 <나차흐>(נַצֵּחַ)의 강의 능동 어간 <피엘> 부정사형입니다. 이 구절의 내용에 비추어 보면, <나차흐>의 <피엘>은 우리가 시편 150편 3절에서 이미 살펴본 현악기(כִּנּוֹר, <킨노르>) 여러 개로써 음을 맞추면서 예배 음악을 이끌어 가는 것을 뜻하는 것으로 보입니다. 요즈음 교향악단의 제일 바이얼린 연주자가 맡아서 하는 일을 생각해 볼 수 있습니다.

(3) <므낫체아흐>(מְנַצֵּחַ)를 개역한글판에서는 '영장'으로 옮겼는데, 이는 구역(舊譯)을 거쳐서 피터스의 『시편촬요』의 '령장'에까지 거슬러 올라가는 번역입니다. 1992년에 한글학회에서 펴낸 『우리말큰사전』 2996쪽에 보면, 이 '영장'을 '성가대의 지휘자'라고 풀이하고 있습니다. 그래서인지, 공동번역에서는 이 낱말을 아예 '성가대 지휘자'로 옮겼고, 표준새번역과 2005 가톨릭 공용번역본에서는 그냥 '지휘자'로 번역했습니다. 개역개정판에서는 이와는 조금 달리 '인도자'로 옮겼는데, 이는 앞서 살펴본 역대상 15장 21절과 관련이 있어 보이는 번역입니다.

(4) <므낫체아흐>(מְנַצֵּחַ) 앞에 붙은 전치사 <르>(לְ)를 어떻게 이해할 것인가 하는 문제도 소홀히 볼 수 없습니다. 개역한글판에서는 <므낫체아흐>를 그저 '영장으로'로 옮겨서, 이 번역이 정확히 무엇을 말하려 하는지를 알기 힘듭니다. 구역의 '영장을 식혀'나 피터스 『시편촬요』의 '령장으로 ᄒ여곰'이 오히려 더 낫습니다. 이 경우 <르>는 <므낫체아흐>가 앞장서서 이 시편을 노래로 불러야 한다는 뜻을 나타낸다고 본 것입니다. 이와 조금 다르

게 <라므낫체아흐>(לַמְנַצֵּחַ)를 공동번역에서는 '성가대 지휘자를
따라'로, 표준새번역에서는 '지휘자의 지휘를 따라'로, 개역개정
판에서는 '인도자를 따라'로 옮겼습니다. 이런 번역들은 회중의
입장을 고려한 번역이라 할 수 있습니다. 한 가지 분명한 것은 그
어떤 번역본이나 주석도, 이 <르>를 <르다윗>(לְדָוִד)의 <르>처럼
지은이를 가리키는 전치사로 여기지는 않는다는 사실입니다.[2]

(5) <라므낫체아흐>(לַמְנַצֵּחַ)가 시편 표제로는 55번 나오는데,
그것도 거의 제1-3권에 집중되어 있습니다. 그밖에는, 하박국 3
장에서 '하박국의 기도'(1절)라는 표제가 붙은 노래를 다 소개한
다음인 19절에 한 번 더 나옵니다. 개역한글판에서는 하박국 3장
19절의 경우에 <라므낫체아흐>(לַמְנַצֵּחַ)를 '영장을 위하여'로
번역했습니다.

칠십인역에서는 <라므낫체아흐>(לַמְנַצֵּחַ)를 <에이스 토 텔로
스>(εἰς τὸ τέλος, '끝까지', '영원히')로 옮기고 있는데, 이에 상
응하는 히브리 표현으로는 <라네차흐>(לָנֶצַח)('영원히')를 생각
해 볼 수 있습니다. 이로 보면, 벌써 칠십인역이 번역될 때부터
이 히브리 낱말의 뜻이 제대로 알려져 있지 않았던 것으로 보입
니다. 우리로서는 <라므낫체아흐>(לַמְנַצֵּחַ)를, 회중이 그런 표제
가 붙은 시편을 노래로 부를 때 인도자가 이를 이끌어 나가도록
지시한 정도로 이해하고, 그저 '악장(樂長)을 위하여'로 번역하
면 어떨까 생각합니다.

---

[2] 길링함(S.E.Gillingham, *The Poems and Psalms of the Hebrew Bible*
[Oxford: Oxford University Press, 1994], 250)은 여기서 거꾸로 다윗의
시편이란 표제가 붙은 경우도 그것이 저자를 표시한다기보다는 그 시
편의 쓰임새를 가리키는 것으로 이해할 수 있다고 생각합니다.

5.2.2. <알르아옐렛 핫샤하르>(עַל־אַיֶּלֶת הַשַּׁחַר)

(1) 이 표현은 전치사 <알>(עַל)과 여성 단수 연계형 명사 <아옐렛>(אַיֶּלֶת)과 관사가 붙은 명사 <핫샤하르>(הַשַּׁחַר)의 세 부분으로 이루어져 있습니다. 전치사 <알>(עַל)이 여기서 구체적으로 어떤 뜻을 지니는지 알려면, 먼저 그 뒤에 나오는 두 낱말의 뜻을 살펴보아야 합니다.

(2) <아옐렛>(אַיֶּלֶת)을 *HAL*에서 찾아보면, <아얄라>(אַיָּלָה)를 보라고 합니다. 그리하여 <아얄라>를 보면, 이는 뿔에 손바닥 같은 꼴 무늬가 있는 사슴을 가리키는 <아얄>(אַיָּל)의 여성형이라고 합니다.

(3) <샤하르>(שַׁחַר)에 대해서는 *HAL* 1360-1362에서 아주 자세히 설명하고 있습니다. 그 가운데서 우선 중요한 것을 간추려 본다면, 이 <샤하르>가 본디 신의 이름인지 사람의 이름인지 동틀녘의 어떤 현상을 말하는 것인지에 대해서 아직 논란의 여지가 있지만, 일반적으로는 전통적인 견해를 따라 '아침놀', '새벽', '여명', '동틀녘' 정도로 이해할 수 있다고 합니다.

(2)+(3) 이리하여 <아옐렛 핫샤하르>(אַיֶּלֶת הַשַּׁחַר)를 직역하면, '동틀녘의 사슴'이 되는데, 이것이 무엇을 뜻하는지 확실히 알기가 힘듭니다. 대체적으로는, 이를 당시 사람들이 잘 알고 있던 어떤 노래의 제목이거나, 아니면 그런 노래의 첫 마디이거나 중요한 부분일 것으로 생각합니다. 그렇지만, <샤하르>(שַׁחַר)를 아침 바람, 곧 아침의 힘으로 이해하여 아침 바람이 불 때 부르는

노래라고 이해하자는 견해도 있습니다. 또 어떤 학자들은 이것이 동틀녘에 바치는 사슴을 뜻한다고 보기도 합니다.

(1)+(2)+(3) 전치사 <알>(עַל)의 뜻도 <아엘렛 핫샤하르>(אַיֶּלֶת הַשַּׁחַר)를 어떻게 이해하느냐에 따라 달라집니다.

<아엘렛 핫샤하르>를 적어도 어떤 노래 가락을 암시하는 것으로 이해할 경우에, 전치사 <알>은 그런 가락에 '따라', '맞추어'를 뜻합니다. 개역한글판에서 <알르아엘렛 핫샤하르>를 일단 '아앨렛샤할에 맞춘 노래'라고 옮긴 다음에, 이에 대해서 '사슴이란 곡조에'라는 난하주를 붙인 것도 이런 흐름에서 이해할 수 있습니다. '새벽 암사슴의 가락으로'라는 공동번역과 표준새번역의 번역에서는 이 점이 더 똑똑히 드러납니다.

앞서 소개한 대로, <샤하르>(שַׁחַר)를 '아침 바람'으로 이해할 경우에는 <알르아엘렛 핫샤하르>가 '아침의 도움에 대하여'를 뜻할 수 있습니다. 칠십인역이 이런 경우입니다. <알르아엘렛 핫샤하르>에 상응하는 부분을 칠십인역에서 찾아보면 <휘페르 테스 안티렘프세오스 테스 헤오티네스>(ὑπὲρ τῆς ἀντιλήμψεως τῆς ἑωθινῆς, '새벽의 도움을 위하여')인데, 이는 *BHS* 비평란에서 제시하듯이, 마소라 본문 표제에 나오는 <아엘렛>(אַיֶּלֶת)을 20[19]절에 쓰인 명사 <에얄룻>(אֱיָלוּת, 개역한글판의 '힘')으로 읽었기 때문인 듯합니다. 칠십인역에서는 이 낱말도 표제에 나오는 헬라 낱말 <안티렘프시스>(ἀντίλημψις)로 옮기고 있기 때문입니다.

그밖에, <아엘렛 핫샤하르>를 '동틀녘에 바치는 암사슴'으로 볼 경우에는, <알르아엘렛 핫샤하르>를 '동틀녘에 바치는 암사슴에 대하여'로 이해할 수 있습니다.

5.2.3. <미즈모르 르다윗>(מִזְמוֹר לְדָוִד)

이에 대해서는 이미 23편을 읽을 때 살펴본 바 있습니다.

5.2.4.

이리하여 <라므낫체아흐 알르아옐렛 핫샤하르 미즈모르 르다윗>이라는 긴 표제는 "악장을 위하여. '동틀녘의 암사슴' 가락을 따라. 다윗의 노래" 정도로 번역할 수 있습니다.

5.3. 어려움 호소 (1) (2[1]-3[2]절)

5.3.1. <엘리 엘리 라마 아잡타니>(אֵלִי אֵלִי לָמָה עֲזַבְתָּנִי)(2[1]절 전반절)

(1) <엘리>(אֵלִי)는 '신(神)'을 뜻하는 가나안의 일반 용어인 <엘>(אֵל)에 속격을 표현하는 단수 공성 일인칭 대명접미어 <이>(ִי)가 붙은 꼴로, '나의 하나님'을 뜻합니다. 뒤에 나오는 동사가 단수 이인칭형인 것으로 보면, 이 <엘리>는 호격입니다.

(2) <라마>(לָמָה)는 '무엇'을 뜻하는 의문사 <마>(מָה)에 전치사 <르>(לְ)가 붙으면서 강세 앞의 열린 음절 모음은 길어진다는 원칙에 따라 <르>의 모음이 <아>(ָ)로 길어진 꼴입니다. 그렇지만, 구약 성경에는 이 꼴 말고도 강세가 앞에 있는 <라마>(לָמָה), <마>(מָה)에 중복점(<다게쉬 포르테>)이 찍힌 <람마>(לָמָּה), 심

지어는 <라메>(לְמָה)도 나옵니다.3) 직역하면, '무엇을 위해?', '무엇 때문에?'가 되는데, 흔히 '어찌하여?', '왜?'로 옮기기도 합니다.

(3) <아잡타니>(עֲזַבְתָּנִי)는 '(저)버리다'는 뜻의 단순 능동 어간 <칼> 동사 <아잡>(עָזַב)의 단수 이인칭 남성 완료형에 그 목적격으로 단수 공성 일인칭 대명접미어 <아니>(נִ)가 붙은 꼴이므로 "당신[남]이 저를 버리셨습니다."를 뜻합니다. 접미어의 모음이 길어진 것은 강세 때문입니다. 그런데, 문장이 <라마>라는 의문사로 시작하기 때문에, 이 정동사도 질문의 뜻으로 번역해야 합니다.

(1)+(2)+(3) 이리하여 <엘리 엘리 라마 아잡타니>는 "나의 하나님, 나의 하나님! 무엇을 위해서 당신이 저를 버리셨습니까?"로 번역할 수 있습니다.

(4) 마태복음 27장 46절에 나오는 <엘리 엘리 레마 사박타니>(ηλι ηλι λεμα σαβαχθανι)는 번역이 아니라 음역(音譯, transliteration)인데, 그것도 히브리 문장의 음역이 아니고, 한 문장을 일부는 히브리어에서, 일부는 아람어에서 음역한 것입니다. 곧 <엘리>(ηλι)는 히브리어 <엘리>(אֵלִי), <레마>(λεμα)는 아람어 <르마> (לְמָה), <사박타니>(σαβαχθανι)는 아람어 <쉬박타니>(שְׁבַקְתָּנִי)에서 온 것입니다. 마가복음 15장 34절에 나오는 <엘로이 엘로이 레마 사박타니> (ελωι ελωι λεμα σαβαχθανι)는 전체가 아람어 문장의 음역입니다. 곧 <엘로이>(ελωι)는 아람어 <엘라히>(אֱלָהִי)에서 왔습니다.

---

3) *HAL*, 523을 보십시오.

5.3.2. <라혹 미슈아티 디브레 샤아가티>רָחוֹק מִישׁוּעָתִי דִּבְרֵי
שַׁאֲגָתִי)(2[1]절 후반절)

(1) <라혹>(רָחוֹק)은 '떨어져 있다', '멀리 있다'는 뜻의 상태동
사 <라학>(רָחַק)에서 온 형용사로서 '떨어져 있는', '멀리 있는'
을 뜻합니다.

(2) <미슈아티>(מִישׁוּעָתִי)는 전치사 <민>(מִן)과 여성 단수 명사
<여슈아>(יְשׁוּעָה)와 그에 대한 속격 관계를 표시하는 단수 공성
일인칭 대명접미어 <이>(ִ י)가 한데 어우러진 꼴입니다. 그런데,
<여슈아>(יְשׁוּעָה)가 <여슈아티>(יְשׁוּעָתִי)로 된 것은, <아>(הָ)로
끝난 여성 단수 명사에 대명접미어가 붙을 때는 그 <아>(הָ)가
<앗>(הַ)으로 바뀌고, 그 모음 <아>가 강세 때문에 길어졌기 때
문입니다. 또 전치사 <민>(מִן)이 그 다음 낱말에 바로 붙여 쓰일
때는 본디 <미>(מִ)만 남는 대신에 그 다음 낱말의 첫 자모가 중복
이 됩니다. 그리하여 이 낱말의 경우에 본디는 מִיְשׁוּעָתִי였으나,
약자음 <욛>(י)이 중복되고 그 아래에 유성 <쉬와>가 붙으면 중복
점이 빠지고, 그 유성 <쉬와>도 앞의 모음이 <이>(ִ)이면 사라져
약자음 <욛>(י)이 장모음을 표시하는 요소가 됩니다. 그리하여
<미슈아티>(מִישׁוּעָתִי)로 된 것입니다.
    <여슈아>(יְשׁוּעָה)는 그 사역 능동 어간 <히프일>이 '돕다', '건
져내다', '구원하다'는 뜻을 지니는 동사 <야샤으>(יָשַׁע)에서 비
롯된 여성형 명사로 '도움', '구원'을 뜻합니다.
    <미슈아티>(מִישׁוּעָתִי)는 '나의 구원(또는 도움)으로부터'로
직역할 수 있습니다. 여기서 '나의 구원(또는 도움)'은 '내가' 남을
구원하거나 돕는다는 뜻이 아니라, 내가 구원받거나 도움 받는
것을 뜻합니다. 곧 이 경우 속격은 목적어 속격(objective genitive)
입니다.

그런데 바르트케는 이 <미슈아티>(מִישׁוּעָתִי) 대신에 <밋샤워아티>(מִשַּׁוְעָתִי)로 읽을 것을 제안합니다. <밋샤워아티>의 알맹이가 되는 명사는 <샤으아>(שַׁוְעָה)인데, 이 명사는 그 강의 능동어간 <피엘>이 '도와 달라고 부르짖다'는 뜻의 동사 שׁוע에서 비롯된 것이어서 '도움을 요청하는 부르짖음, 외침'을 뜻합니다. 이렇게 <미슈아티>를 <밋샤워아티>로 바꾸어 읽자고 하는 것은 그 뒤의 표현 <디브레 샤아가티>(דִּבְרֵי שַׁאֲגָתִי)와 비슷한 뜻의 낱말이 문맥에 더 잘 어울린다고 생각했기 때문일 것입니다.

(3) <라혹 미슈아티>(רָחוֹק מִישׁוּעָתִי)는 "나의 구원으로부터 멀리 있다."를 뜻하는데, 문제는 이 자체로 문장이 될 수 있는가 하는 데 있습니다. 혹시 이 두 낱말의 주어가 될 만한 것이 뒤에 나오는가 하여 살펴보면, 바로 뒷 낱말인 <디브레>(דִּבְרֵי)는 남성 복수 연계형 명사로 수(數)가 형용사 <라혹>(רָחוֹק)과 맞지 않으므로, 이것이 주어가 될 수는 없습니다.4) 따라서 글의 흐름으로 볼 때 <라혹 미슈아티>의 주어는 앞 문장의 정동사 <아잡타니>(עֲזַבְתָּנִי)에 들어 있는 단수 이인칭 남성, 곧 첫머리에서 '나의 하나님, 나의 하나님'이라고 두 번 부른 그 '당신'이라고 볼 수밖에 없습니다.

이리하여 <라혹 미슈아티>는 "당신은 제 구원으로부터 멀리 떨어져 계십니다."로 직역할 수 있습니다. 실제로는 "당신은 멀리 떨어져 계시면서 저를 구원하시지 않습니다."를 뜻합니다. 더 나아가서, 앞 문장의 의문사 <라마>(לְמָה)의 효력이 <라혹 미슈아티>까지 미친다고 보면, "무엇을 위하여 당신은 제 구원으로부터 멀리 떨어져 계십니까?"로 옮길 수도 있습니다. "어찌 나를

---

4) 임승필, 72의 각주 3은 이런 점에서 잘못된 이해를 반영하고 있습니다.

멀리하여 돕지 아니하옵시며"라는 개역한글판의 번역이 바로
이런 본문 이해에서 비롯된 것으로 보입니다.

바르트케가 마련한 *BHS* 비평란에서는 <라혹 미슈아티>에 상
응하는 부분을 월턴(B.Walton)이 1654년 이후 세 권으로 엮어낸
론디넨 다국어 시리아어 역본에서는 "그리고 당신이 나로부터 내
구원을 치워버리시렵니까?"로 되어 있다는 사실을 소개합니다.

(4) <디브레 샤아가티>(דִּבְרֵי שַׁאֲגָתִי)에서 <디브레>(דִּבְרֵי)는
남성 명사 <다바르>(דָּבָר)의 복수 연계형입니다. 그 뜻이 '...의
말(씀)들'인지 '...의 일들'인지는 문맥에 따라 결정됩니다.

<샤아가티>(שַׁאֲגָתִי)는 여성 명사 <쉬아가>(שְׁאָגָה)에 단수 공
성 일인칭 대명접미어 <이>(ִ)가 붙은 꼴입니다. <쉬아가>는
'(사자가 으르렁거리듯이) 울부짖다'는 뜻의 동사 <샤악>(שָׁאַג)
에서 온 명사이어서 '(사자가 으르렁거리듯이) 울부짖음'을 뜻
하는데, 여기서는 시련을 겪는 자가 괴로움 가운데서 외치는 것
을 가리킵니다.

그런데 바르트케가 마련한 *BHS* 비평란에서는 이 <샤아가티>
(שַׁאֲגָתִי)에 상응하는 말로 칠십인역에 <톤 파라프토마톤 무>(τῶν
παραπτωμάτων μου, '내 범죄들의')가 나온다고 하면서, 이는
히브리 낱말 <쉬기오타이>(שִׁגְאֹתַי)에 해당한다는 사실을 적고
있습니다. <쉬기오타이>와 <샤아가티>를 견주어 보면, 둘째 자
음과 셋째 자음의 순서가 다르고 모음에 차이가 있습니다.

<디브레 샤아가티>를 직역하면, '나의 울부짖음의 말들'이 됩
니다. 곧 '내가 울부짖으면서 내뱉는 말들'이라는 뜻입니다. 그런
데, 이 표현이 문장에서 어떤 역할을 하는가를 생각해 보면, 얼른
알아차리기가 쉽지 않습니다. 바로 이 때문에, 앞에서 살펴본 대

로 더러는 이 바로 앞의 낱말 <미슈아티>(מִישׁוּעָתִי)를 <밋샤워아티>(מִשַׁוְעָתִי)로 고쳐 읽자고 한 것으로 보입니다. 그럴 경우에는 '나의 울부짖음의 말들'은 <샤워아티>(שַׁוְעָתִי) 곧 '나의 부르짖음'을 다시 설명해주는 표현으로 이해할 수 있습니다. 그렇지만, 이러한 제안을 뒷받침할 만한 사본이나 역본이 없기 때문에 마소라 본문 그대로 두는 것이 낫습니다. 그렇다면, 우리로서는 <디브레 샤아가티>도 그 앞의 <라혹 민>(רָחוֹק מִן)에 관련되는 것으로 보아서 "당신은 나의 울부짖음의 말들에서 멀리 계십니다."로 이해할 수 있습니다.

(1)+(2)+(3)+(4) 이리하여 <라혹 미슈아티 디브레 샤아가티>는 "(당신은) 내 구원에서 멀리 계십니다 / 내 울부짖는 말들에서"로 직역할 수 있습니다.

여기서 한 가지 지나칠 수 없는 것은, 2[1]절 전반절은 동사 문장이고 후반절은 비동사 문장이라는 점입니다. 동사 문장과 명사 문장이 나란히 나올 경우에, 일반적으로는 명사 문장이 동사 문장의 배경이 되는 상황이나 상태를 표현합니다. 본문의 경우에도 그런 식으로 이해할 여지가 있습니다. 곧 내가 울부짖어도 하나님은 멀리 계셔서 나를 구원해 주시지 않는 상황이 계속되는 것을 보니, 하나님이 나를 버리신 것이 아니겠는가 생각하지 않을 수 없게 되었다는 식입니다.

5.3.3. <엘로하이 에크라 요맘 월로 타아네>(אֱלֹהַי אֶקְרָא יוֹמָם וְלֹא תַעֲנֶה)(3[2]절 전반절)

(1) 〈엘로하이〉(אֱלֹהַי)는 단수 '하나님'을 가리키는 복수형 명사 〈엘로힘〉(אֱלֹהִים)에 단수 공성 일인칭 대명접미어 〈아이〉(ַי)가 붙은 꼴이어서, '나의 하나님'으로 번역할 수 있습니다. 2[1]절의 〈엘리〉(אֵלִי)와 뜻은 같지만, '하나님'을 가리키는 히브리 명사의 꼴이 다릅니다. 그렇지만, 이 경우 〈엘로하이〉도 〈엘리〉와 마찬가지로 호격인 것은 문맥에서 드러납니다.

(2) 〈에크라〉(אֶקְרָא)는 단순 능동 어간 〈칼〉 동사 〈카라〉(קָרָא)의 단수 공성 일인칭 미완료형입니다. 〈카라〉(קָרָא)가 경우에 따라서는 '(책 같은 것을) 읽다'는 뜻으로도 쓰이지만, 여기서는 그저 '부르짖다', '외치다'는 뜻을 지닙니다. 그 시제가 미완료형인 것은 일단 내가 부르짖는 상황이 끝나지 않은 것을 뜻한다는 식으로 이해할 수 있습니다.

(3) 〈요맘〉(יוֹמָם)은 시편 1편 2절에 이미 나왔던 낱말로 '낮'을 뜻하는 명사 〈욤〉(יוֹם)에 옛 대격 어미 〈암〉(ָם)이 붙은 꼴로, 기간을 나타내는 부사적인 역할을 하기 때문에, '낮 동안', '온종일'로 번역할 수 있습니다.

(1)+(2)+(3) 이리하여 〈엘로하이 에크라 요맘〉은 우선 "나의 하나님! 제가 온종일 부르짖습니다."로 옮길 수 있습니다.

(4) 〈월로 타아네〉(וְלֹא תַעֲנֶה)에 들어 있는 동사형 〈타아네〉(תַעֲנֶה)는 '대답하다'는 뜻의 단순 능동 어간 〈칼〉 동사 〈아나〉(עָנָה)의 단수 이인칭 남성 미완료형입니다. 따라서, 〈월로 타아네〉는 "그런데도 당신은 대답하지 아니하십니다."로 번역할 수 있습니다.

(1)+(2)+(3)+(4) 미셸은 이 3[2]절 전반절에 나오는 두 미완료형 동사 <에크라>(אֶקְרָא)와 <타아네>(תַעֲנֶה)는 그저 한 가지 사실을 표현하는 것이 아니라, 두 동사가 표현하는 행위 사이에 매번 성립되는 상응 관계를 표현한다고 봅니다. 곧 "내가 부르짖을 때마다 당신은 대답하지 아니하십니다."라는 뜻으로 이 전반절을 이해할 수 있다는 것입니다.[5] 그러나 여기서는 <요맘>(יוֹמָם)이라는 기간을 나타내는 부사가 뒤따르기 때문에 굳이 그렇게 보지 않고, 그저 계속되는 상황을 표현하는 미완료형으로 이해해도 괜찮을 것입니다.

5.3.4. <월라일라 월로두미야 리>(וְלַיְלָה וְלֹא־דוּמִיָּה לִי׃)(3[2]절 후반절)

(1) <월라일라>(וְלַיְלָה) 자체는 '그리고 밤에'란 뜻입니다. 이것이 문장 가운데 어느 부분과 관련되는지는 본문을 더 읽어보아야 알 수 있습니다.

(2) <월로두미야 리>(וְלֹא־דוּמִיָּה לִי)에서 <두미야>(דוּמִיָּה)는 '침묵하다'는 뜻의 동사 דום에서 비롯된 명사로 '침묵', '잠잠함'을 뜻합니다. 그렇지만 <월로두미야 리>는 2절 후반절의 경우처럼 비동사 문장이고, 이를 직역하면 "그리고 저에게 침묵이 없습니다."가 됩니다. "저는 침묵하지 않습니다."나 "저는 잠잠할 수 없습니다."라는 동사 문장을 쓰지 않고, 이렇게 명사 문장을 쓴 것은 침묵할 수 없는 상황을 강조하기 위한 것으로 볼 수 있습

5) *TSP*, 82, 번호 10.16과 139-140, 번호 22.1을 보십시오.

니다.

그런데, 게제니우스에 따르면, 주어가 된 명사를 부정하는 데 쓰이는 <알>(אַל) 대신에 <로>(לֹא)가 쓰이면 부정되는 주어에 어느 정도 무게가 실린다고 합니다.6) 그렇다면, 이 문장에서는 침묵할 수 없는 시인의 상황이 한층 더 강조되어 있다고 할 수 있습니다.

(3) 문제는 <월라일라 월로두미야 리>에 접속사가 두 번 나오는 것을 어떻게 이해할 것인가에 있습니다. 이 전체를 직역하면, "그리고 밤에 그리고 침묵이 제게 없습니다."가 됩니다. 이것이 이상하다고 생각해서인지, 바르트케가 *BHS* 비평란에서 밝히듯이 소수의 사본과 아람어 역본 <타르굼>에서는 <월로>(וְלֹא)에 접속사 <워>(וְ)가 없다고 합니다. 그렇게 되면, "그리고 밤에 침묵이 제게 없습니다."가 되어 글을 이해하기가 수월해집니다.

마소라 본문 그대로 읽는다면, <월라일라>(וְלַיְלָה)와 <월로> 사이에 전반절과 비슷한 뜻이 들어 있다고 볼 수도 있습니다. 곧 "나의 하나님, 제가 온종일 부르짖어도 당신은 대답하지 아니하십니다. 그리고 밤에 제가 부르짖어도 당신은 대답하지 아니하십니다. 그리하여도 침묵함이 제게 없습니다(저는 침묵할 수 없고 계속 부르짖을 수밖에 없습니다)."라는 식으로 3[2]절 전체를 이해할 만합니다.

---

6) *GKH*, §152d.

5.4. 신뢰 고백 (1) (4[3]-6[5]절)

5.4.1. <워앗타 카도쉬 요셉 트힐롯 이스라엘>(וְאַתָּה קָדוֹשׁ
יוֹשֵׁב תְּהִלּוֹת יִשְׂרָאֵל:)(4[3]절)

(1) 다른 구절에 비해서 길이가 짧은 4[3]절의 첫 낱말 <워앗타>
(וְאַתָּה)를 글의 흐름을 고려하여 번역하면, '그렇지만(또는 그리
하여도) 당신은'으로 옮길 수 있습니다. 이 경우 접속사 <워>(וְ)는
역접의 성격을 띠기 때문입니다.

(2) <워앗타 카도쉬>(וְאַתָּה קָדוֹשׁ)는 명사 문장으로 "그렇지
만 당신은 거룩하십니다."를 뜻합니다.
그런데, 바르트케가 *BHS* 비평란에서 알려주고 있듯이, 칠십
인역 추정원본에는 이 <카도쉬>(קָדוֹשׁ)에 상응하는 부분이 <엔
하기오이스>(ἐν ἁγίοις, '거룩한 것들 가운데')로, 칠십인역 루
치안 개정본에는 <엔 하기오>(ἐν ἁγίῳ, '거룩한 것 가운데')로
되어 있습니다.

(3) <요셉>(יוֹשֵׁב)은 '앉다', '거주하다'는 뜻의 동사 <야샵>
(יָשַׁב)의 단순 능동 어간 <칼> 능동 분사 남성 단수 절대형이어서
하나님을 가리키는 것이 분명합니다. 그런데, 이 분사가 문장에
서 맡은 기능이 무엇입니까? 이 분사에 관사가 붙어 있지 않으므
로 이를 한정적으로 볼 수는 없습니다. 그렇다면, 그냥 상태를 강
조하여 표현하는 정도로 이해하면서, "(그렇지만 당신은 거룩하
십니다) 당신은 앉아 계십니다."로 옮기는 수밖에 없습니다. 이
이상은 그 다음 낱말까지 살펴본 다음에 생각해 보도록 하십시다.

(4) <트힐롯 이스라엘>(תְהִלּוֹת יִשְׂרָאֵל:)에 들어 있는 <트힐롯> (תְהִלּוֹת)은 여성 명사 <트힐라>(תְהִלָּה)의 복수 연계형입니다. 여성 단수 명사 <트힐라>에 남성 복수형 어미가 붙은 <트힐림>(תְהִלִּים)이 전체 시편집을 가리킨다면, 여성 복수형 어미가 붙은 <트힐롯>은 구체적인 찬양 행위 하나 하나가 모인 것을 뜻합니다.[7]

그런데, 바르트케가 *BHS* 비평란에서 밝히듯이, 칠십인역에서는 이 <트힐롯>에 상응하는 낱말이 단수형(<에파이노스>, ἔπαι-νος)으로 나와 있고, 몇몇 사본에서도 <트힐롯> 대신에 <트힐라>(תְהִלָּה)가 들어 있습니다. 시리아어역에서는 '당신의 영광'이란 번역이 이에 상응합니다.

(5) 문제는 이 <트힐롯 이스라엘>과 바로 앞의 분사 <요셉>(יוֹשֵׁב)이 어떤 관계인가 하는 데 있습니다. 게제니우스는 이 경우 <요셉>을 타동사로 보고 '이스라엘의 찬송들'을 그 목적어로 이해하는데, 그 근거로 거주한다는 뜻의 동사들 가운데 몇 가지는 아무개가 머무는 장소나 대상을 목적어로 쓴다는 점을 듭니다.[8] 바르트케는 *BHS* 비평란에서, 히브리어 강세 부호 <아트나흐>가 마소라 본문에서는 <카도쉬>(קָדוֹשׁ)에 적혀 있지만, 이것을 <요셉> 아래로 옮길 것을 제안합니다. 그럴 경우에 <요셉>은 <트힐롯 이스라엘>과는 일단 관련시키지 않고 오히려 그 앞 낱말 <카도쉬>와 연결시켜 이해해야 합니다. 그리하여 4절의 첫 세 낱말은 "그래도 당신이야말로 거룩하신 분으로서 앉아 계십니다."로 번역할 수 있습니다. 이런 식으로 본문을 읽으려면, 앞에서 언급

---

7) 이 점은 이미 시편 1편 읽기 첫머리에서 다루었습니다.

8) *GKH*, §117bb.

한 바처럼 칠십인역을 따라, 그 뒷부분은 '이스라엘의 찬송이시
여!'라는 호격으로 이해할 수 있습니다.

그렇지만 찬송 위에 앉아 계신다는 표현을 이해하는 데 도움
이 될 만한 그림 자료도 있기 때문에,9) 우리가 생각하기에 조금
이상해도 마소라 본문을 따를 수 있습니다. 그리하여 4절 전체를
"그래도 당신이야말로 거룩하십니다. 이스라엘의 찬송들 가운
데 앉아 계십니다."로 옮길 수 있습니다.

5.4.2. <브카 바트후 아보테누>(בְּךָ בָטְחוּ אֲבֹתֵינוּ)(5[4]절 전
반절)

(1) <브카>(בְּךָ)는 전치사 <브>(בְּ)에 단수 남성 이인칭 대명접
미어 <으카>(ךָ)가 붙은 꼴로, 그 자체로는 '당신(남) 안에'를 뜻
합니다.

(2) <바트후>(בָטְחוּ)는 단순 능동 어간 <칼> 동사 <바타흐>
(בָּטַח)의 복수 공성 삼인칭 완료형으로, "그들이 신뢰했다."를
뜻합니다. 동사 <바타흐>는 본디 '안전함을 느끼다'를 뜻하는데,
이것을 보통은 '신뢰하다'로 번역합니다.

(1)+(2) <브카 바트후>(בְּךָ בָטְחוּ)는 전치사구 <브카>(בְּךָ)를
정동사 <바트후>(בָטְחוּ)보다 앞세워 강조한 동사 문장으로 "당신
[남]을 그들이 신뢰했습니다."를 뜻합니다.

---

9) *WaBAT*, 328의 그림 476a.

(3) 그처럼 '당신[남]을' 의지한 그들이 누구인지는 셋째 낱말 <아보테누>(אֲבֹתֵינוּ)에서 알 수 있습니다. 이 낱말은 '아버지', '조상'을 뜻하는 명사 <압>(אָב)의 불규칙 복수형에 복수 공성 일인칭 대명접미어 <에누>(ֵינוּ)가 붙은 꼴이므로 '우리 아버지 들', '우리 조상들'을 뜻합니다.

(1)+(2)+(3) <브카 바트후 아보테누>(בְּךָ בָּטְחוּ אֲבֹתֵינוּ)는 "당 신[남]을 우리 조상들이 신뢰하였습니다."로 번역할 수 있습니다.

5.4.3. <바트후 왓트팔레테모>(בָּטְחוּ וַתְּפַלְּטֵמוֹ)(5[4]절 후반절)

(1) <바트후>(בָּטְחוּ)는 바로 앞 문장에 이미 나왔던 꼴입니다.

(2) <왓트팔레테모>(וַתְּפַלְּטֵמוֹ)는, 첫머리 접속사 <와우>(ו) 아래의 짧은 모음 <아>(ַ)와 그 다음 미완료형 동사의 접두사 자 모 <타우>(תּ)에 찍힌 중복점(<다게쉬 포르테>)을 볼 때, 이른바 <와우> 미완료 연속법과, 미완료형에 붙는 복수 남성 삼인칭 대 명접미어의 옛 꼴 <에모>(מוֹ)[10]로 이루어져 있습니다. 여기서 알맹이가 되는 정동사형 <트팔렛>(תְּפַלֵּט)은 동사 <팔랏>(פָּלַט) 의 강의 능동 어간 <피엘> 단수 남성 이인칭 미완료형입니다. <팔랏>(פָּלַט)의 강의 능동 어간 <피엘>은 '끄집어내다', '건져내 다', '구하다'를 뜻합니다. 여기서 <와우> 미완료 연속법은 앞 동 사가 표현하는 행동의 결과를 표현합니다. 그러니까, 구원은 신

---

10) 그렇지만, 주로 시문에 쓰이는 이 옛 꼴은 거의 구약의 후기 본문 에 나온다고 합니다(*GKH*, §58g, §91 I).

뢰의 결과임을 완료형 동사와 그 뒤이어 나오는 <와우> 미완료 연속법으로 표현한 것입니다.11)

(1)+(2) <바트후 왓트팔레테모>는 "그들(='우리 조상들')이 신뢰하였더니 당신이 그들을 구해주셨습니다."를 뜻합니다.

5.4.4. <엘레카 자아쿠 워니믈라투12)>(אֵלֶיךָ זָעֲקוּ וְנִמְלָטוּ) (6[5]절 전반절)

(1) <엘레카>(אֵלֶיךָ)는 전치사 <엘>(אֶל)에 단수 남성 이인칭 대명접미어 <에카>(ךָ)가 붙은 꼴로, '당신[남]에게'를 뜻합니다.

(2) <자아쿠>(זָעֲקוּ)는 단순 능동 어간 <칼> 동사 <자악>(זָעַק)의 복수 공성 삼인칭 완료형으로 "그들이 부르짖었다."를 뜻합니다.

(1)+(2) <엘레카 자아쿠>는 앞절 첫머리의 <브카 바트후>(בְּךָ בָּטְחוּ)처럼 전치사구를 정동사보다 앞세워 강조한 동사 문장이므로, "당신[남]에게 그들이 부르짖었습니다."로 번역할 수 있습니다.

(3) <워니믈라투>(וְנִמְלָטוּ)는 접속사 <와우>에 동사 <말랏>

---

11) *TSP*, 22, 1절 14번.

12) וְנִמְלָטוּ를 <워니믈라투>로 음역함에 대해서는 음역 조견표 3.(5)를 보십시오.

(מָלַט)의 단순 수동 또는 재귀 어간 <니프알> 복수 공성 삼인칭 완료형이 붙은 꼴로서, 앞 5절 마지막 낱말과는 달리 <와우> 완료 연속법으로 볼 수 있습니다. 그렇다면, 이는 미완료로 이해할 수 있는데, 이 경우를 게제니우스는, 완료동사 뒤이어 나오는 <와우> 완료 연속법이 지난날 계속되었거나 반복되었던 행동을 표현하는 것으로 봅니다.13) <말랏>의 단순 수동 또는 재귀 어간 <니프알>은 '안전한 곳으로 피하다.'를 뜻합니다.

(1)+(2)+(3) <엘레카 자아쿠 워니믈라투>는 "당신[남]께 그들이 부르짖어 피하곤 하였습니다." 정도로 옮길 수 있습니다.

5.4.5. <브카 바트후 월로보슈>(בְּךָ בָּטְחוּ וְלֹא־בוֹשׁוּ)(6[5]절 후반절)

(1) <브카 바트후>(בְּךָ בָּטְחוּ)는 이미 5절 첫머리에 나온 바 있습니다.14)

(2) <월로보슈>(וְלֹא־בוֹשׁוּ)에 들어 있는 <보슈>(בוֹשׁוּ)는 단순 능동 어간 <칼> <페 와우> 동사 <보쉬>(בּוֹשׁ)의 복수 공성 삼인칭 완료형인데 모음으로 끝나는 바로 앞의 불변사 <로>(לֹא)와 긴밀하게 이어진 까닭에 첫 자모 <벳>(ב)의 <다게쉬 레네>가 빠진 꼴입니다. <보쉬>의 단순 능동 어간 <칼>은 '부끄러워해야 하다', '부끄럼을 겪다'를 뜻합니다.

---

13) *GKH*, §52h.

14) 위 5.7.1을 보십시오.

(1)+(2) <브카 바트후 월로보슈>는 "당신[남]을 그들이 신뢰하여 부끄럼을 겪지 않았습니다."를 뜻합니다.

5.5. 어려움 호소 (2) (7[6]-9[8]절)

5.5.1. <워아노키 톨라앗 월로이쉬>(וְאָנֹכִי תוֹלַעַת וְלֹא־אִישׁ) (7[6]절 전반절)

(1) <워아노키>(וְאָנֹכִי)는 접속사 <워>(וְ)와 단수 공성 일인칭 대명사 <아노키>(אָנֹכִי)가 합한 꼴입니다. 이 경우에 접속사 <워>(וְ)는 앞 5-6절의 내용과 어긋나 보이는, 자신의 상황을 토로하는 문장을 이끌어 들이기 때문에, '그렇지만', '그러나', '그런데도' 등으로 옮길 만합니다.

(2) '벌레'를 뜻하는 <톨라앗>(תוֹלַעַת)은 앞 낱말에 들어 있는 대명사 <아노키>와 더불어 비동사 문장을 이루면서 그 문장의 보어가 됩니다.

(3) '사람'을 뜻하는 <이쉬>(אִישׁ)는 <아노키>의 두 번째 보어로 볼 수 있습니다.

(1)+(2)+(3) <워아노키 톨라앗 월로이쉬>는 "그런데도 저는 벌레이지 사람이 아닙니다."로 번역할 수 있습니다.

5.5.2. <헤르팟 아담 우브주이 암>(חֶרְפַּת אָדָם וּבְזוּי עָם)(7[6]
절 후반절)

(1) <헤르팟 아담>(חֶרְפַּת אָדָם)은 여성 명사 <헤르파>(חֶרְפָּה)
의 연계형과 절대형 명사 <아담>(אָדָם)이 합한 꼴입니다. <헤르
파>(חֶרְפָּה)는 '자극하다', '모욕하다'를 뜻하는 동사 <하랍>(חָרַף)
에서 비롯된 명사로서, 여기서는 그 뒤에 나오는 절대형 명사 <아
담> (אָדָם)과 관련시켜 볼 때, 사람들이 모욕거리로 삼는 대상이
란 뜻을 지닙니다.
<헤르팟 아담>은 7절 첫머리의 <아노키>를 주어로 하는 비
동사 문장의 세 번째 보어로 이해할 수 있습니다.

(2) <우브주이 암>(וּבְזוּי עָם)에서 <우>(וּ)는 접속사 <워>(וְ)의
모음이 그 다음 첫 자모인 입술소리 <벳>(ב) 때문에 달라진 꼴입
니다. <브주이>(בְּזוּי)는 <라멧 헤> 동사 <바자>(בָּזָה)의 단순 능
동 어간 <칼> 수동 분사 남성 단수 연계형입니다. 단순 능동 어간
<칼> 수동 분사는, <카툴>(קָטוּל)에서 볼 수 있듯이, 본디 어근에
어조장모음 <아>(ָ)와 순장모음 <우>(וּ)를 차례대로 붙여서 만
드는데, <라멧 헤> 동사의 경우에는 동사 어근의 실질적 마지막
자음이 <욧>(י)이기 때문에, <바자>(בָּזָה)의 단순 능동 어간 <칼>
수동 분사 기본꼴은 <바주이>(בָּזוּי)가 됩니다.
<바자>의 단순 능동 어간 <칼>은 본디 '얕잡아보다', '경멸하
다'를 뜻합니다. 본문에서는 그 수동 분사 남성 단수 연계형이
절대형 명사 <암>(עָם, '백성')과 이어지면서, 앞의 <헤르팟 아담>
의 경우와 비슷하게 백성이 얕잡아볼 거리, 경멸할 대상이란 뜻을
지닙니다. 이런 속격 관계를 게제니우스는 '당사자의 속격'(Ge-
netivus auctoris)이라고 합니다.[15]

<우브주이 암>은 7절 첫머리의 <아노키>를 주어로 하는 비동사 문장의 네 번째 보어로 이해할 수 있습니다.

(3) 이리하여 7[6]절 전체는 "그런데도 저는 벌레이지 사람이 아닙니다. 사람의 모욕거리이며 백성의 경멸거리입니다."로 번역할 수 있습니다.

5.5.3. <콜로아이 얄르이구16) 리>(כָּל־רֹאַי יַלְעִגוּ לִי)(8[7]절 전반절)

(1) <콜로아이>(כָּל־רֹאַי)에서 <로아이>(רֹאַי)는 동사 <라아>(רָאָה)의 단순 능동 어간 <칼> 능동 분사 기본꼴 <로에>(רֹאֶה)에, 복수 명사에 붙는 복수 공성 일인칭 대명접미어 <아이>(ַי)가 붙은 꼴입니다. <로아이>는 '나의 보는 자들'로 직역할 수 있지만, 실제 뜻은 '나를 보는 자들'입니다.

(2) <얄르이구>(יַלְעִגוּ)는 동사 <라악>(לָעַג)의 사역 능동 어간 <히프일> 복수 남성 삼인칭 미완료형인데, 가운데의 장모음 <이>가 불완전표기된 꼴로 나옵니다. <라악>의 사역 능동 어간 <히프일>은 '비웃다', '조롱하다'를 뜻하는데, 그 대상을 전치사 <르>(לְ)를 써서 표현하는 수가 있습니다.

---

15) *GKH*, §116*l*.

16) יַלְעִגוּ를 <얄르이구>로 음역함에 대해서는 음역 조견표 3.(4)를 보십시오.

(3) <리>(לִי)는 전치사 <르>(לְ)에 단수 공성 일인칭 대명접미어 <이>(ִ)가 붙은 꼴입니다.

(1)+(2)+(3) 동사 문장인 <콜로아이 얄르이구 리>에서는 주어인 <콜로아이>를 술어 동사보다 앞세워 강조합니다. 그리하여, 이 문장은 "나를 보는 자들은 다 나를 비웃습니다."로 번역할 수 있습니다.

5.5.4. <얍티루 브사파 야니우 로쉬>(יַפְטִירוּ בְשָׂפָה יָנִיעוּ רֹאשׁ) (8[7]절 후반절)

(1) <얍티루>(יַפְטִירוּ)는 동사 <파타르>(פָּטַר)의 사역 능동 어간 <히프일> 복수 남성 삼인칭 미완료형인데, 이 동사가 <브사파> (בְשָׂפָה, '입술로')라는 전치사구와 함께 쓰일 때, 이를 직역하면 '입술로 주름을 잡다'를 뜻합니다. 이는 입술 또는 입을 벌리며 남을 비웃는 모습을 가리키므로, 우리말로는 '입을 비쭉이다'는 식으로 번역할 수 있습니다.

(2) <야니우>(יָנִיעוּ)는 <아인 와우> 동사인 <누아으>(נוּעַ)의 사역 능동 어간 <히프일> 복수 남성 삼인칭 미완료형으로서 "그들이 흔든다."를 뜻합니다.

(1)+(2) <얍티루 브사파 야니우 로쉬>는 "그들이 입술을 비쭉입니다. 머리를 흔듭니다."로 옮길 수 있습니다.

(3) 이처럼 8[7]절은 7[6]절 후반절에서 말한 바를 더 구체적으로 알려줍니다.

5.5.5. <골 엘르야흐웨 여팔르테후>(גֹּל אֶל־יְהוָה יְפַלְּטֵהוּ)(9[8]절 전반절)

(1) <골>(גֹּל)은 <아인> 중복 동사인 <갈랄>(גָּלַל)의 단순 능동 어간 <칼> 단수 남성 이인칭 명령형입니다. <갈랄>(גָּלַל)은 '굴리다'를 뜻하므로, 목적어가 있어야 하는데, 본문에서는 암시되어 있다고 볼 수 있습니다. 그리하여 <골 엘르야흐웨>(גֹּל אֶל־יְהוָה)는 "야훼께 맡겨라!"는, 비유적인 뜻을 지닌 명령문으로 이해할 수 있습니다.

(2) <여팔르테후>(יְפַלְּטֵהוּ)는 동사 <팔랏>(פָּלַט)의 강의 능동 어간 <피엘> 단수 남성 삼인칭 미완료형에 목적격 단수 남성 삼인칭 대명접미어 <에후>(הוּ)가 붙은 꼴입니다. 이 동사는 이미 5절 후반절에 한 번 나온 바 있습니다. 문제는 <여팔르테후>를 직역할 경우 "그가 그를 구하시리라."가 되어서 주어와 목적어 둘 다 단수 남성 삼인칭으로 표현된다는 데 있습니다. 문맥으로 보면, 주어의 '그'는 야훼이시고, 목적어의 '그'는 이 시에서 일인칭으로 등장하는 사람입니다.

(1)+(2) 이 두 문장을 합쳐서 읽으면, "야훼께 맡겨라!" "그가 그를 구하시리라."로 되므로 앞뒤가 잘 어울리지 않습니다. 이리하여 *BHS* 비평란에서는 칠십인역에 9절 첫머리에 "그가 바랐

다.”(<엘피센>, ἤλπισεν)로 되어 있는 점과 마태복음 27장 43절을 참고하여 명령형 <골>(גֹּל)을 단수 남성 삼인칭 완료형인 <갈>(גַּל, “그가 맡겼다.”)로 읽을 것을 제안합니다. 그런데 마태복음 27장 43절에서는 칠십인역의 “그가 바랐다.” 대신에 “그가 신뢰했다.”(<페포이텐>, πέποιθεν)이 나오는데, 이는 히브리 낱말 <바타흐>(בָּטַח)에 해당한다고 볼 수 있습니다. 한편, 아람어 역본인 <타르굼>에서는 여기에 “그가 찬양하리.”(ישבח)가 있어서, <골>(גֹּל) 대신에 <야겔>(יָגֵיל)로 읽은 것으로 보입니다.17) 게제니우스는 마소라 본문이 맞다고 하면서, 이는 시문에서 이인칭이 삼인칭으로 거칠게 바뀌는 보기일 것이라고 합니다.18)

5.5.6. <얏칠레후 키 하페츠 보>(יְצַיְלֵהוּ כִּי חָפֵץ בֹּו)(9[8]절 후반절)

(1) <얏칠레후>(יְצַיְלֵהוּ)는 동사 <나찰>(נָצַל)의 사역 능동 어간 <히프일> 단수 남성 삼인칭 미완료형에 목적격 단수 남성 삼인칭 대명접미어 <에후>(הוּ ָ)가 붙은 꼴로, “그가 그를 구해내리라.”를 뜻합니다.

(2) <하페츠>(חָפֵץ)는 ‘무엇을 기뻐하다’를 뜻하는 상태동사의 기본꼴인 단순 능동 어간 <칼> 단수 남성 삼인칭 완료형인데 그렇게 기뻐하는 대상을 주로 전치사 <브>(בְּ)로 표현합니다. <하페츠 브>(בְּ חָפֵץ)는 ‘무엇을 기뻐하다’라는 뜻입니다.

---

17) H.J.Kraus, *Psalmen 1-59*, 323.

18) *GKH*, §144p.

(3) <보>(בוֹ)는 전치사 <브>(בְ)에 단수 남성 삼인칭 대명접미어 <오>(וֹ)가 붙은 꼴입니다.

(1)+(2)+(3) <얏칠레후 키 하페츠 보>는 "그가 그를 기뻐하므로 그가 그를 구해내리라."로 옮길 수 있습니다.

(4) 이처럼 9[8]절에서는 8[7]절에서 시인을 비웃는 자들이 하는 말이 인용되어 있습니다.

5.6. 신뢰 고백 (2) (10[9]-11[10]절)

5.6.1. <키앗타 고히 밉바텐>(כִּי־אַתָּה גֹחִי מִבָּטֶן)(10[9]절 전반절)

(1) 첫머리 <키>(כִּי)를 원인절을 이끄는 접속사로 보려면, 8[7]-9[8]절과 10[9]절이 내용상 이어져야 하는데, 그렇지 못합니다. 8[7]-9[8]절에서 시인은 자신이 주변 사람들로부터 조롱당하는 것을 토로하는 반면, 10[9]절에서는 하나님에 대한 신뢰를 표현하고 있기 때문입니다. 그리하여 이 <키>는 '참으로', '정말'의 뜻을 지니는 부사의 역할을 한다고 보는 것이 더 낫겠습니다.

(2) <고히>(גֹחִי)는 <라멧 헤> 동사 <가하>(נָחָה)의 단순 능동어간 <칼> 능동 분사 남성 단수형에 단수 공성 일인칭 대명접미어 <이>(ִי)가 붙은 꼴입니다. <가하>(נָחָה)는 '끄집어내다'를 뜻합니다.

(3) <밉바텐>(מִבֶּטֶן)은 전치사 <민>(מִן)과 '배'를 뜻하는 명사 <베텐>(בֶּטֶן)이 합한 꼴인데, 강세 때문에 <벳>(בּ) 밑의 모음이 길어져서 긴 <아>(ָ)가 되었습니다.

(1)+(2)+(3) <키앗타 고히 밉바텐>(כִּי־אַתָּה גֹחִי מִבֶּטֶן)에서 단수 남성 이인칭 대명사 <앗타>(אַתָּה)를 주어로, 분사 <고히>(גֹחִי)를 보어로 본다면, 이 문장은 "참으로, 당신께서 저를 배에서 끄집어내신 분이십니다."로 옮길 수 있습니다. 만일 <앗타>를 술어로 볼 수 있다면, 술어가 주어보다 앞서 나와서 강조된 경우이므로, "참으로, 저를 배에서 끄집어내신 분은 바로 당신이십니다."란 뜻으로 읽을 수 있습니다.

　킬은 이와 관련된 고고학 발굴물로 주전 5세기 초의 작품으로 사이프러스의 신전에서 나온, 흙으로 구워 만든 상의 그림을 하나 소개하면서, 시편 22편 10절에서 시인은 하나님을 산파(産婆)에 비기고 있다고 합니다.19) 그 그림에서는 임산부가 앉은 채 해산할 때 뒤에서 누군가가 임산부를 안고 있고 앞에서 출산의 신이 아기를 끄집어내고 있습니다.

5.6.2. <맙티히 알쉬데 임미>(מַבְטִיחִי עַל־שְׁדֵי אִמִּי:)(10[9]절 후반절)

(1) <맙티히>(מַבְטִיחִי)는 동사 <바타흐>(בָּטַח)의 사역 능동 어간 <히프일> 분사 남성 단수형에 단수 공성 일인칭 대명접미어 <이>(ִ)가 붙은 꼴입니다. <바타흐>의 사역 능동 어간 <히프일>

---

19) *WaBAT* 181과 그림 276을 참고하십시오.

은 '신뢰하게 하다'를 뜻하므로, 그 분사형 <맙티흐>(מַבְטִיחַ)는 '신뢰하게 하는 자'라는 뜻이 됩니다. 뒤에 붙어 인칭 대명접미 어가 표시하는 '나의'는 실제로 '나로 하여금'을 뜻합니다.

(2) <쉐데>(שָׁדֵי)는 '젖가슴'을 뜻하는 히브리 낱말 <샤드>(שַׁד) 의 쌍수 연계형입니다.

(3) <임미>(אִמִּי)는 '어머니'를 뜻하는 히브리 낱말 <엠>(אֵם) 에 단수 공성 일인칭 대명접미어 <이>(ִ)가 붙어서 '나의 어머 니'라는 뜻이 됩니다.

(1)+(2)+(3) <맙티히 알쉐데 임미>는 10[9]절 전반절에 나온 주 어 <앗타>(אַתָּה)의 둘째 보어로 이해할 수 있는데, 그 자체로는 "내 어머니의 양 젖가슴 위에서 나로 하여금 의지하게 하신 분" 을 뜻합니다. 그런데, 이렇게만 옮기면, 나로 하여금 누구를, 무 엇을 의지하게 하셨는지가 분명하지 않아서, 뜻이 완전하지 못 해 보입니다.

그리하여, *BHS* 비평란을 보면, <타르굼>과 몇몇 히브리어 사 본과 칠십인역과 시리아어 역본과 히에로니무스 곧 제롬은 <맙 티히>(מַבְטִיחִי)라 읽지 않고, <밉타히>(מִבְטַחִי), 곧 '내가 신뢰 하는 바, 내가 신뢰하는 대상'이란 뜻으로 읽었다고 합니다. 여 기서 *HAL*은 <바타흐>의 사역 능동 어간 <히프일>이 본문에서는 '신뢰심을 부어 넣다, 불러일으키다'는 뜻으로 이해할 수 있다고 합니다. 그렇다면, 이 후반절에서 시인은 자신이 어머니 가슴에 안겨 젖을 빨 때 이미 하나님이 자신에게 하나님을 신뢰할 마음 을 주셨다고 말한 것으로 이해할 수 있습니다. 표준새번역이 이 부분을 "어머니의 젖을 빨 때부터 나에게 믿음을 주신 분이십니다."로 번역한 것도 이러한 이해에서 비롯된 것으로 보입니다.[20]

5.6.3. <알레카 호쉴락티 메라헴>(עָלֶיךָ הָשְׁלַכְתִּי מֵרָחֶם)(11[10]절 전반절)

(1) <알레카>(עָלֶיךָ)는 전치사 <알>(עַל)에 복수형 명사에 붙는 단수 남성 이인칭 대명접미어 <에카>(יךָ)가 붙은 꼴로 '당신[남] 위에'를 뜻합니다.

(2) <호쉴락티>(הָשְׁלַכְתִּי)는 동사 <샬락>(שָׁלַךְ)의 사역 수동 어간 <호프알> 단수 공성 일인칭 완료형으로서 "내가 던져져 있었다."를 뜻합니다.

(3) <메라헴>(מֵרָחֶם)은 본디 <메레헴>(מֵרֶחֶם)이어야 하겠지만, 강세 때문에 첫 모음이 긴 <아>(ָ)로 길어졌습니다. <메레헴>(מֵרֶחֶם)은 전치사 <민>(מִן)과 '자궁'을 뜻하는 히브리 낱말 <레헴>(רֶחֶם)이 합친 것인데, <민>의 <눈>(נ)이 뒷낱말의 첫 자음에 동화되어 중복되는 것이 보통이나, 이 경우에는 뒷 자음이 <레쉬>(ר)여서 중복되지 못하고, 그 대신 앞 모음이 <이>(ִ)에서 <에>(ֵ)로 길어졌습니다.

(1)+(2)+(3) 동사 문장인 <알레카 호쉴락티 메라헴>의 술어 동

---

[20] 이 부분을 이해하는 데 도움이 될 만한 그림으로는 *WaBAT*, 181의 그림 276, 182의 그림 277, 229쪽의 그림 337을 들 수 있습니다.

사인 <호쉴락티>에 들어 있는 동작, 곧 '던지다'의 출발 지점은
전치사 <민>으로, 도착 지점은 전치사 <알>로 표현되어 있습니다.
또한 이 문장에서도 앞 5[4]절과 6[5]절의 경우처럼 전치사구 <알
레카>를 술어 동사 <호쉴락티>에 앞세워 강조합니다. 이리하여
이 문장은 "당신 위로 제가 자궁에서부터 던져져 있었습니다."로
직역할 수 있습니다. 이런 말로 시인은 자신의 존재가 그 첫 순간
부터 하나님께 맡겨져 있었다는 믿음을 표현한 것으로 보입니다.

5.6.4. <밉베텐 임미 엘리 앗타>(מִבֶּטֶן אִמִּי אֵלִי אָתָּה:)(11[10]
절 후반절)

(1) <밉베텐>(מִבֶּטֶן)에 대해서는 10[9]절 전반절에서 다루었는
데, 여기서는 <베텐>(בֶּטֶן)이 그 뒤에 나오는 <임미>(אִמִּי)와 이
어지는 연계형으로 쓰입니다. <임미>는 10[9]절 후반절에 나온 바
있습니다. 따라서, <밉베텐 임미>는 '내 어머니의 배에서부터'
를 뜻합니다.

(2) <엘리 앗타>(אֵלִי אָתָּה)의 첫 낱말 <엘리>(אֵלִי, '나의 하
나님')는 1절에 나온 바 있습니다. <앗타>(אָתָּה)의 첫 모음은 강
세 때문에 길어졌습니다.

(1)+(2) 비동사 문장인 <밉베텐 임미 엘리 앗타>에서는 전치
사구 <밉베텐>을 주어뿐만 아니라 보어보다도 앞세워 강조하는
데, <엘리>와 <앗타>의 두 낱말 가운데 어느 것이 주어이고 어느
것이 술어인지 알아차리기가 쉽지 않습니다. 10[9]절 전반절 문
장에서 <앗타>를 술어로 보는 것이 더 낫다면, 여기서도 그러합

니다. 10[9]절 첫머리와 11[10]절 마지막에 <앗타>가 나오는 데서, 10[9]-11[10]절이 하나님께 대해 신뢰를 고백하는 단락인 점을 알아차릴 수 있습니다. 이른바 수미쌍관(inclusio)의 보기를 여기서 볼 수 있습니다.

이리하여, <밉베텐 임미 엘리 앗타>는 "내 어머니의 뱃속에서부터 내 하나님은 당신이셨습니다."로 번역할 수 있습니다. 이는 한편으로 전반절에서 말한 바와 비슷한 내용인 것처럼 보이기도 하고, 다른 한편으로는 전반절보다 한 단계 더 이전으로 들어가서 말하는 것 같기도 합니다. 그리하여, 전반절은 출산 직후의 상황을 표현한다면, 후반절은 출산 이전 곧 임신 중의 상황을 말한다고도 볼 수 있습니다. 이럴 경우 후반절의 <밉베텐 임미>는 '(내가 어머니) 뱃속에 있을 때부터'를 뜻하는 것으로 보입니다.

(3) 그런데, 11[10]절 전반절은 동사 문장인 반면, 후반절은 비동사 문장입니다. 따라서 후반절을 상황 문장으로 보고, 그 상황 가운데서 전반절에서 표현하는 사건이 벌어졌다는 식으로 이해할 수 있습니다. 이럴 경우에, 11[10]절 전체는 "내 어머니의 뱃속에서부터 내 하나님은 당신이셔서 당신 위로 저는 자궁에서부터 던져져 있었습니다."로 옮길 만도 합니다.

5.7. 간구 (1) (12[11]절)

5.7.1. <알티르학 밈멘니>(אַל־תִּרְחַק מִמֶּנִּי)(12[11]절 전상반절)

(1) 부정어(否定語) <알>(אַל)과 동사의 이인칭 미완료형이 어

우러지면 금지 명령이 됩니다. <티르학>(תִּרְחַק)은 '멀리 있다', '떨어져 있다'는 뜻의 상태동사 <라학>(רָחַק)의 단수 이인칭 남성 미완료형입니다. 이 동사 어근 <라학>에서 비롯된 형용사는 이미 앞 2[1]절에서 나온 바 있습니다.

(2) <밈멘니>(מִמֶּנִּי)는 전치사 <민>(מִן)에 단수 공성 일인칭 대명접미어 <이>(ִי)가 불규칙적으로 붙은 꼴입니다.

(1)+(2) <알티르학 밈멘니>를 순전히 형식적으로 생각하면, 명령을 하는 이는 시인이고, 명령을 받는 이는 하나님이지만, 실제로 이 금지 명령은 하나님에 대한 기도의 성격을 띱니다. 그리하여, 이 문장은 "내게서 멀리 계시지 마소서!", "내게서 떨어져 계시지 마소서!"라는 기도가 됩니다. 고난 가운데서 하나님의 도움이 아직 없는 것을 시인은 자신에게서 하나님이 멀리 떨어져 계신다고 느끼고 있습니다.

5.7.2. <키차라 크로바>(כִּי־צָרָה קְרוֹבָה)(12[11]절 전하반절)

(1) <차라>(צָרָה)는 동사 <차라르>(צָרַר)에서 비롯된 명사 여성형입니다. 동사 <차라르>는 한편으로 타동사로 '한데 묶을 말다', '둘러싸다', '단단히 묶다'를 뜻하고, 다른 한편으로는 자동사로 '좁다', '방해받고 있다', '옥죄이고 있다', '눌리고 있다'를 뜻합니다. 이리하여 <차라>는 '곤경'을 뜻합니다.

(2) <크로바>(קְרוֹבָה)는 형용사 <카롭>(קָרוֹב)의 여성형인데,

<카롭>은 '가까이 오다', '다가서다'를 뜻하는 동사 <카랍>(קָרַב)에서 비롯되어, '가까운'을 뜻합니다.

(1)+(2) <키차라 크로바>는 "곤경이 가깝기 때문입니다."라고 옮길 수 있는데, 이는 바로 앞에서 하나님께 "내게서 멀리 계시지 마소서!"라고 기도한 것과 대조를 이룹니다.

5.7.3. <키엔 오제르>(כִּי־אֵין עוֹזֵר)(12[11]절 후반절)

(1) <엔>(אֵין)은 본디 '없음'을 뜻하는 명사 <아인>(אַיִן)의 연계형이지만, 실제로는 그 뒤에 절대형 명사와 한데 어우러져서, '무엇이 없다'는 사실을 표현합니다.

(2) <오제르>(עוֹזֵר)는 '돕다'는 뜻의 동사 <아자르>(עָזַר)의 단순 능동 어간 <칼> 능동 분사 기본꼴 곧 단수 남성 절대형으로, 명사로 쓰이면 '돕는 사람'을 뜻합니다.

(1)+(2) <키엔 오제르>는 "돕는 사람이 없기 때문입니다."로 옮길 수 있습니다.

(3) 12[11]절의 두 <키>(כִּי) 문장은 결국 앞에서 <알티르학 밈멘니>(אַל־תִּרְחַק מִמֶּנִּי)라는 말로 한 기도를 하나님이 들어주셔야 할 까닭을 알려줍니다.

5.8. 어려움 호소 (3) (13[12]-19[18]절)

5.8.1. <스바부니 파림 랍빔>(סְבָבוּנִי פָּרִים רַבִּים)(13[12]절 전반절)

(1) <스바부니>(סְבָבוּנִי)는 '둘러싸다', '에워싸다'는 뜻의 <아인> 중복 동사 <사밥>(סָבַב)의 단순 능동 어간 <칼> 복수 공성 삼인칭 완료형에 그 목적어를 나타내는 복수 공성 일인칭 대명접미어 <니>(נִי)가 붙은 꼴이어서, "그들이 나를 둘러쌌습니다."를 뜻합니다. 강세는 복수 공성 삼인칭 완료형 동사 <사브부>(סָבְבוּ)의 <우>(וּ)에서 달라지지 않지만, 모음은 완료형 변화의 경우와는 달리, 강세 앞 열린 음절의 모음이 <아>(ָ)로 길어지고, 강세 앞 앞 열린 음절의 모음은 유성 <쉬와>로 짧아졌습니다.21)

(2) <파림>(פָּרִים)은 단수 <파르>(פַּר, '황소')에서는 그 첫 모음이 짧은 <아>(ַ)이지만, 복수 절대형 어미 <임>(ים ָ)이 붙으면서, 불규칙적으로 그 앞의 모음이 길어진 경우입니다.

(3) <랍빔>(רַבִּים)의 경우에는 그 어근이 <아인> 중복 동사 <라밥>(רָבַב, '많다')으로, 어미가 붙을 때, 중복점(<다게쉬 포르테>)이 살아난 것으로 보입니다.

(1)+(2)+(3) <스바부니 파림 랍빔>은 "많은 황소들이 저를 둘러쌌습니다."로 옮길 수 있습니다.

---

21) 이에 대해서는 *DMIH*, §27,4(a)를 보십시오.

5.8.2. <압비레 바샨 킷트루니>(אַבִּירֵי בָשָׁן כִּתְּרוּנִי)(13[12]절 후반절)

(1) 남성 복수 연계형 어미가 붙은 <압비레>(אַבִּירֵי)의 기본꼴 <압비르>(אַבִּיר)는 '강한', '힘센'이란 뜻의 형용사인데, 여기서 는 '강한 것들', '힘센 것들'이란 뜻의 명사로, 바로 앞의 '황소들' 과 평행되는 개념으로 쓰였습니다.

(2) <바샨>(בָשָׁן)은 오늘의 골란 고원 지역, 곧 갈릴리 호수 동 부의 산지 기슭과 고원 지대를 가리킵니다. 아모스 4장 1절에서 는 <바샨>의 살진 암소들에 대해 말합니다. 이스라엘이 들어와 서 살기 전에는 임금 옥이 다스린 곳인데, 아마 다윗이 비로소 점 령한 듯합니다.22)

(3) <킷트루니>(כִּתְּרוּנִי)는 동사 <카타르>(כָּתַר)의 강의 능동 어간 <피엘> 복수 공성 삼인칭 완료형에 목적격 복수 공성 일인칭 대명접미어 <니>(נִ)가 붙은 꼴로서 "그들이 나를 에워쌌습니다." 를 뜻합니다. 내용으로 보면 13[12]절 첫 낱말 <스바부니>(סְבָבוּנִי) 와 비슷합니다.23)

(1)+(2)+(3) 이처럼 <압비레 바샨 킷트루니>는 바로 앞 문장과 교차 대구를 이룹니다. 그러니까, 13[12]절 전체를 두고 보면, 정 동사 둘이 맨 앞과 맨 끝에 자리 잡고 그 안에 각 동사의 주어가

---

22) *Reclams Bibellexikon*, 66.

23) 이 구절과 관계되는 그림으로 *WaBAT*, 76에서는 그림 105를 소개 합니다.

들어 있습니다. <압비레 바샨 킷트루니>는 "바산의 강한 것들이 저를 에워쌌습니다."로 옮길 수 있습니다.

(4) 7[6]-9[8]절에서와는 달리 13[12]절에서는 시인의 적들이 시인을 위협하고 있는 모습을 보여 줍니다.

5.8.3. <파추 알라이 피헴>(פָּצוּ עָלַי פִּיהֶם)(14[13]절 전반절)

(1) <파추>(פָּצוּ)는 <라멧 헤> 동사 <파차>(פָּצָה)의 단순 능동 어간 <칼> 복수 공성 삼인칭 완료형입니다. <파차>는 보통 '입'을 뜻하는 히브리 명사 <페>(פֶּה)를 목적어로 하면서, '입을 크게 벌리다'를 뜻하는데, 여기서는 무엇을 삼키기 위해서 그리함을 묘사합니다.

(2) <피헴>(פִּיהֶם)은 명사 <페>(פֶּה)에 복수 남성 삼인칭 대명 접미어 <헴>(הֶם)이 붙은 꼴이어서, '그들[남]의 입'을 뜻하는데, 여기서 '그들[남]'은 앞에 나오는 '<바샨>의 힘센 것들', 또는 '많은 황소들'을 가리키는 것으로 보입니다.

(3) 그런데, 동사 <파추>와 목적어 <피헴> 사이에 <알라이>(עָלַי)가 들어가서 강조됩니다. <알라이>(עָלַי)는 전치사 <알>(עַל)에 복수 명사 뒤에 붙는 단수 공성 일인칭 대명접미어 <아이>(ַי)가 붙어서 '내 위에', '나를 거슬러'를 뜻합니다. 여기서는 '나를 향하여', '나를 삼키려고' 정도로 이해할 수 있습니다.

(1)+(2)+(3) <파추 알라이 피헴>은 "그것들이 저를 향해서 입을 벌렸습니다."로 번역할 만합니다.

5.8.4. <아르예 토렙 워쇼엑>(אַרְיֵה טֹרֵף וְשֹׁאֵג:)(14[13]절 후반절)

(1) <아르예>(אַרְיֵה)는 '사자'를 뜻하는 명사입니다.

(2) <토렙>(טֹרֵף)은 동사 <타랍>(טָרַף)의 단순 능동 어간 <칼> 능동 분사 단수 남성 삼인칭 절대형입니다. <타랍>은 사나운 짐승이 먹이를 사정없이 낚아채어 잡아 찢는 것을 뜻합니다.

(3) <워쇼엑>(וְשֹׁאֵג:)에 들어 있는 <쇼엑>(שֹׁאֵג)은 동사 <샤악>(שָׁאַג)의 단순 능동 어간 <칼> 능동 분사 단수 남성 삼인칭 절대형입니다. <샤악>은 사나운 짐승이 울부짖는 것을 나타내는데, 앞 2[1]절에서는 시인 자신의 울부짖음을 표현할 때 쓰인 바 있습니다.

(1)+(2)+(3) <아르예 토렙 워쇼엑>에서 분사형의 두 동사인 <토렙>과 <쇼엑> 앞에 관사가 없기 때문에, 이 두 분사를 술어로 보고 <아르예>를 주어로 보면, 이 문장은 "사자가 잡아찢고 울부짖고 있습니다."로 번역할 수 있습니다. 문제는 이 문장이 앞 뒤 문장과 어떤 관계에 있는가 하는 것입니다.
바르트케가 마련한 *BHS* 비평란을 보면, 어떤 사본이나 번역본들에서는 '사자같이'(<크아르예>, כְּאַרְיֵה)로 되어 있다고 합니다. 그렇지만 마소라 본문처럼 전치사가 없더라도 이를 비유적인 표현으로 볼 수 있습니다.24) 13[12]절부터 14[13]절 전반절까지에서 시인은 자신을 둘러싸고 위협하고 있는 황소들을 두고서 세 문장으로 표현했습니다. 15[14]절부터는 다시 시인 자신의 상황에 대한 말이 나오므로, 14절 후반절은 황소들의 위협적인 모습을 사자의 모습에 비추어 설명한 것으로 보입니다.

(4) 이처럼 14[13]절도 13[14]절과 마찬가지로 시인의 적대자들이 시인을 위협하는 모습을 묘사하고 있습니다.

5.8.5. <캄마임 니쉬팍티>(כַּמַּיִם נִשְׁפַּכְתִּי)(15[14]절 전상반절)

(1) <캄마임>(כַּמַּיִם)은 전치사 <크>(כְּ)와 정관사 '<하>+중복점(<다게쉬 포르테>)'(·הַ)과 '물'을 뜻하는 명사 <마임>(מַיִם)이 한데 어우러진 꼴로, '물처럼'을 뜻합니다.

(2) <니쉬팍티>(נִשְׁפַּכְתִּי)는 동사 <샤팍>(שָׁפַךְ)의 단순 수동 및 재귀 어간 <니프알> 단수 공성 일인칭 완료형으로 "내가 쏟아졌다."를 뜻합니다.

(1)+(2) <캄마임 니쉬팍티>에서는 전치사구 <캄마임>을 술어 동사보다 앞세워 강조하므로, 이 문장은 "물처럼 제가 쏟아졌습니다."로 번역할 수 있습니다. 자세히 알 수는 없지만, 이는 시인의 건강이 아주 좋지 않음을 뜻하는 것으로 보입니다.

---

24) *GKH*, §118r.

5.8.6. <워힛파르두 콜아츠모타이>(וְהִתְפָּרְדוּ כָּל־עַצְמוֹתָי)
(15[14]절 전중반절)

(1) <워힛파르두>(וְהִתְפָּרְדוּ)는 접속사 <워>(וְ)에 동사 <파랏>
(פָּרַד)의 강의 재귀 어간 <힛파엘> 복수 공성 삼인칭 완료형이
합하여 이루어진 <와우> 완료 연속법입니다. <파랏>의 강의 재
귀 어간 <힛파엘>은 '서로에게서 갈라지다'를 뜻합니다.

(2) <아츠모타이>(עַצְמוֹתָי)는 <카틀>형 명사 <에쳄>(עֶצֶם)의
복수형에 단수 공성 일인칭 대명접미어 <아이>(ָי)가 붙은 꼴로
'내 뼈들'을 뜻합니다.

(1)+(2) <워힛파르두 콜아츠모타이>는 "그리고 제 뼈들이 다
서로 갈라졌습니다."로 옮길 수 있습니다. 이 문장도 앞 문장과
마찬가지로 시인의 건강에 심각한 문제가 생겼음을 표현하는 듯
합니다.

5.8.7. <하야 립비 캇도낙>(הָיָה לִבִּי כַּדּוֹנָג)(15[14]절 전하반절)

(1) <하야>(הָיָה)는 동사 기본꼴 곧 단순 능동 어간 <칼> 단수
남성 삼인칭 완료형인데, 이 경우에는 "무엇이 어떻게 되었다."
를 뜻합니다.

(2) <립비>(לִבִּי)는 '심장', '마음'을 뜻하는 명사의 짧은 꼴 <렙>
(לֵב)에 단수 공성 일인칭 대명접미어 <이>(ִי)가 붙으면서 명사

의 둘째 자음에 중복점(<다게쉬 포르테>)이 붙은 꼴입니다. 글의 흐름을 볼 때, 여기서는 <렙>을 신체 기관을 나타내는 말로 보아서, '심장'이나 '염통'으로 옮기는 것이 좋을 것입니다. 따라서 <립비>는 '내 심장', '내 염통'으로 옮길 수 있습니다.

(3) <캇도낙>(כַּדּוֹנָג)은 전치사 <크>(כְּ)와 정관사 '<하>+중복점(<다게쉬 포르테>)'(.הַ)과 명사 <도낙>(דּוֹנָג)이 한데 어우러진 꼴인데, <도낙>의 둘째 모음이 강세 때문에 길어졌습니다. <도낙>은 '밀랍(蜜蠟)'을 뜻합니다. '밀랍'이란 본디 '꿀 찌끼를 끓여서 짜낸 물질'[25]로 양초 같은 것을 만드는 데 쓰입니다.

(1)+(2)+(3) <하야 립비 캇도낙>은 "제 심장이 밀랍처럼 되었습니다."로 번역할 수 있습니다.

5.8.8. <나메스 브톡 메아이>(נָמֵס בְּתוֹךְ מֵעָי)(15[14]절 후반절)

(1) <나메스>(נָמֵס)를 문법적으로 분석해 내기가 쉽지 않습니다. <아인> 중복 동사 <마사스>(מָסַס)의 단순 수동 및 재귀 어간 <니프알> 단수 남성 삼인칭 완료형이 <나메스>(נָמֵס)인데, 이는 <아인> 중복 동사의 <니프알> 완료형의 둘째 어근 자음 아래의 모음이 보통은 짧은 <아>(_)지만 때로는 긴 <에>(..)일 수도 있다는 보기가 됩니다.[26] <나메스> 자체는 또한 <마사스>의 단순 수동 및 재귀 어간 <니프알>의 분사 기본꼴 곧 단수 남성 절대형이

---

25) 『우리말큰사전』, 1562, 1564.

26) *GKH*, §67*t*.

기도 합니다. <나메스>가 여기서 완료형으로 쓰인 것인가 분사
로 쓰인 것인가는 글의 흐름을 보고 밝혀내야 합니다. 이 문제는
나중에 다루겠습니다. <마사스>의 <니프알>은 '아주 풀려버리
다'를 뜻합니다.

(2) <브톡>(בְּתוֹךְ)은 본디 전치사 <브>(בְ)에 '가운데'를 뜻하
는 명사 <타웩>(תָּוֶךְ)의 연계형이 합친 꼴로서 '...한가운데서'를
뜻합니다.

(3) <메아이>(מֵעָי)는 '창자'를 뜻하는 명사 <메에>(מֵעֶה)에,
복수 명사에 붙는 단수 공성 일인칭 대명접미어 <아이>(ַ י)가 붙
으면서 강세 때문에 모음 <아>가 길어진 꼴로, 직역하면 '내 창
자들'이 됩니다.

(1)+(2)+(3) 동사 문장인 <나메스 브톡 메아이>의 주어는 앞
문장에 나온 <립비>입니다. *HAL*에서는 <마사스>의 단순 수동
및 재귀 어간 <니프알>이 명사 <렙>과 같이 쓰이면, '용기를 잃
다', '낙심하다'는 뜻으로 이해할 수 있다고 합니다.
아무튼 <나메스>를 완료형으로 보면, 이 동사는 전반절의 완
료형 동사 <하야>(הָיָה)에 이어 주어에 대한 둘째 술어 동사가
됩니다. 그리하여 이 문장은 "(제 염통이) 제 창자 한가운데서 아
주 풀려버렸습니다."로 옮길 수 있습니다. 그런데, <나메스>를
분사로 보면, 앞 문장의 정동사 <하야>도 이 문장에까지 영향을
미친다고 보아서, '<하야>+분사'의 형식으로 진행의 뜻을 드러
낼 수 있습니다. 그리하여 15절 후반절 전체를 "제 심장이 밀랍
처럼 되었습니다. 제 창자들 한가운데서 아주 풀려버리고 있었

습니다."로 옮길 수 있습니다. 이 경우에는 <나메스 브톡 메아이>가 과거 진행형처럼 되는 것이 조금 어색합니다. 글의 흐름으로 보아서는 <나메스>를 완료형으로 이해하는 것이 무난합니다.

5.8.9. <야베쉬 카헤레스 코히>(יָבֵשׁ כַּחֶרֶשׂ כֹּחִי)(16[15]절 전 상반절)

(1) <카헤레스>(כַּחֶרֶשׂ)는 전치사 <크>(כּ)와 정관사 '<하>+중복점(<다게쉬 포르테>)'(הַ)과 명사 <헤레스>(חֶרֶשׂ)가 합친 것입니다. <헤레스>는 본디 불에 구운 진흙을 뜻하는데, 여기서는 그렇게 구워서 만든 옹기 조각을 가리킵니다.

(2) <코히>(כֹּחִי)는 '힘'을 뜻하는 명사 <코아흐>(כֹּחַ)에 단수 공성 일인칭 대명접미어 <이>(ִ)가 붙은 꼴이므로 '내 힘'을 뜻합니다. BHS 비평란에서도 제안하듯이, 더러는 그 다음 문장과 이 문장이 평행을 이룬다고 보아서, <코히>(כֹּחִי)를 <힉키>(חִכִּי, '내 목구멍')27)으로 바꾸어 읽을 것을 제안하기도 합니다.28)

(1)+(2) <야베쉬 카헤레스 코히>는 "제 힘이 옹기 조각처럼 말랐습니다."로 번역할 수 있습니다. 이 문장 또한 15[14]절에 묘사한 바와 마찬가지로, 시인의 몸이 아주 약해진 것을 말합니다. 어쩌면 시인은 무서운 열병에 시달리고 있는 듯합니다.

---

27) <힉키> 안에 들어 있는 명사의 기본꼴은 <헥>(חֵךְ)입니다.

28) 이를테면, H.J.Kraus, *Psalm 1-59,* 323.

5.8.10. <울르쇼니 뭇박 말코하이>(וּלְשׁוֹנִי מֻדְבָּק מַלְקוֹחָי)
(16[15]절 전하반절)

(1) <울르쇼니>(וּלְשׁוֹנִי)에서 접속사가 <우>(וּ)로 된 것은 그 다음 자음 아래 유성 <쉬와>가 왔기 때문입니다. <르쇼니>(לְשׁוֹנִי)는 '혀'를 뜻하는 명사 <라숀>(לְשׁוֹן)에 단수 공성 일인칭 대명접미어 <이>(ִי)가 붙은 꼴입니다.

(2) <뭇박>(מֻדְבָּק)은 동사 <다박>(דָּבַק)의 사역 수동 어간 <호프알> 분사 기본꼴(단수 남성 삼인칭 완료형)로서, 여기서는 <르쇼니>(לְשׁוֹנִי)의 술어 노릇을 합니다. 여기서 정동사를 쓰지 않고 분사를 씀으로써 시인은 자신의 혀가 '달라붙어 있다'는 상태를 표현합니다.

(3) <말코하이>(מַלְקוֹחָי)는 '입천장'을 뜻하는 쌍수형 명사 <말코하임>(מַלְקוֹחַיִם)에 단수 공성 일인칭 대명접미어 <아이>(ָי)가 붙으면서 모음 <아>가 강세 때문에 길어진 꼴입니다.

(1)+(2)+(3) <울르쇼니 뭇박 말코하이>는 목적격을 둘 지니는 능동 문장이 수동문으로 바뀔 때 동작에 직접 관계되는 목적어는 주어로 쓰이고 다른 목적어는 대격 그대로 남게 되는 보기로서,[29] "또 제 혀가 입천장에 달라 붙어 있습니다."로 옮길 수 있습니다.

---

[29] *GKH*, §121c.

5.8.11. <월라아파르마웻 티쉬프테니>(וְלַעֲפַר־מָוֶת תִּשְׁפְּתֵנִי)
(16[15]절 후반절)

(1) <월라아파르>(וְלַעֲפַר)는 접속사 <워>(וְ)와 전치사 <르>(לְ)
와 '티끌'을 뜻하는 명사 <아파르>(עָפָר)의 연계형이 합한 꼴입니
다. 전치사 <르>(לְ)의 모음 <쉬와>(ְ)가 바로 뒤에 나오는 명사의
첫 모음인 복합 <쉬와> <아>(ֲ)의 영향을 받아 짧은 <아>(ַ)로
길어졌습니다.

(2) <마웻>(מָוֶת)은 '죽음'을 뜻하는 명사의 절대형입니다.

(3) <티쉬프테니>(תִּשְׁפְּתֵנִי)는 동사 <샤팟>(שָׁפַת)의 단순 능동
어간 <칼> 단수 남성 이인칭 미완료형에 목적격 단수 공성 일인
칭 대명접미어 <에니>(נִי)가 붙은 꼴로 "당신[남]이 저를 두고
계십니다."를 뜻합니다.

(1)+(2)+(3) <월라아파르 마웻 티쉬프테니>에서는 전치사구
<라아파르 마웻>(לַעֲפַר־מָוֶת, '죽음의 티끌로')을 술어 동사보
다 앞세워 강조하므로, 이 문장은 "죽음의 티끌에 당신이 저를
두고 계십니다."로 옮길 수 있습니다. 이는 앞에서 죽 묘사한 것
처럼 시인이 극도로 쇠약해지게 된 데는 하나님이 개입해 계신
다는 점을 표현한 것입니다.

5.8.12. <키 스바부니 클라빔>(כִּי סְבָבוּנִי כְּלָבִים)(17[16]절
전상반절)

(1) 이 경우도 첫머리의 <키>(כִּי)를 원인절을 이끄는 접속사로 보기보다는 '참으로', '정말'의 뜻을 지니는 부사로 보는 것이 좋습니다.

(2) <스바부니>(סְבָבוּנִי)는 이미 13[12]절 첫머리에 나온 바 있습니다.

(3) <클라빔>(כְּלָבִים)은 '개'를 뜻하는 명사 <켈렙>(כֶּלֶב)의 복수 절대형입니다. '개들' 대신에 아퀼라역과 쉼마쿠스역은 '사냥꾼들'(<테라타이>, θηραταί)이 나오고, 칠십인역에는 '많은'(<폴로이>, πολλοί)라는 형용사가 '개들' 다음에 옵니다.

(1)+(2)+(3) <키 스바부니 클라빔>은 "참으로 개들이 저를 둘러쌌습니다."로 옮길 수 있습니다. 이 문장은 13[12]-14[13]절처럼 시인을 위협하고 괴롭히는 적들의 행동을 암시하는 것으로 보입니다.

5.8.13. <아닷 므레임 힉키푸니>(עֲדַת מְרֵעִים הִקִּיפוּנִי)(17 [16]절 전하반절)

(1) <아닷>(עֲדַת)의 절대형 <에다>(עֵדָה)가 본디는 '모임'을 뜻하지만, 여기서는 '무리', '떼'를 가리킵니다.

(2) <므레임>(מְרֵעִים)은 <아인> 중복 동사 <라아으>(רָעַע)의 사역 능동 어간 <히프일> 분사 남성 복수 절대형입니다. <라아으>의 사역 능동 어간 <히프일> 완료 기본꼴은 <헤라으>(הֵרַע), 분사 기본꼴은 <메라으>(מֵרַע)입니다. <아인> 중복 동사의 사역

능동 어간 <히프일> 완료 기본꼴은, 동사 <사밥>(סָבַב)을 보기로 들 경우에, <헤셉>(הֵסֵב)이고, 미완료형 기본꼴은 <야셉>(יָסֵב)이며, 분사 기본꼴은 <메셉>(מֵסֵב)입니다. <라아으>의 경우에는 동사 어근에 거듭 쓰인 자모가 목구멍소리[喉音] <아인>(ע)이어서 그 앞의 모음이 짧은 <아>(ַ)로 됩니다. 그리하여 <라아으>의 <히프일> 분사 기본꼴은 <메라으>(מֵרַע)입니다. 그런데, 여기에 남성 복수 절대형 어미 <임>(ִים)이 붙으면서, 강세 앞 앞 열린 음절의 긴 모음 <에>(ֵ)가 유성 <쉬와>(ְ)로 짧아지고, 뿌리의 첫 자모인 <레쉬>의 모음이 긴 <에>(ֵ)로 달라져서 그 전체가 <므레임>(מְרֵעִים)이 되었습니다.

<라아으>의 <히프일>은 '나쁜 짓을 하다', '사악하게 처신하다'를 뜻하므로, 그 분사가 명사로 쓰일 때는 '행악자(行惡者)', '악인'을 뜻합니다. 이 <므레임>이라는 낱말로 시인은 이제까지 그저 '황소', '개', '사자' 등의 사나운 짐승에 비겨 말하던, 자신을 괴롭히는 적들이 누구인가를 처음으로 밝히고 있습니다.

(3) <힉키푸니>(הִקִּיפוּנִי)는 동사 <나캅>(נָקַף)의 사역 능동 어간 <히프일> 복수 공성 삼인칭 완료형에 목적격 단수 공성 일인칭 대명접미어 <니>(נִי)가 붙은 꼴입니다. <나캅>(נָקַף)의 사역 능동 어간 <히프일>은 '둘러싸다'를 뜻하므로, 앞 문장의 <사밥>(סָבַב), 13[12]절 후반절의 <카타르>(כָּתַר) 강의 능동 어간 <피엘>과 비슷한 뜻을 지닙니다.

(1)+(2)+(3) <아닷 므레임 힉키푸니>는, 13[12]절의 전후반절이 그러하듯이, 앞 문장과 교차 대구를 이루는데, "악인들의 무리가 저를 둘러쌌습니다."로 옮길 수 있습니다.

5.8.14. <카아리 야다이 워라글라이>(כָּאֲרִי יָדַי וְרַגְלָי)(17[16]
절 후반절)

(1) <카아리>(כָּאֲרִי)는 전치사 <크>(כְּ)에 정관사 <하>(הַ)와
'사자'를 뜻하는 또 다른 낱말인 <아리>(אֲרִי)가 붙은 꼴입니다.
정관사는 본디 '<하>+중복점(<다게쉬 포르테>)'(הַ·)이지만 여
기서는 정관사 다음의 자모가 <알렙>(א)으로 중복점을 찍을 수
없고 그 대신에 <하>(הַ)의 모음 <아>가 길어졌습니다.

(2) <야다이>(יָדַי)와 <라글라이>(רַגְלָי)는 각각 '손'과 '발'을
뜻하는 <얏>(יָד)과 <레겔>(רֶגֶל)에, 복수 또는 쌍수 명사에 붙는
단수 공성 일인칭 대명접미어 <아이>(יָ ָ)가 붙은 꼴이므로, '내
양손과 내 양발'을 뜻합니다.

(1)+(2) <카아리 야다이 워라글라이>는 "사자처럼, 내 양손과
양발"이 되어, 이 부분이 17[16]절의 다른 부분과 어떻게 관련되
는지 알아내기가 쉽지 않습니다.

바르트케가 마련한 *BHS* 비평란을 따르면, <카아리>(כָּאֲרִי)에
해당하는 부분으로 칠십인역에서는 "그들이 팠다, 파헤쳤다"
(<오뤽산>, ὤρυξαν), 아퀼라역에서는 "그들이 묶었다"(<에페데
산>, ἐπέδησαν), 쉼마쿠스역에서는 '묶으려고 찾는 자들처럼'
(<호스 제툰테스 데사이>, ὡς ζητοῦντες δῆσαι)이 나옵니다. 몇
몇 히브리 사본에서는 <카아리> 대신에 <카아루>(כָּאֲרוּ)가, 또
두 사본에서는 <카루>(כָּרוּ)가 나옵니다. 그런데 *HAL*을 보면, 동
사 <카라>(כָּרָה)에는 서로 뜻이 다른 네 가지 종류가 있습니다.
첫째는 '속을 후벼 파내다', '파다', 둘째는 '구입하다', 셋째는
'잔치를 베풀다', 넷째는 '한데 묶다'는 뜻을 지닙니다. 이 가운

데서 넷째 경우가 시편 22편 17절에 알맞다고 봅니다. 그러니까, 요한복음 11장 44절에서 예수님이 다시 살리신 나사로의 모습을 묘사할 때, "죽은 자가 수족을 베로 동인 채로 나오는데"라고 하는 데서도 알 수 있듯이 시체를 한데 묶는 것을 가리킨다는 것입니다.[30] 그런데, 개역한글판에서는 이를 '찌르다'로 옮기면서, 관주란에서 예수님을 십자가에 못박았다는 표현이 나오는 마태복음 27장 35절을 관련 구절로 들고 있습니다.

우리로서는 *HAL*의 견해를 따를 만합니다. 그렇다면, 이 부분은 "그들이 제 양손과 양발을 한데 묶었습니다."로 옮길 수 있습니다.

5.8.15. <아삽페르 콜아츠모타이>(אֲסַפֵּר כָּל־עַצְמוֹתָי)(18[17]절 전반절)

(1) <아삽페르>(אֲסַפֵּר)는 동사 <사파르>(סָפַר)의 강의 능동 어간 <피엘> 단수 공성 일인칭 미완료형입니다. <사파르>의 강의 능동 어간 <피엘>은 우선 하나, 둘, 셋, 수를 헤아리는 것을 말합니다. 또 여기서 미완료형이 쓰인 것은 허용[31] 또는 가능성을 표현하는 것으로 볼 수 있습니다.

(2) <콜아츠모타이>(כָּל־עַצְמוֹתָי)는 이미 15[14]절에서 한 번 나온 바 있습니다. 거기서 다 서로 갈라졌다고 한 뼈들을 이제는 낱낱이 헤아릴 수 있을 정도가 되었다고 합니다.

---

30) 이와 관계되는 그림으로 *WaBAT*, 77의 그림 107을 들 수 있습니다.

31) *GKH*, §107s.

(1)+(2) <아삽페르 콜아츠모타이>는 "제가 제 뼈들을 다 헤아릴 수 있습니다."로 번역할 수 있습니다. 이 부분은 15[14]-16[15]절에서 여러 가지로 자세히 묘사했던, 시인의 쇠약해진 모습을 다시 한 번 보여 줍니다.

5.8.16. <헴마 얍비투 이르우비>(הֵמָּה יַבִּיטוּ יִרְאוּ־בִי׃)(18[17]절 후반절)

(1) <헴마>(הֵמָּה)는 복수 남성 삼인칭 대명사인데, 여기서는 뒤이어 나오는 정동사 <얍비투>(יַבִּיטוּ)에서 알 수 있는 주어 '그들[남]'을 강조합니다.

(2) <얍비투>(יַבִּיטוּ)는 <페 눈>동사 <나밧>(נבט)의 사역 능동 어간 <히프일> 복수 남성 삼인칭 미완료형입니다. <나밧>의 사역 능동 어간 <히프일>은 '...에 눈길을 주다', '...쪽으로 (바라)보다'를 뜻합니다.

(3) <이르우>(יִרְאוּ)는 동사 <라아>(רָאָה)의 단순 능동 어간 <칼> 복수 남성 삼인칭 미완료형입니다. <라아> 동사는 이미 앞 8절에도 한 번 나온 바 있지만, 거기서는 그저 시인의 주변 사람들을 가리키는 분사로 쓰였고, 여기서는 시인을 위협하고 괴롭히며 시인의 멸망을 기다리는 적들의 행태를 가리키는 말로 쓰이고 있습니다.

(4) <비>(בִי)는 전치사 <브>(בְ)에 단수 공성 일인칭 대명접미어

<이>(ִ)가 붙은 꼴인데, 모음으로 끝나는 앞 낱말 <이르우>(יִרְאוּ)
와 긴밀히 이어져 있어서 <벳>(בּ)에 있던 <다게쉬 레네>가 **빠졌**
습니다.

(1)+(2)+(3)+(4) <헴마 얍비투 이르우비>에는 술어 동사가 둘
들어 있어서, "그들이 바라보고 있습니다. 저를 들여다보고 있습
니다."로 번역할 수 있습니다. 그런데, 주어인 '그들'이 누구를
가리키겠습니까? 이 문장 앞에 가장 가까이 있는 남성 복수 명사
인 17[16]절의 <므레임>('악인들')이 여기 나온 '그들'이라 할 수
있습니다.

5.8.17. <여할르쿠 브가다이 라헴>(יְחַלְּקוּ בְגָדַי לָהֶם)(19[18]
절 전반절)

(1) <여할르쿠>(יְחַלְּקוּ)는 동사 <할락>(חָלַק)의 강의 능동 어
간 <피엘> 복수 남성 삼인칭 미완료형입니다. <할락>의 강의 능
동 어간 <피엘>은 각각 한 몫씩 나누어 가지는 것을 뜻합니다.

(2) <브가다이>(בְגָדַי)는 '옷'을 뜻하는 명사 <베겟>(בֶּגֶד)의
복수형에 단수 공성 일인칭 대명접미어 <아이>(ַי)가 붙으면서
모음으로 끝나는 바로 앞 낱말 <여할르쿠>(יְחַלְּקוּ)와 긴밀히 이
어지기 때문에 <벳>(בּ)의 <다게쉬 레네>가 **빠진** 꼴입니다.

(3) <라헴>(לָהֶם)은 전치사 <르>(ל)에 복수 남성 삼인칭 대명
접미어 <헴>(הֶם)이 붙은 꼴입니다.

(1)+(2)+(3) <여할르쿠 브가다이 라헴>(יְחַלְּקוּ בְגָדַי לָהֶם)은 현재 일어나고 있는 사실을 보도한다기보다는, 아직 시작되지 않은 몫 나눔(집회서 14:15 참고)을 적들이 기다리고 있는 모습을 묘사하는 것으로 볼 수 있으므로, "그들이 내 옷들을 자기들끼리 나누어 가지려고 합니다."로 번역할 수 있습니다.[32] 그러니까, 시인의 대적자들은 이제 시인이 죽을 것을 확신하고, 시인의 죽음 이후에 자기들이 할 일을 생각하고 있다는 것입니다.

5.8.18. <워알르부쉬 얍필루 고랄>(וְעַל־לְבוּשִׁי יַפִּילוּ גוֹרָל:) (19[18]절 후반절)

(1) <워알르부쉬>(וְעַל־לְבוּשִׁי)는 접속사 <워>(וְ)와 전치사 <알>(עַל)과 '옷 입다'는 뜻의 단순 능동 어간 <칼> 동사 <라바쉬>(לָבַשׁ)에서 비롯된 명사인 <르부쉬>(לְבוּשׁ, '옷')에 단수 공성 일인칭 대명접미어 <이>(ִי)가 붙은 꼴인 <르부쉬>(לְבוּשִׁי)가 한데 어우러진 것입니다. 여기서 전치사 <알>(עַל)은 정동사와 목적어의 내용에 비추어 볼 때, '...에 관하여', '...을 두고'라는 뜻으로 이해하는 것이 낫습니다. 그리하여 <워알르부쉬>는 '그리고 내 옷을 두고서'로 번역할 수 있습니다.

(2) <얍필루>(יַפִּילוּ)는 동사 <나팔>(נָפַל)의 강의 능동 어간 <히프일> 복수 남성 삼인칭 미완료형입니다. <나팔>의 <피엘>은 본디 '떨어지게 하다', '떨어뜨리다'를 뜻하지만, 그 동사의 목적어가 <고랄>(גוֹרָל)일 때는 우리말로 '(제비를) 뽑다'를 뜻합니다.

---

32) *TSP*, 23,31: "Sie wollen meine Kleider unter sich verteilen."

(3) <고랄>(גּוֹרָל)은 '제비'를 뜻하는데, 모음으로 끝나는 바로 앞 낱말 <얍필루>(יַפִּילוּ)와 긴밀히 이어지기 때문에 <기멜>(ג)의 <다게쉬 레네>가 빠졌습니다. 구약 성경에서 말하는 '제비'는 무슨 결정을 내리기 위해서 던지는 돌을 가리킨다고 합니다.

(1)+(2)+(3) <워알르부쉬 얍필루 고랄> 자체만 두고 보면, 전치사구 <알르부쉬>를 술어 동사 <얍필루>보다 앞세워 강조한다고 할 수 있겠지만, 전반절과 한데 묶어 보면, 19[18]절 전체가 교차 대구를 이룬다고 볼 수 있습니다. 곧 <여할르쿠>와 <얍필루 고랄>이 절의 처음과 끝이 되어서, 그 가운데 <브가다이>와 <르부쉬>를 감싸고 있습니다.

<워알르부쉬 얍필루 고랄>은 "그리고 제 옷을 두고서 그들이 제비를 뽑으려 합니다."로 옮길 수 있습니다.

5.9. 간구(2)와 응답 (20[19]-22[21]절)

5.9.1. <워앗타 야흐웨 알티르학>(וְאַתָּה יְהוָה אַל־תִּרְחָק)(20[19]절 전반절)

(1) <워앗타>(וְאַתָּה)의 접속사 <워>(וְ)가 여기서는 역접(逆接)의 성격을 띠므로, '그렇지만', '그래도', '그러나'로 옮길 만합니다. 단수 남성 인칭대명사 <앗타>(אַתָּה)는 뒤이어 나오는 동사 <티르학>(תִּרְחָק)에서 알 수 있는 주어 '당신[남]'을 강조합니다.

(2) <알티르학>(אַל־תִּרְחָק)은 이미 앞 12[11]절에 한 번 나온 바 있습니다.

(1)+(2) <워앗타 야흐웨 알티르학>은 형식적으로만 보면 금지 명령문이고 둘째 낱말 <야흐웨>는 호격입니다. 그리하여 이 문장은 "그렇지만 당신은, 야훼시여, 멀리 계시지 마십시오!"로 번역할 수 있습니다.

5.9.2. <에얄루티 르에즈라티 후샤>(אֱיָלוּתִי לְעֶזְרָתִי חוּשָׁה:) (20[19]절 후반절)

(1) <에얄루티>(אֱיָלוּתִי)는 '힘'을 뜻하는 명사 <에얄룻>(אֱיָלוּת) 에 단수 공성 일인칭 대명접미어 <이>(ִ ֥)가 붙은 꼴이므로, '나의 힘'을 뜻합니다.

(2) <르에즈라티>(לְעֶזְרָתִי)는 전치사 <르>(לְ)와 '도움'을 뜻하는 여성 단수 명사 <에즈라>(עֶזְרָה)의 연계형과 단수 공성 일인칭 대명접미어 <이>(ִ ֥)가 한데 어우러진 꼴입니다. '나의 도움을 위하여'로 직역할 수 있지만, 실제로는 '나를 도우시러'를 뜻합니다.

(3) <후샤>(חוּשָׁה)는 <아인 와우> 동사 <후쉬>(חוּשׁ)의 단순 능동 어간 <칼> 남성 단수 강세 명령형이어서, '(제발) 서두르십시오!'를 뜻합니다.

(1)+(2)+(3) <에얄루티 르에즈라티 후샤>도 형식적으로만 보면 전반절과 마찬가지로 명령문이고, 그 첫 낱말 <에얄루티>는 호격입니다. 이리하여 이 문장은 "제 힘(이 되시는 야훼)이시여! 저를 도우시러 서두르십시오!"로 직역할 수 있습니다.

5.9.3. <핫칠라 메헤렙 납쉬>(הַצִּילָה מֵחֶרֶב נַפְשִׁי)(21[20]절 전반절)

(1) <핫칠라>(הַצִּילָה)는 <페 눈> 동사 <나찰>(נצל)의 사역 능동 어간 <히프일> 남성 단수 강세 명령형입니다. <나찰>의 사역 능동 어간 <히프일>은 이미 앞서 9[8]절에서 사람들이 시인을 조롱하는 말 가운데 한 번 나온 바 있습니다. 이제 시인은 야훼의 도움을 호소하면서 바로 그 낱말을 사용합니다.

(2) <메헤렙>(מֵחֶרֶב)은 전치사 <민>(מִן)에 '칼'을 뜻하는 명사 <헤렙>(חֶרֶב)이 붙은 꼴인데, <민>이 바로 명사 앞에 붙을 때는 그 <눈>(נ)이 명사의 첫 자모에 동화되어 실제로는 '<미>+중복점(<다게쉬 포르테>)'(מִּ)의 꼴을 띠게 되지만, 첫 자모가 목구멍 소리[喉音]인 경우에는 그 자모가 중복이 되지 않는 대신 전치사의 모음이 <에>(ֵ)로 길어집니다.

(3) <납쉬>(נַפְשִׁי)는 여성 단수 명사 <네페쉬>(נֶפֶשׁ)에 소유격 단수 공성 일인칭 대명접미어 <이>(ִ י)가 붙은 꼴입니다. <네페쉬>는 본디 '목구멍', '목덜미', '숨'을 뜻하는데, 문맥에 따라 '한 인격 자체', '목숨'을 가리키기도 합니다. 여기서는 '목숨'을 가리키는 말로 보는 것이 좋습니다.

(1)+(2)+(3) <핫칠라 메헤렙 납쉬>는 "칼에서 내 목숨을 건져 주십시오!"로 번역할 수 있습니다.

5.9.4. <미얏켈렙 여히다티>(מִיַּד־כֶּלֶב יְחִידָתִי:)(21[20]절 후반절)

(1) <미얏켈렙>(מִיַּד־כֶּלֶב)은 전치사 <민>(מִן)과 '손'을 뜻하는 명사 <얏>(יָד)의 단수 연계형과 '개'를 뜻하는 절대형 명사 <켈렙>(כֶּלֶב)이 한데 어우러진 꼴이므로, '개의 손에서부터'로 직역할 수 있습니다.

(2) <여히다티>(יְחִידָתִי)를 보면, 여성 단수 명사 <여히다>(יְחִידָה)의 연계형에 단수 공성 일인칭 대명접미어 <이>(ִי)가 붙은 꼴이라는 생각이 듭니다. 그런데 HAL을 들추어 보면, '단 하나뿐인'이란 뜻의 형용사 <야힛>(יְחִיד)에 단수 공성 일인칭 대명접미어가 붙은 것으로 설명하고 있습니다. 이는 아마 앞 문장에서 이 낱말과 상응하는 <네페쉬>(נֶפֶשׁ)의 성이 여성인 것에 맞추느라고, 형용사의 여성형을 썼기 때문인 것으로 보입니다. HAL에서는, 이에서 더 나아가, 시편 22편 21[20]절과 35편 17절의 경우에는 이 낱말이 '외로운', '버림받은'의 뜻을 지닌다고 합니다. 그렇지만, 우리는 이 낱말이 앞 문장에 나오는 <납쉬>(נַפְשִׁי)와 비슷한 뜻을 지니는 것으로 보아서, 그냥 '하나뿐인 것'이라는 뜻으로 이 낱말을 이해하기로 합시다.

(1)+(2) <미얏켈렙 여히다티>는 '나의 하나뿐인 것을 개의 손

에서부터'33)라는 뜻의 전치사구일 따름이어서, 앞 문장의 강세 명령형 <핫칠라>(הַצִּילָה)가 여기에도 적용되는 것으로 이해할 수 있습니다.

5.9.5. <호쉬에니 밉피 아르예>(הוֹשִׁיעֵנִי מִפִּי אַרְיֵה)(22[21]절 전반절)

(1) <호쉬에니>(הוֹשִׁיעֵנִי)는 <페 와우> 동사 <야샤으>(יָשַׁע)의 사역 능동 어간 <히프일> 명령 기본꼴 곧 남성 단수형 <호샤> (הוֹשַׁע)에 목적격 단수 공성 일인칭 대명접미어 <에니>(נִי ֵ)가 붙으면서 가운데 모음이 다시 <이>로 길어진 꼴입니다. <야샤으> 의 <히프일>은 본디 '돕다'를 뜻하는데, '어려운 가운데 있는 사람을 돕는다'고 할 때, 이를 흔히 '건져내다', '구하다'라는 뜻으로 이해하게 됩니다. 신약 성경에서 그냥 <호산나>로 음역한 것은 사실 이 <히필>의 강세 명령 <호쉬아>(הוֹשִׁיעָה)에다 그 명령으로 표현되는 기도가 간절함을 더욱 두드러지게 하기 위해 붙인 <나>(נָא)가 합해진 꼴로, 시편 118편 25절에서 이를 볼 수 있습니다.

(2) <밉피>(מִפִּי)는 전치사 <민>(מִן)과 '입'을 뜻하는 명사 <페> (פֶּה)의 연계형이 합친 꼴입니다. 이 <페>(פֶּה)와 그 뒤에 나오는 절대형 명사 <아르예>(אַרְיֵה)는 이미 14[13]절에 둘 다 나온 바 있습니다.

---

33) 이와 관련 있는 그림으로는 *WaBAT*, 77의 그림 108을 보십시오.

　　(1)+(2) <호쉬에니 밉피 아르예>는 "나를 사자의 입에서 건져 내십시오!"로 번역할 수 있습니다.

　　5.9.6. <우믹카르네 레밈 아니타니>(‏וּמִקַּרְנֵי רֵמִים עֲנִיתָנִי‎)(22 [21]절 후반절)

　　(1) <우믹카르네>(‏וּמִקַּרְנֵי‎)는 접속사 <워>(‏ו‎)가 그 다음에 이어지는 입술 소리 <멤>(‏מ‎) 때문에 <우>(‏וּ‎)로 바뀐 것과 전치사 <민>(‏מִן‎)과 '뿔'을 뜻하는 <카틀>형 명사 <케렌>(‏קֶרֶן‎)의 복수 연계형이 한데 어우러진 꼴로, 여기서는 '그리고 ...의 뿔들 때문에'를 뜻합니다.

　　(2) <레밈>(‏רֵמִים‎)은 '들소'를 뜻하는 남성 명사 <렘>(‏רֵים‎)의 복수 절대형인데, 이 낱말은 본디 <르엠>(‏רְאֵם‎)이었고, 그 복수형도 <르에밈>(‏רְאֵמִים‎)이었다는 것을 사전에서 알 수 있습니다.[34] 바르트케가 마련한 *BHS* 비평란에서도 여러 사본에 <르에밈>이 나온다는 점을 알려줍니다.

　　(3) <아니타니>(‏עֲנִיתָנִי‎)는 '대답하다', '응답하다'는 뜻의 동사 <아나>(‏עָנָה‎)의 단순 능동 어간 <칼> 단수 남성 이인칭 완료형에 목적격 단수 공성 일인칭 대명접미어인 <아니>(‏נִ‎)가 붙은 꼴이어서, "당신[남]이 내게 응답하셨습니다."를 뜻합니다. 이 동사는 이미 앞 3절에 나온 바 있는데, 거기서는 야훼께서 응답하시지 않는다고 시인이 외쳤습니다. 따라서, 시편 22편 전체를 두고 볼

---

　　34) 이것이 복수가 되면서 ‏א‎이 빠지는 것에 대해서는 *GKH*, §23f를 보십시오.

때, 바로 이 22[21]절 마지막 낱말에서 분위기가 급히 바뀌게 된다고 할 수 있습니다.

그런데 바르트케가 마련한 *BHS*의 비평란을 따르면, 마소라 본문의 <아니타니>(עֲנִיתָ֥נִי)에 해당하는 부분이 칠십인역에서는 '나의 천한 것을'(<텐 타페이노신 무>, τὴν ταπείνωσίν μου)로, 쉼마쿠스역에서는 '나의 고통을'(<텐 카코신 무>, τὴν κάκωσίν μου)로 되어 있습니다.

(1)+(2)+(3) 동사 문장인 <우믹카르네 레밈 아니타니>에서는 접속사가 포함된 전치사구 <우믹카르네>를 술어 동사 <아니타니>보다 앞세워 강조하므로, 이 문장은 "그리하여 들소들의 뿔들로부터 당신이 내게 대답하셨습니다."로 직역할 수 있습니다. 그렇지만 얼른 그 뜻을 제대로 알아차리기가 힘듭니다. 여기서 게제니우스는 이 문장이 실제로는 "그런데 당신이 대답하셔서 나를 들소들의 뿔들 가운데서 건져내셨다."를 뜻하고, 이는 '함축 구조'(constuctio praegnans)의 보기로서, 간략하게 하기 위해서 표현되지는 않았지만 동사의 뜻에 들어 있는 동작에 걸리는 전치사가, 본디는 어울리지 않는 동사와 함께 쓰인 것이라고 설명합니다.[35]

(4) 그런데, 21[20]절 이후 명령문이 계속되다가 여기서 갑자기 완료형이 나오는 것을 이해하기가 쉽지 않습니다. 그리하여, 더러는 22절 후반절도 명령문으로 옮기기도 합니다.[36]

---

[35] *GKH*, §119ff. 개역한글판에서는 "주께서 내게 응락하시고 들소 뿔에서 구원하셨나이다."로 옮기되 '구원하셨나이다'를 작은 글씨로 써서 원문에는 없지만 본문의 이해를 돕기 위해서 번역자가 넣은 부분이라는 점을 밝히고 있습니다.

크라우스는 22[21]절에서 마지막 낱말 <아니타니>를 뺀 나머지 부분을 죽 이어지는 것으로 보고, <아니타니>만 따로 떼내어, 22절을 "나를 사자의 입에서 또 들소의 뿔들에서 건져내소서—당신이 제게 응답하셨나이다!—"37)로 번역합니다. 논리적으로는 크라우스의 견해가 가장 나아 보입니다.

5.10. 찬양할 뜻 밝힘(23[22]절)

5.10.1. <아삽프라 쉬므카 르에하이>(אֲסַפְּרָה שִׁמְךָ לְאֶחָי)(23[22]절 전반절)

(1) <아삽프라>(אֲסַפְּרָה)는 동사 <사파르>(סָפַר)의 강의 능동 어간 <피엘> 단수 소원형(cohortative)으로 "내가 선포하겠습니다.", "나는 선포하고 싶습니다."를 뜻합니다. <사파르>의 강의 능동 어간 <피엘>이 앞 18절에서는 '낱낱이 헤아리다'는 뜻으로 쓰인 바 있습니다.

(2) <쉬므카>(שִׁמְךָ)는 '이름'을 뜻하는 단수 명사 <셈>(שֵׁם)에 소유격 단수 남성 이인칭 대명접미어 <으카>(ךָ)가 붙은 꼴이어서 '당신[남]의 이름'을 뜻합니다.

---

36) 공동번역의 "들소 뿔에 받히지 않게 보호하소서."와 표준새번역의 "들소의 뿔에서 나를 구하여 주십시오."와 *NJPST*의 "from the horns of wild oxen rescue (lit. answer) me."가 그런 보기입니다. *WaBAT*, 77의 그림 104에 덧붙여 적힌 번역에서도 22절 후반절은 명령문입니다.

37) H.J.Kraus, *Die Psalmen 1-59*, 322: "Entreiß mich dem Rachen des Löwen / und den Hörnern des Büffels. / —Du hast mich erhört!—."

(3) <르에하이>(לְאֶחָי)는 전치사 <르>(לְ)와, '형제'를 뜻하는 단수 명사 <아흐>(אָח)의 복수형에 소유격 단수 공성 일인칭 대명접미어 <아이>(ַי ָ)가 붙은 <아하이>(אַחַי)가 어미에 붙은 강세 때문에 모음이 <에하이>(אֶחָי)로 달라진 꼴이 한데 어우러진 것입니다. 그리하여 <르에하이>는 '내 형제들에게'를 뜻합니다.

(1)+(2)+(3) <아삽프라 쉬므카 르에하이>는 "내가 당신의 이름을 내 형제들에게 선포하겠습니다."로 옮길 수 있습니다.

5.10.2. <브톡 카할 아할를렉카>(בְּתוֹךְ קָהָל אֲהַלְלֶךָּ:)(23[22]절 후반절)

(1) <브톡>(בְּתוֹךְ)은 전치사 <브>(בְּ)와 '가운데'라는 뜻의 명사 <타웩>(תָּוֶךְ)의 연계형인 <톡>(תּוֹךְ)이 합해서 '... 가운데'라는 뜻의 전치사 노릇을 하는 말입니다.

(2) <카할>(קָהָל)은 '모이다'를 뜻하는 단순 능동 어간 <칼> 동사 <카할>(קָהַל)에서 비롯된 명사로서 '소집되어 모인 사람들'을 뜻하는데, 시편에서는 예배공동체를 가리킬 때가 많습니다.

(3) <아할를렉카>(אֲהַלְלֶךָּ:)는 동사 <할랄>(הָלַל)의 강의 능동 어간 <피엘> 단수 공성 일인칭 미완료형과 '강세의 <눈>'(nun energicum)과 강세 붙은 목적격 남성 단수 이인칭 대명접미어 <에카>(ךָ ֶ)가 한데 어우러진 꼴입니다. 이를 풀어 써보면 <아할를렌카>(אֲהַלְלֶנְךָ)가 <아할를렉카>(אֲהַלְלֶכְךָ)로 된 것입니다.

그러니까, 동사 미완료형과 그 목적어가 되는 인칭 대명접미어 사이를 이어주는 <엔>(ֶ)의 <눈>이 어미의 첫 자음을 닮아 바뀐 것입니다.38)

(1)+(2)+(3) <브톡 카할 아할를렉카>는 "회중 가운데서 제가 당신을 찬양하겠습니다."로 번역할 수 있습니다.

(4) 23[22]절을 통틀어 보면, 술어 동사가 양 바깥에 자리 잡고 그 사이에 있는 목적어와 전치사구를 감싸는 모습으로 되어 있습니다.

5.11. 찬양·경외 권유(24[23]-25[24]절)

5.11.1. <이르에 야흐웨 할를루후>(יִרְאֵי יְהוָה הַלְלוּהוּ)(24[23]절 전상반절)

(1) <이르에 야흐웨>(יִרְאֵי יְהוָה)의 <이르에>(יִרְאֵי)는 남성 복수 연계형인데, 그 단수 기본꼴은 <야레>(יָרֵא)입니다. 이 꼴은 상태동사 <야레>의 기본꼴 곧 단순 능동 어간 <칼> 단수 남성 삼인칭 완료형인 동시에 분사 기본꼴인 단수 남성 절대형입니다. 여기서는 분사가 사람을 가리키는 명사로 쓰이고 있습니다. 그리하여 <이르에 야흐웨>는 '야훼를 경외하는 사람들'을 뜻합니다.

---

38) *GKH*, §58i.

(2) <할를루후>(הַלְלוּהוּ)는 동사 <할랄>(הָלַל)의 강의 능동 어간 <피엘> 남성 복수 명령형인 <할를루>(הַלְלוּ)에 목적격 단수 남성 삼인칭 대명접미어 <후>(הו)가 붙은 꼴입니다.

(1)+(2) <이르에 야흐웨 할를루후>는 명령문이므로, <이르에 야흐웨>는 그 명령을 받는 사람들을 부르는 말 곧 호격입니다. 이리하여 이 문장은 "야훼를 경외하는 자들아, 그를 찬양하라!" 로 옮길 수 있습니다.

5.11.2. <콜제라으 야아콥 캅브두후>(כָּל־זֶרַע יַעֲקֹב כַּבְּדוּהוּ) (24[23]절 전하반절)

(1) <제라으>(זֶרַע)는 본디 이른바 <세골>형 명사지만, 후음 <아인>(ע) 때문에 그 앞 모음이 짧은 <아>(ַ)가 되었고, 그 자체로 연계형이 될 수 있습니다. <제라으>는 본디 '씨앗'을 뜻하지만, 사람의 경우에는 '자손', '후손'을 가리킵니다.

(2) <콜제라으 야아콥>(כָּל־זֶרַע יַעֲקֹב)은 '야곱의 자손 모두'로 직역할 수 있습니다.

(3) <캅브두후>(כַּבְּדוּהוּ)는 상태동사 <카벳>(כָּבֵד)의 강의 능동 어간 <피엘> 복수 남성 명령형 <캅브두>(כַּבְּדוּ)에 남성 단수 삼인칭 대명접미어 <후>(הו)가 붙은 꼴로서 "너희[남]는 그를 공경하라!"를 뜻합니다.

(1)+(2)+(3) 〈콜제라으 야아콥 캅브두후〉도 명령문이고 〈콜
제라으〉는 호격입니다. 이 문장은 "야곱의 모든 자손아, 그를 공
경하라!"로 옮길 수 있습니다.

5.11.3. 〈워구루 밈멘누 콜제라으 이스라엘〉(-כָּל מִמֶּנּוּ וְגוּרוּ
יִשְׂרָאֵל זֶרַע)(24[23]절 후반절)

(1) 〈워구루〉(וְגוּרוּ)는 접속사 〈워〉(וְ)에 '...을 두려워하다, 무
서워하다'는 뜻의 단순 능동 어간 〈칼〉 동사 〈구르〉(גּוּר)의 남성
복수 명령형 〈구루〉(גוּרוּ)가 합한 꼴인데, 이 동사는 목적어는
전치사 〈민〉(מִן)을 붙여 씁니다.

(2) 〈밈멘누〉(מִמֶּנּוּ)는 전치사 〈민〉(מִן)에 단수 남성 삼인칭
또는 복수 공성 일인칭 대명접미어가 불규칙적으로 붙은 꼴인
데, 여기서는 문맥으로 보건대 앞의 경우가 됩니다. 이 복잡한 꼴
이 생긴 것을, 더러는 〈민〉에 접미어가 붙을 경우에는 〈민〉이 거
듭된 다음에 접미어가 붙는다는 식으로 설명하기도 합니다.39)

(3) 〈콜제라으 이스라엘〉(כָּל-זֶרַע יִשְׂרָאֵל)은 앞에 나온 〈이르
에 야흐웨〉(יִרְאֵי יְהוָה)나 〈콜제라으 야아콥〉(כָּל-זֶרַע יַעֲקֹב)
과 마찬가지로 호격이지만, 이번에는 명령형 뒤에 왔습니다.

(1)+(2)+(3) 〈워구루 밈멘누 콜제라으 이스라엘〉은 "그리고 그
를 두려워하라, 이스라엘의 모든 자손아!"로 옮길 수 있습니다.

---

39) *GKH*, §103k를 참고하십시오.

5.11.4. <키 로바자>(כִּי לֹא־בָזָה)(25[24]절 전상반절)

(1) 명령문 다음의 접속사 <키>(כִּי)는 보통 원인절을 이끕니다.

(2) 앞 24절에서 야훼를 찬양하고 경외하고 두려워하라고 요구한 까닭으로서 맨먼저 <로바자>(לֹא־בָזָה)를 들고 있습니다. <바자>(בָזָה)는 '가볍게 여기다', '얕잡아 보다'는 뜻을 지니는 단순 능동 어간 <칼> 동사의 기본꼴인 단수 남성 삼인칭 완료형입니다.

(1)+(2) <키 로바자>는 "그(=야훼)는 가볍게 보시지 않기 때문입니다."로 번역할 수 있습니다. 그런데, 문제는 이 <바자> 동사는 타동사이므로 목적어가 있어야 하는데, 우선 이 문장에서는 그런 목적어를 찾아볼 수 없다는 데 있습니다.

5.11.5. <월로 쉭카츠 에눗 아니>(וְלֹא שִׁקַּץ עֱנוּת עָנִי)(25[24]절 전하반절)

(1) <월로>(וְלֹא)의 앞에 이미 <로>(לֹא)가 있으면, 이를 '...도 아니고 ...도 아니다'는 식으로 이해할 수 있습니다. 이럴 경우, 앞 문장에서 찾지 못했던 동사 목적어를 여기서 찾을 수 있을 것으로 기대할 수 있습니다.

(2) <쉭카츠>(שִׁקַּץ)는 동사 <샤카츠>(שָׁקַץ)의 강의 능동 어간 <피엘> 단수 남성 삼인칭 완료형입니다. HAL에 따르면, 이 동사

는 본디 '종교 예식상으로 무엇을 더럽다고 여겨 기피하다'는 뜻을 지니지만, 본문의 경우에는 그런 영역 바깥에서 그냥 '아무개를 물리치다'는 뜻으로 쓰인다고 합니다.

(3) 〈에눗〉(עֱנוּת)의 어원은 확실하지 않으나, 보통은 '구부리다', '구부러져 있다', '불쌍하다', '고생하고 있다'는 뜻의 동사 〈아나〉(עָנָה)에서 비롯된 명사로 보아서 '괴로움', '고통'을 뜻하는 것으로 이해할 수 있습니다. 본문에서는 연계형으로 쓰이고 있습니다. 바르트케가 마련한 *BHS* 비평란에서는 이 낱말에 상응하는 말로 칠십인역에서 '기도로'(〈테 데에세이〉, τῇ δεήσει)가, 시리아어 역본과 〈타르굼〉과 〈불가타〉를 따르면, 여기에 〈차아캇〉(צַעֲקַת), 곧 '...의 부르짖음'이 있었을 것이라는 점을 추측할 수 있습니다.

(4) 〈아니〉(עָנִי)도 같은 동사에서 나온 낱말로 보이는데, 본디 사회학적인 의미에서는 토지를 넉넉히 소유하지 못해서 남에게 의존해 사는 상황을 가리키는데, 이것이 일반적으로는 '가난한', '불쌍한', '어려움에 빠져 있는, 그래서 하나님께 의존하는'이란 뜻을 지닙니다.

(1)+(2)+(3)+(4) 〈월로 쉭카츠 에눗 아니〉는 "또 그는 가난한 사람의 괴로움을 피하지 아니하셨기 때문입니다."로 옮길 만하고, 앞 문장과 함께 이 문장을 읽으면, "그는 가난한 사람의 괴로움을 가볍게 보시지도, 피하시지도 않기 때문입니다."로 번역할 수 있습니다.

5.11.6. <월로 히스티르 파나우 밈멘누>(וְלֹא־הִסְתִּיר פָּנָיו מִמֶּנּוּ) (25[24]절 후상반절)

(1) <히스티르>(הִסְתִּיר)는 동사 <사타르>(סָתַר)의 사역 능동 어간 <히프일> 단수 남성 삼인칭 완료형입니다.

(2) <파나우>(פָּנָיו)는 복수 명사 <파님>(פָּנִים)에 소유격 남성 단수 삼인칭 대명접미어인 <아우>(יו)가 붙은 꼴이므로, '그의 얼굴'을 뜻합니다. 이 경우에 '그'는 야훼를 가리킵니다.

(3) <밈멘누>(מִמֶּנּוּ)는 24[23]절 후반절의 경우처럼 전치사 <민>(מִן)에 불규칙적으로 남성 단수 삼인칭 대명접미어 <후>(הוּ)가 붙은 꼴이므로 '그로부터', '그에게서'를 뜻합니다. 여기서 '그'는 앞 문장의 <아니>(עָנִי)를 가리킵니다.

이렇게 서로 다른 주체를 가리키면서도 꼴이 같은 두 가지 인칭 대명접미어가 나란히 나오는 것을 어색하게 보았던지, 바르트케는 *BHS* 비평란에서 <타르굼>에는 <파나우>(פָּנָיו) 대신에 <파님>(פָּנִים)이 나온다는 사실을 알려줍니다. 한편 칠십인역에서는 <밈멘누>(מִמֶּנּוּ)에 해당하는 낱말이 <밈멘니>(מִמֶּנִּי, '내게서'), 곧 단수 공성 일인칭 대명접미어가 붙은 꼴을 추정하게 합니다. 이럴 경우에는, 앞의 두 문장에서 가난한 사람에 대한 야훼의 관심을 일반적으로 표현하던 시인이, 그 가난한 사람이 바로 자신임을 밝히는 셈이 됩니다.

(1)+(2)+(3) <월로 히스티르 파나우 밈멘누>는 "또 그가 자기 얼굴을 그에게서 숨기시지(또는 가리시지) 않았습니다."로 옮길 수 있습니다.

5.11.7. <우브샤워오 엘라우 샤메아으>(וּבְשַׁוְּעוֹ אֵלָיו שָׁמֵעַ:)
(25[24]절 후하반절)

(1) <우브샤워오>(וּבְשַׁוְּעוֹ)는 입술소리 <벳>(ב) 앞에서 <우>(וּ)
로 바뀐 접속사 <워>(וְ), 전치사 <브>(בְּ), '도와 달라고 부르짖다'
를 뜻하는 동사 <샤와으>(שִׁוַּע)의 강의 능동 어간 <피엘> 부정사
연계형, 그 부정사의 의미상 주어를 표시하는 단수 남성 삼인칭
대명접미어 <오>(וֹ), 이 네 가지 요소가 한데 어우러진 꼴입니다.
이 경우 전치사 <브>(בְּ)는 '...할 때'를 뜻하므로, <우브샤워오>
는 "그리고 그가 부르짖을 때"로 옮길 수 있습니다. 여기서 '그'
는 <아니>(עָנִי)를 가리킵니다.

(2) <엘라우>(אֵלָיו)는 전치사 <엘>(אֶל)에 복수 명사와 결합
하는 단수 남성 삼인칭 대명접미어 <아우>(יו ָ)가 붙은 꼴이어서
'그[남]에게'를 뜻합니다. 이 대명접미어는 야훼를 가리킵니다.
칠십인역에서는 여기서도 단수 남성 삼인칭 대명접미어 대신에
단수 공성 일인칭 대명접미어를 추정하게 합니다.

(3) <샤메아으>(שָׁמֵעַ)는 <샤마으>(שָׁמַע)의 마지막 모음이 강
세 때문에 길어지고, 그에 따라 그 다음 후음과 이 모음 사이에
'도입 <파타흐>'(patach furtivum)가 들어간 꼴입니다. 이 동사의
주어인 단수 남성 삼인칭은 야훼입니다.

(1)+(2)+(3) <우브샤워오 엘라우 샤메아으>는 "그리고 그(=가
난한 자)가 자기에게 부르짖을 때 그(=야훼)는 들으셨습니다."로
옮길 수 있습니다.

(4) 이렇게 25[24]절은 네 개의 동사 문장으로 이루어져 있는데, 그 네 동사가 한결같이 완료형으로 나옵니다. 미셸은 이 경우 완료형은 의심할 여지없는 사실을 보고하는 식으로 표현한다고 봅니다.40) 그렇다면, 앞서 우리말 과거형으로 옮긴 것은 모두 현재형으로 바꿀 수 있습니다. 그리하여, 25[24]절 전체는, "그는 가난한 사람의 괴로움을 가볍게 여기시지도 피하시지도 않고, 자기 얼굴을 그에게서 가리시지도 않으며, 그가 자기에게 부르짖을 때 들으시기 때문입니다."로 번역할 만합니다.

5.12. 서원 이행할 뜻 밝힘(26[25]절)

5.12.1. <메잇트카 트힐라티 브카할 랍>(מֵאִתְּךָ תְהִלָּתִי בְּקָהָל רָב)(26[25]절 전반절)

(1) <메잇트카>(מֵאִתְּךָ)는 전치사 <민>(מִן)의 모음 <이>( )가 바로 뒤에 오는 자모 <알렙>(א)이 목구멍소리[喉音]여서 중복이 되지 않으면서 길어진 꼴인 <메>(מֵ), 또 다른 전치사 <엣>(אֵת), 단수 남성 이인칭 대명접미어인 <으카>(ךָ)의 세 요소가 한데 어우러져 생긴 낱말입니다. <메잇트카>는 '당신[남]과 함께로부터'로 직역할 수 있는데, 실제로는 '당신에게서(부터)' 정도로 이해할 수 있습니다.

(2) <트힐라티>(תְהִלָּתִי)는 '찬송', '찬양'을 뜻하는 여성 명사

---

40) *TSP*, 65.

<트힐라>(תְּהִלָּה)의 단수 연계형에 소유격 단수 공성 일인칭 대
명접미어 <이>(יִ)가 붙은 꼴이므로, '나의 찬송'이나 '나의 찬
양'으로 옮길 수 있습니다.

(3) <브카할 랍>(בְּקָהָל רָב)의 <브카할>(בְּקָהָל)에 들어 있는
<카할>(קָהָל)은 앞서 23[22]절에 이미 한 번 나온 바 있고, '많은',
'큰'을 뜻하는 형용사 <랍>(רָב)은 <카할>을 꾸밉니다.

(1)+(2)+(3) 비동사 문장인 <메잇트카 트힐라티 브카할 랍>은
"당신에게서 제 찬송이 큰 회중 가운데 있습니다."로 직역할 수
있고, 이는 "당신에게서 큰 회중 가운데서 제가 하는 찬송이 비
롯됩니다."라는 뜻을 지닙니다.41)

5.12.2. <느다라이 아샬렘 네겟 여레아우>(נְדָרַי אֲשַׁלֵּם נֶגֶד
יְרֵאָיו)(26[25]절 후반절)

(1) <느다라이>(נְדָרַי)의 접미어 <아이>(יַ)는 복수 명사와 결
합하는 단수 공성 일인칭 대명접미어이고, 이 명사의 기본꼴은
'서원(誓願)'을 뜻하는 <네데르>(נֶדֶר)입니다.

(2) <아샬렘>(אֲשַׁלֵּם)은 동사 <샬람>(שָׁלֵם)의 강의 능동 어간
<피엘> 단수 공성 일인칭 미완료형입니다. <샬람>의 강의 능동

---

41) 이 문장과 관련 있는 그림으로는 *WaBAT*, 312의 그림 446을 참고
할 수 있습니다. 이는 애굽의 아비도스에 있는 세토스 일세(주전 1317-
1301년) 신전의 석회암에 새겨 놓은 그림입니다.

어간 <피엘>은 본디 '갚다'는 뜻을 지니지만, 여기서는 <네데르>를 목적어로 하여 '서원을 지키다', '서원한 것을 실천하다'를 뜻합니다. 이때 미완료는 주어의 의지를 표현하므로, <느다라이 아샬렘>(נְדָרַי אֲשַׁלֵּם)은 "내 서원을 내가 지키겠습니다.", "내가 서원한 것을 내가 실천하겠습니다."를 뜻합니다.

(3) <네겟>(נֶגֶד)은 본디 '건너편', '맞은쪽'을 뜻하는 명사지만, 연계형으로 쓰이면서 '...건너편에서', '...맞은쪽에서', '...앞에서'라는 뜻의 전치사 노릇을 합니다.

(4) <여레아우>(יְרֵאָיו)의 접미어 <아우>(יו ָ)는 복수 명사에 붙는 단수 남성 삼인칭 대명접미어인데, 여기서는 상태동사 <야레>(יָרֵא)의 분사와 결합했습니다. <여레아우>는 '그의 경외자들', 곧 '그를 경외하는 자들'을 뜻합니다. 여기서 '그'는 야훼를 가리키는 것이 분명한데, 바로 앞 문장에서는 야훼를 이인칭으로 불렀기 때문에, 글의 흐름이 깨졌습니다.

(1)+(2)+(3)+(4) 동사 문장인 <느다라이 아샬렘 네겟 여레아우>에서는 목적어 <느다라이>를 술어 동사 <아샬렘>보다 앞세워 강조합니다. 이 문장은 "내 서원을 내가 그를 경외하는 자들 앞에서 지키겠습니다."로 번역할 수 있습니다.[42]

---

42) 이 문장과 관련 있는 그림으로는 *WaBAT*, 307의 그림 439a를 참고할 수 있습니다. 이는 주전 2500년 경 마리에서 나온 상아 조각 그림입니다.

5.13. 가난한 자들의 하나님(27[26]절)

5.13.1. 〈요클루 아나윔 워이스바우〉(יֹאכְל֬וּ עֲנָוִ֨ים וְיִשְׂבָּ֗עוּ)
(27[26]절 전상반절)

(1) 〈요클루〉(יֹאכְל֬וּ)는 〈페 알렙〉 동사인 〈아칼〉(אָכַל)의 단
순 능동 어간 〈칼〉 복수 남성 삼인칭 미완료형인데, 이 미완료형
을 어떻게 번역해야 할지에 대해서는 아래 5.13.3.(4)를 보십시오.

(2) 〈아나윔〉(עֲנָוִים)은 명사 〈아나우〉(עָנָו)의 복수 절대형인데,
이 낱말은 앞 25[24]절에 나온 〈아니〉(עָנִי)와 비슷한 뜻을 지닙
니다.

(3) 〈워이스바우〉(וְיִשְׂבָּעוּ)는 접속사 〈워〉(וְ)에 '배불리 먹다',
'실컷 먹다'는 뜻의 단순 능동 어간 〈칼〉 동사 〈사바으〉(שָׂבַע)의
복수 남성 삼인칭 미완료형이 합한 꼴로, 본디는 〈워이스브우〉
(וְיִשְׂבְּעוּ)지만, 강세 때문에 마지막 모음이 〈아〉(ָ)로 길어졌습
니다.

(1)+(2)+(3) 〈요클루 아나윔 워이스바우〉는 우선 "가난한 사람
들이 먹고 배부를 것입니다." 정도로 번역할 수 있습니다.

5.13.2. 〈여할를루 야흐웨 도르샤우〉(יְהַלְל֬וּ יְהוָ֗ה דֹּרְשָׁ֥יו)(27
[26]절 전하반절)

(1) <여할를루>(יְהַלְלוּ)는 동사 <할랄>(הָלַל)의 강의 능동 어간 <피엘> 복수 남성 삼인칭 미완료형인데, 이 동사는 앞 23[22]절 마지막과 24[23]절 첫 문장에 나온 바 있습니다.

(2) <도르샤우>(דֹּרְשָׁיו)는 '찾다', '구하다'는 뜻의 동사 <다라쉬>(דָּרַשׁ)의 <칼> 능동 분사에 복수 명사와 결합하는 단수 남성 삼인칭 대명접미어 <아우>(יו ָ)가 붙은 꼴이어서, '그를 찾는 자들'을 뜻합니다. 여기서 '그'는 바로 앞에 나와 있는 야훼입니다. 이 <야흐웨>(יְהוָה)는 24[23]절 첫머리에 나온 다음에 오랫동안 대명접미어로 표시되다가 여기 와서야 다시 한 번 분명히 나옵니다. 이는 26[25]절에서 시인의 '나'가 나옴으로써 글의 흐름이 다소 깨졌기 때문인 것으로 보입니다.

히브리 시문의 평행법에 비추어 보면, 이 <도르샤우>가 바로 앞 문장의 <아나윔>(עֲנָוִים)이라고 할 수 있습니다. 그러니까, 야훼를 찾는 사람들이 바로 가난한 사람들이라는 것입니다. 이리하여, 이 경우의 가난함은 경제적인 가난함을 포함하여 하나님께 의존한다는 뜻으로 말하는 정신적인 가난함을 가리킨다고 이해할 수 있습니다. 더 나아가서 하나님께 의존하고 하나님만 찾다 보니, 경제적으로 가난해지고 사회적으로 눌리고 어려움을 겪게 된 것을 생각할 수 있습니다.

(1)+(2) <여할를루 야흐웨 도르샤우>를 직역하면, "그를 찾는 자들은 야훼를 찬양할 것입니다."가 되는데, 이럴 경우에는 대명사 '그'가 실명사 '야훼'보다 먼저 나오게 되므로, 히브리 낱말 <도르샤우>의 대명접미어 '그'를 우리로서는 먼저 실명사 '야훼'로 옮기고, 히브리어 문장의 <야흐웨>는 대명사 '그'로 옮겨

서, "야훼를 찾는 자들은 그를 찬양할 것입니다."로 번역하는 것이 더 낫습니다.

5.13.3. 〈여히 르바브켐 라앗〉(יְחִי לְבַבְכֶם לָעַד:)(27[26]절 후반절)

(1) 〈여히〉(יְחִי)는 '살아 있다'를 뜻하는 동사 〈하야〉(חָיָה)의 〈칼〉 단수 남성 삼인칭 청원형(jussive)으로 그 미완료형 〈이히예〉(יִחְיֶה)에서 접두사 〈이〉(יִ)와 마지막 모음 〈에〉(ֶ)와 소리가 나지 않는 마지막 자음 〈헤〉(ה)가 떨어져 나간 꼴이므로, "그가 살아있기를!", "나는 그가 살아 있기를 바란다."를 뜻합니다.

(2) 〈르바브켐〉(לְבַבְכֶם)은 '심장', '마음'을 뜻하는 단수 명사 〈레밥〉(לֵבָב)에 복수 남성 이인칭 대명접미어 〈으켐〉(כֶם , '너희[남]의...')이 붙은 꼴입니다. 여기서 갑자기 '너희[남]'가 등장하는 것이 조금 이상합니다. 이 '너희[남]'가 누구겠습니까? 앞서 24절에서 야훼를 찬양하고 공경하고 두려워하라고 시인에게 권유를 받은 대상을 가리키는 것입니까? 아무튼 이 복수 이인칭 때문에 글의 흐름이 좋지는 않습니다. 그래서인지, *BHS* 비평란을 통해 바르트케는 두 히브리어 사본과 칠십인역과 시리아어역에서는 복수 남성 이인칭 대신 복수 남성 삼인칭 대명접미어('그들[남]의')를 추정하게 한다는 점을 알려 줍니다. 이 경우 '그들[남]'은 바로 앞 문장의 〈도르샤우〉(דֹּרְשָׁיו)를 가리키게 됩니다.

(3) 〈라앗〉(לָעַד)은 전치사 〈르〉(לְ)에 '지속적인 미래'를 뜻하

는 명사 <앗>(עַד)이 합한 꼴로, '오래', '길이길이', '영영'을 뜻
하는데, 강세 때문에 전치사의 모음이 긴 <아>(ָ)로 되었습니다.

(1)+(2)+(3) <여히 르바브켐 라앗>은 "너희[남]의 심장(또는 마
음)이 길이길이 살아 있기를!"이라는 기원문으로 번역할 수 있
습니다.

(4) 미셸에 따르면, 27[26]절뿐만 아니라 뒤이어 나오는 28[27]
절과 30[29]-32[31]절에 미완료 동사들이 계속 쓰이고 있는데, 이
는 시인의 구원에 대해 말하는 것이 아니라, 25[24]절에서 말하
듯이, 야훼께서 불쌍한 사람의 기도를 저버리시지 않고 그 부르
짖음을 들으시는 데서 비롯되는 결과들을 보고합니다.[43]

5.14. 야훼 경배 공간 확장(28[27]-29[28]절)

5.14.1. <이즈크루 워야슈부 엘르야호웨 콜압세아레츠>(יִזְכְּרוּ
וְיָשֻׁבוּ אֶל־יְהוָה כָּל־אַפְסֵי־אָרֶץ)(28[27]절 전반절)

(1) <이즈크루>(יִזְכְּרוּ)는 '기억하다'는 뜻의 동사 <자카르>
(זָכַר)의 단순 능동 어간 <칼> 복수 남성 삼인칭 미완료형입니다.
동사의 주어가 따로 나오지 않으므로, 이 술어동사의 주어인
'그'가 누구인지 궁금합니다. 이 궁금함은 그 다음 문장에서 풀
립니다.

---

43) *TSP*, 65.

(2) <워야슈부>(וְיָשֻׁבוּ)는 접속사 <워>(וְ)와 '돌아오다'를 뜻하는 동사 <슙>(שׁוּב)의 복수 남성 삼인칭 미완료형이 합한 것입니다.

(3) <콜압세아레츠>(כָּל־אַפְסֵי־אָרֶץ)에 들어 있는 <압세>(אַפְסֵי)는 '끝'을 뜻하는 명사 <에페스>(אֶפֶס)의 복수 연계형이고, <아레츠>(אָרֶץ)는 강세 때문에 <에레츠>(אֶרֶץ)의 첫 모음이 <아>(ָ)로 길어진 꼴입니다.

(1)+(2)+(3) <이즈크루 워야슈부 엘르야흐웨 콜압세아레츠>는 "땅의 모든 끝들이 기억하고 야훼께로 돌아올 것입니다."로 옮길 수 있습니다.

5.14.2. <워이쉬타하우 르파네카 콜미쉬프홋 고임>(וְיִשְׁתַּחֲווּ לְפָנֶיךָ כָּל־מִשְׁפְּחוֹת גּוֹיִם:)(28[27]절 후반절)

(1) <워이쉬타하우>(וְיִשְׁתַּחֲווּ)가 접속사 <워>(וְ)에 복수 남성 삼인칭 미완료 동사형이 합친 것이라는 점은 어렵지 않게 알아차릴 수 있지만, 이 동사의 뿌리와 줄기를 기억해 내기는 쉽지 않습니다.

이전에는 이 동사의 기본꼴인 <히쉬타하와>(הִשְׁתַּחֲוָה)를 동사 <샤하>(שָׁחָה)의 특수 강의 재귀 어간 <힛팔렐>(הִתְפַּעֲלֵל)형으로 보았습니다. 그러니까, 동사 <샤하>는 <라멛 헤> 동사로서 그 본디 어근은 <샤하우>(שָׁחַו)이고, 이것의 <힛팔렐>형은 <힛샤하와>(הִתְשַׁחֲוָה)인데, 여기서 접두어의 둘째 자음인 <타우>(ת)

와 동사 어근의 첫 자음 <쉰>(שׁ)이 서로 자리를 바꾸어, <히쉬타하와>(הִשְׁתַּחֲוָה)가 되었다고 본 것입니다.

그렇지만, 요즈음에는 <히쉬타하와>를 동사 <하와>(חָוָה)의 강의 재귀 어간의 옛 꼴 가운데 하나인 <히쉬타프알>(הִשְׁתַּפְעַל)형 또는 <에쉬타프엘>(אֶשְׁתַּפְעַל)형으로, <샤하>(שָׁחָה)는 <하와>(חָוָה)의 사역 능동 어간의 옛 꼴 가운데 하나인 <샤프엘>(שַׁפְעַל)형으로 이해합니다.44)

<히쉬타하와>의 뜻은 '몸을 깊숙이 숙이다', '허리를 굽히다', '절하다'인데, 이것이 종교 영역에 쓰일 때는 어떤 대상을 숭배하고 그에게 예배드리는 동작을 가리킵니다. 이 낱말이 이런 문맥에서 쓰일 때는 '경배하다', '예배하다'는 말로 옮길 만합니다.

(2) <르파네카>(לְפָנֶיךָ)는 전치사 <르>(לְ)와 복수형 명사 <파님>(פָּנִים)과 단수 남성 이인칭 대명접미어 <에카>(ךָ‍ֶ)가 합친 꼴로서 '당신[님] 앞에'라는 뜻입니다. 여기서 '당신'은 야훼를 가리킵니다.

(3) <콜미쉬프홋 고임>(כָּל־מִשְׁפְּחוֹת גּוֹים)에서 <미쉬프홋>(מִשְׁפְּחוֹת)은 여성 명사 <미쉬파하>(מִשְׁפָּחָה)의 복수 연계형입니다. <미쉬파하>는 혈연관계를 아직 느낄 수 있는 범위의 친족을 뜻합니다. <고임>(גּוֹים)은 '겨레', '나라'를 뜻하는 낱말 <고이>(גּוֹי)의 복수 절대형인데, 흔히 '야훼의 백성'(<암 야흐웨>, עַם יְהוָה)에 대칭되는 개념으로 이방 나라들을 가리키기도 하지만, 문맥에 따라서는 그런 구분 없이 중립적인 뜻으로 쓰이기도 합니다.

---

44) *HAL*, 283-284, 1351 참고.

(1)+(2)+(3) 〈워이쉬타하우 르파네카 콜미쉬프홋 고임〉을 직역하면, "그리고 겨레들(또는 이방)의 모든 종족들이 당신 앞에 절할 것입니다." 정도가 됩니다.

5.14.3. 〈키 르야흐웨 함믈루카〉(כִּי לַיהוה הַמְּלוּכָה)(29[28]절 전반절)

(1) 첫 낱말 〈키〉(כִּי)는 이 구절의 내용을 앞 28[27]절과 연결시켜 볼 때, 원인절을 이끄는 접속사로 이해할 수 있습니다. 하지만 '참으로', '정말'의 뜻을 지니는 것으로 이해해도 괜찮아 보입니다.

(2) 〈르야흐웨〉(לַיהוה)는 전치사 〈르〉(לְ)에 '야훼' 대신 이 낱말을 읽는 방식인 〈아도나이〉(אֲדֹנָי)가 한데 어우러지면서, 전치사의 유성 〈쉬와〉(ְ)가 뒤이어 나오는 후음의 복합 〈쉬와〉 〈아〉(ֲ)의 영향을 받아 단모음 〈아〉(ַ)로 길어진 꼴입니다. 곧 〈르아도나이〉(לְאֲדֹנָי)가 〈라아도나이〉(לַאֲדֹנָי)로 된 것입니다. 그렇지만 우리는 그냥 〈르야흐웨〉로 읽기로 합니다.

(3) 〈함믈루카〉(הַמְּלוּכָה)는 정관사 '〈하〉+중복점(〈다게쉬 포르테〉)'(הַּ)과 '왕의 지위', '왕권', '왕국'을 뜻하는 명사 〈믈루카〉(מְלוּכָה)가 합한 꼴입니다.

(1)+(2)+(3) 〈르야흐웨 함믈루카〉는 전치사구가 술어가 된 비동사 문장입니다. 이리하여, 〈키 르야흐웨 함믈루카〉는 "야훼께 왕권이 속하기 때문입니다." 또는 "참으로 야훼께 왕권이 속합니다."로 번역할 수 있습니다.

5.14.4. <우 모셸 박고임>(וּמֹשֵׁל בַּגּוֹיִם:)(29[28]절 후반절)

(1) <우 모셸>(וּמֹשֵׁל)은 입술소리[脣音] <멤>(מ) 앞에서 <우>(וּ)
로 된 접속사 <워>(וְ)와 동사 <마샬>(מָשַׁל)의 단순 능동 어간 <칼>
능동 분사 기본꼴입니다.

(2) <박고임>(בַּגּוֹיִם)은 전치사 <브>(בְּ)와 정관사 '<하>+중복
점(<다게쉬 포르테>)'(הַ)과 복수 명사 <고임>(גּוֹיִם)이 한데 어
우러진 꼴입니다. 분사에 관사가 붙어 있지 않아서, 이 경우 분사
는 서술어로 쓰인 것입니다. <마샬 브>(מָשַׁל בְּ)는 '...을 다스리
다'는 뜻을 지닙니다.

(1)+(2) <모셸 박고임>에서 주어는 무엇이겠습니까? 문맥으로
보면, 앞 문장에 나온 '야훼'가 주어입니다. 바르트케는 칠십인
역과 시리아어역을 참고하여, 아마 여기에 남성 단수 삼인칭대
명사 <후>(הוּא, '그[남]')를 집어넣어 읽어야 하리라는 견해를
BHS 비평란에서 밝힙니다.
<우 모셸 박고임>은 "그리고 그가 겨레들을 다스리십니다."로
옮길 수 있습니다.

(3) 29[28]절 전후반절을 관련시켜 절 전체를 번역하면, "야훼
께 왕권이 속하고 그가 겨레들을 다스리고 계시기 때문입니다."
가 됩니다.

5.15. 야훼 경외 시간 확장(30[29]-32[31]절)

5.15.1. <아클루 와이쉬타하우 콜디쉬네에레츠>(אָכְלוּ וַיִּשְׁתַּחֲוּוּ כָּל־דִּשְׁנֵי־אֶרֶץ)(30[29]절 전상반절)

(1) <아클루>(אָכְלוּ)는 동사 <아칼>(אָכַל)의 단순 능동 어간 <칼> 복수 남성 삼인칭 완료형입니다. 같은 동사가 이미 27[26]절 첫머리에 나왔지만, 시제가 미완료형이므로, 이 경우와 다릅니다.

(2) <와이쉬타하우>(וַיִּשְׁתַּחֲוּוּ)는 앞 28[27]절에서 이미 살펴본 대로, 동사 <하와>(חָוָה)의 복수 남성 삼인칭 <히쉬타프알> 미완료 연속법이어서, 앞에 나온 동사 <아칼>의 완료형이 표현하는 동작에 이어지는 동작을 나타냅니다.

(1)+(2) 그리하여, <아클루 와이쉬타하우>(אָכְלוּ וַיִּשְׁתַּחֲוּוּ)는 일단 "그들이 먹고 절했습니다."로 이어서 번역할 만합니다. 그런데 바르트케는 *BHS* 비평란에서 이 두 낱말을 <악 로 이쉬타하우>(אַךְ לוֹ יִשְׁתַּחֲוּוּ, "참으로 그에게 그들이 절할 것입니다.")나 <엑 로 이쉬타하우>(אֵיךְ לוֹ יִשְׁתַּחֲוּוּ, "어찌 그에게 그들이 절하겠습니까?")로 고쳐 읽으라고 합니다. 예전에는 낱말 사이에 띄어 쓰기를 제대로 하지 않았고, 모음 부호도 나중에 생긴 것이고 보면, 그럴 가능성이 전혀 없는 것은 아닙니다. 또 이 문장이 뒷 문장과 평행을 이룬다고 보면, 이렇게 고쳐 읽는 것이 더 나아보입니다. 아래에서 보듯이, 뒷 문장에도 전치사구 <르파나우>(לְפָנָיו)가 맨 앞에 나와서 강조되고, 동사가 미완료형이기 때문입니다.

그렇지만, 우리는 일단 마소라 본문 그대로 읽기로 합니다.

(3) <콜디쉬네에레츠>(כָּל־דִּשְׁנֵי־אֶרֶץ)에서 <디쉬네>(דִּשְׁנֵי)는 일단 남성 복수 연계형인 줄 알 수 있는데, 그 기본꼴은 '기름기 있는', '살진'을 뜻하는 형용사 <다셴>(דָּשֵׁן)이지만, 여기서는 명사로 쓰였습니다. 바르트케는 *BHS* 비평란에서 <디쉬네>를 <여세네>(יְשֵׁנֵי)로 고쳐 읽을 것을 제안하는데, 이럴 경우 <여세네에레츠>(יְשֵׁנֵי אֶרֶץ)는 '땅의 자는 자들', 곧 죽은 자들을 뜻하게 됩니다. 이는 다음 문장에 대한 동의 평행 관계를 염두에 둔 제안으로 이해할 수 있습니다. 그렇지만, 마소라 본문 그대로 읽어도 다음 문장과 평행을 이루는 데는 큰 문제가 없습니다. 그러니까, 여기서는 살아서 팔팔한 사람들에 대해 말하고, 다음 문장에서는 죽는 사람들에 대해 말한다고 생각할 수 있기 때문입니다.

(1)+(2)+(3) <아클루 와이쉬타하우 콜디쉬네에레츠>는 "땅의 모든 살진 자들이 먹고 절했습니다."로 옮길 수 있습니다.

5.15.2. <르파나우 이크르우 콜요르데 아파르>(לְפָנָיו יִכְרְעוּ כָּל־יוֹרְדֵי עָפָר)(30[29]절 전하반절)

(1) 문장 맨 앞에 나와서 강조된 전치사구 <르파나우>(לְפָנָיו)는 전치사 <르>(לְ)와 '얼굴'을 뜻하는 복수 명사 <파님>(פָּנִים)과 단수 남성 삼인칭 대명접미어 <아우>(יו ָ)가 한데 어우러진 꼴로, '그[남]의 앞에'를 뜻합니다. 여기서 '그'는 물론 야훼를 가리킵니다.

(2) 〈이크르우〉(יִכְרְעוּ)는 동사 〈카라으〉(כָּרַע)의 단순 능동 어간 〈칼〉 복수 남성 삼인칭 미완료형인데, 이 경우 미완료형이 단순히 시제를 나타낸다기보다는 필연성을 표현한다고 본다면, "그들이 무릎 꿇어야 할 것입니다."로 옮길 수도 있습니다.

(3) 〈콜 요르데 아파르〉(כָּל־יוֹרְדֵי עָפָר)에서 〈요르데〉(יוֹרְדֵי)는 동사 〈야랏〉(יָרַד)의 단순 능동 어간 〈칼〉 능동 분사 남성 복수 연계형입니다. 따라서, 〈요르데 아파르〉(יוֹרְדֵי עָפָר)를 직역하면, '티끌의 내려가는 자들'이지만, 실제로는 '티끌로 내려가는 자들'이란 말이 되고, 보기에 따라서, 이는 죽는 자들을 가리키는 것으로 이해할 수 있습니다.

(1)+(2)+(3) 〈르파나우 이크르우 콜 요르데 아파르〉는 "그의 앞에 티끌로 내려가는 자들이 다 무릎 꿇을 것입니다."로 번역할 수 있습니다.

(4) 앞 문장과 이 문장은 야훼 경배의 범위가 시간적으로 확장되는 것을 뜻하는 것으로 보입니다. 이에 견주어 볼 때, 앞 28[27]절은 야훼 경배가 공간적으로 확장되는 것을 표현한 것으로 이해할 수 있습니다.

5.15.3. 〈워 납쇼 로 히야〉(וְנַפְשׁוֹ לֹא חִיָּה:)(30[29]절 후반절)

(1) 〈워 납쇼〉(וְנַפְשׁוֹ)는 접속사 〈워〉(וְ)와 명사 〈네페쉬〉(נֶפֶשׁ)와 단수 남성 삼인칭 대명접미어 〈오〉(וֹ)가 합친 꼴입니다. 그 자체로는 '그리고 그의 목숨(또는 생명력, 생기 등)'을 뜻합니다.

여기 나오는 '그'가 누구인지 확실하지 않습니다. 앞 문장에서 이 대명사의 선행 명사로 볼 만한 남성 단수 명사를 찾을 수 없기 때문입니다. 바르트케가 마련한 *BHS* 비평란에 따르면, 칠십인역과 시리아어역에서는 여기에 단수 공성 일인칭 대명접미어 <이> (ִ)가 붙어 있는 것을 추정하게 한다고 합니다. 곧 '그리고 나의 목숨'으로 되어 있다는 것입니다. 이럴 경우 '나'는 시인일 가능성이 큽니다. 그렇지만, 이는 글의 흐름에 어울리지 않습니다.

   (2) <히야>(הִיָּה)는 '살아 있다'는 뜻의 동사 <하야>(הָיָה)의 강의 능동 어간 <피엘> 단수 남성 삼인칭 완료형으로 "그가 되살렸다."를 뜻합니다. 이 경우 주어는 야훼로 볼 수밖에 없습니다. 그런데 바르트케는 *BHS* 비평란에서 여러 번역본들을 따라 이 세 자음에 모음을 조금 달리 붙여서 이를 형용사 <하이야>(הַיָּה, '살아 있는')로 볼 것을 제안합니다.

   (1)+(2) <워납쇼 로 히야> 자체는 "그렇지만 그의 목숨을 그가 되살리지 않았습니다."로 번역할 수 있습니다. 그런데, 이것이 글의 흐름에 그리 썩 어울리지는 않습니다. 바르트케가 마련한 *BHS* 비평란에 따르면, 여기 쓰이는 부정어 <로>(לֹא)가 칠십인역과 시리아어역과 히에로니무스 역본에서는 '그에게'로 번역되어 있어서, 전치사 <르>에 단수 남성 삼인칭 대명접미어가 붙은 꼴인 <로>(לוֹ)가 여기 본디 있었던 낱말이 아닌가 하는 생각을 하게 합니다. 그럴 경우에는 뜻이 정반대가 됩니다. 그런데, 그 다음 31 [30]절 첫 문장이 후손에 대한 것이라는 점을 생각한다면, 마소라 본문 그대로 읽을 수도 있습니다. 다만, <납쇼>의 <오>(וֹ)가 누구를 가리키는지는 여전히 문제로 남습니다.

5.15.4. <제라으 야아브덴누>(זֶרַע יַעַבְדֶנּוּ)(31[30]절 전반절)

(1) <제라으>(זֶרַע)는 그 자체로 이 문장의 주어가 되어 정동사보다 먼저 나와 강조되어 있는데, 글의 흐름으로 보아 '후손', '자손'이란 뜻을 지니는 것으로 보입니다. 어떤 사본에는 <자르이>(זַרְעִי), 곧 '내 자손'으로 되어 있고 칠십인역도 그러하다는 점을 바르트케가 *BHS* 비평란에서 알려줍니다. 이 경우에는, 시인이 여기서 자기 후손을 등장시키는 것으로 볼 수 있습니다.

(2) <야아브덴누>(יַעַבְדֶנּוּ)는 '섬기다'를 뜻하는 동사 <아밧>(עָבַד)의 단순 능동 어간 <칼> 단수 남성 삼인칭 미완료형에 남성 단수 삼인칭 대명접미어 <에후>(הוּ) 가 붙을 때 그 사이에 연결 요소로 '강세의 <눈>'(nun energicum)이 덧붙은 꼴입니다. 곧, 본디는 <야아브덴후>(יַעַבְדֶנְהוּ)였던 것이, 마지막 자음 <헤>(ה)가 그 앞의 <눈>(נ)에 동화되어 <야아브덴누>(יַעַבְדֶנּוּ)로 된 것입니다. 여기서 '그'를 뜻하는 인칭 대명접미어는 30[29]절의 '그' 곧 야훼를 가리킵니다.

(1)+(2) <제라으 야아브덴누>는 "후손이 그를 섬길 것입니다."로 옮길 수 있습니다. *BHS* 비평란에서는 30절의 끝 문장 <워납쇼로 히야>(וְנַפְשׁוֹ לֹא חִיָּה:)와 <제라으 야아브덴누>(זֶרַע יַעַבְדֶנּוּ)가 내용으로 볼 때 이어지는 것으로 보아, 30[29]절 끝의 마침표(<솝 파숙>, :)를 <야아브덴누>(יַעַבְדֶנּוּ) 뒤로 옮길 것을 말하고, 다른 한편으로는 이 모두를 일종의 주석으로 보고 뺄 것을 주장하고 있습니다. 그렇지만, 마소라 본문 그대로 두고 보더라도, 그런 대로 뜻이 통합니다. 곧 30[29]절에서는 펄펄 살아 있는 자들

이든 죽는 자들이든 모두 야훼께 굴복하고 야훼를 경배하게 되리라고 했다면, 또 그 때문에 그들이 죽었다가 다시 살아나는 일은 없다고 했다면, 31[30]절의 첫 문장인 여기서는 이제 세대가 바뀌어 후손도 야훼를 섬기게 되리라는 식으로 이해할 수 있습니다.

5.15.5. <여숩파르 라도나이 랏도르>(יְסֻפַּר לַאדֹנָי לַדּוֹר:)(31[30]절 후반절)

(1) <여숩파르>(יְסֻפַּר)는 동사 <사파르>(סָפַר)의 사역 수동 어간 <푸알> 단수 남성 삼인칭 미완료형인데, 여기서는 수동의 뜻으로 보기보다는 비인칭 구문의 술어로 보는 것이 더 낫습니다. 곧, "사람들이 낱낱이 아뢰리라."는 정도로 이해할 수 있습니다. 이 동사 뿌리 <사파르>는 이미 앞서 23절과 18절에 강의 능동 어간 <피엘>로 쓰인 바 있습니다.

(2) <라도나이>(לַאדֹנָי)는 전치사 <르>(לְ)에 <아도나이>(אֲדֹנָי)가 붙은 꼴입니다. <아도나이>(אֲדֹנָי)의 첫 모음인 복합 <쉬와> <아>(ֲ)가 거꾸로 전치사 <르>(לְ)의 단순 유성 <쉬와>에 영향을 주어서 짧은 모음 <아>(ַ)가 되게 하고, 나중에는 <알렙>(א)이 묵음으로 되면서 그 아래 복합 <쉬와>는 빠지게 된 것입니다. 바르트케는 칠십인역에서는 그냥 '세대'(<게네아>, γενεά)라고만 되어 있다는 점을 BHS 비평란에서 밝힙니다.

(3) <랏도르>(לַדּוֹר)는 전치사 <르>(לְ)와 정관사 '<하>+중복점(<다게쉬 포르테>)'(ּהַ)과 '세대'를 뜻하는 명사 <도르>(דּוֹר)가 한데 어우러진 꼴인데, '대대로'를 뜻합니다.

(1)+(2)+(3) <여숩파르 라도나이 랏도르>는 "사람들이 주님께 대대로 아뢸 것입니다."로 번역할 수 있습니다.

5.15.6. <야보우 워약기두 칫카토 르암 놀랏 키 아사>(יָבֹאוּ
וְיַגִּידוּ צִדְקָתוֹ לְעַם נוֹלָד כִּי עָשָׂה:)(32[31]절)

(1) <야보우 워약기두>(יָבֹאוּ וְיַגִּידוּ)에서는 <아인 와우> 동사 <보>(בוֹא)의 단순 능동 어간 <칼>과 <페 눈> 동사 <나갓>(נָגַד) 의 사역 능동 어간 <히프일>의 복수 남성 삼인칭 미완료형이 나 란히 쓰였습니다. 주어인 '그들'은 일반 사람들을 가리키는 것으 로 보입니다. 그리하여 <야보우 워약기두>는 그냥 "사람들이 와 서 이야기할 것입니다." 정도로 옮길 수 있습니다. 칠십인역에서 는 첫 낱말 <야보우>(יָבֹאוּ)가 31[30]절과 연결되어 있다는 사실 을 바르트케가 *BHS* 비평란에서 알려줍니다. 실제로 칠십인역 인쇄본을 보면, 31[30]절 끝 부분이 '올 세대'(='장래 세대'(<게네 아 호 에르코메네>, γενεὰ ὁ ἐρχομένη)로 되어 있고, 32[31]절 은 "그리고 그들이 전파하리라."(<카이 아낭겔루신>, καὶ ἀναγ-γελοῦσιν)로 바로 시작합니다.

(2) <칫카토>(צִדְקָתוֹ)는 '의(義)'를 뜻하는 여성 명사 <츠다카> (צְדָקָה)의 단수 연계형에 남성 단수 삼인칭 대명접미어 <오>(וֹ) 가 붙은 꼴로, '그[남]의 의'를 뜻하는데, 여기서 '그'는 야훼를 가 리킵니다.

(3) <르암 놀랏>(לְעַם נוֹלָד)의 둘째 낱말 <놀랏>(נוֹלָד)은 '(아 이를) 낳다'를 뜻하는 동사 <얄랏>(יָלַד)의 단순 재귀 및 수동 어

간 <니프알> 분사 기본꼴인 단수 남성 절대형입니다. <르암 놀랏> (לְעַם נוֹלָד)은 '앞으로 태어날 백성에게'를 말합니다.[45]

(4) <키 아사>(כִּי עָשָׂה)는 우선 원인절로 보아서 "그가 행하셨기 때문입니다."로 옮길 수 있습니다. 그렇지만, 다른 한편으로는 이 문장에, "그들이 와서" 말할 내용이 미리 인용된 것으로 보아서, "'그가 행하셨다'고"로 번역할 수도 있습니다. 이럴 경우에는 이 문장은 바로 앞에 나온 <칫카토>(צִדְקָתוֹ)를 설명하고 있는 것으로 볼 수 있습니다.

바르트케는 칠십인역에는 이 문장에 '주님이'(<호 퀴리오스>, ὁ κύριος)라는 주어가 들어 있다는 점을 *BHS* 비평란에서 밝힙니다.

(1)+(2)+(3)+(4) <야보우 워약기두 칫카토 르암 놀랏 키 아사>는 "그들이 와서 그의 의를 앞으로 태어날 백성에게 이야기하리니, 그가 행하셨기 때문입니다." 또는 "그들이 와서 '그가 행하셨다.'고 하면서 그의 의를 앞으로 태어날 백성에게 이야기할 것입니다."로 번역할 수 있습니다.

---

[45] *GKH*, §116e.

6. 시편 13편 읽기

6.1. 시편 13편의 특성과 짜임새

시편 13편은 개인 탄원시의 여러 가지 요소를 갖춘 전형적인 시로 알려져 있습니다. 표제인 1절에 뒤이어 어려움을 호소하는 2[1]-3[2]절과 간구와 간구를 드리는 까닭을 말하는 4[3]-5[4]절이 나오고 마지막으로 신뢰를 고백하고 찬양할 뜻과 까닭을 밝히는 6절로 끝맺습니다. 아래에서는 1[표제], 2[1]-3[2]절, 4[3]-5[4]절, 6절의 네 부분으로 나누어 읽기로 합니다.

6.2. 표제:
<라므낫체아흐 미즈모르 르다윗>(לַמְנַצֵּחַ מִזְמוֹר לְדָוִד׃)

<라므낫체아흐>(לַמְנַצֵּחַ)와 <미즈모르 르다윗>(מִזְמוֹר לְדָוִד)에 대해서는 각각 22편 1절과 23편 1절을 읽을 때 이미 알아본 바 있습니다.

6.3. 어려움 호소(2[1]-3[2]절)

6.3.1. <아드아나 야흐웨 티쉬카헤니 네차흐>(עַד־אָנָה יְהוָה תִּשְׁכָּחֵנִי נֶצַח) (2[1]절 전반절)

(1) <아나>(אָנָה) 또는 <안>(אָן)이 장소를 가리킬 때는 '어디?', '어디로?'를 뜻하지만, 시간을 나타낼 때는 '언제?'를 뜻합니다. 따라서 <아드아나>(עַד־אָנָה)나 <아드안>(עַד־אָן)은 '언제까지?', '얼마나 오랫동안?'을 뜻합니다.

(2) <야흐웨>(יְהוָה)는 그 다음에 이인칭 정동사가 나오기 때문에 호격으로 보아야 합니다.

(3) <티쉬카헤니>(תִּשְׁכָּחֵנִי)는 단순 능동 어간 <칼> 동사 <샤카흐>(שָׁכַח, '잊다')의 단수 남성 이인칭 미완료형에 단수 공성 일인칭 대명접미어 <에니>(נִ)가 붙은 꼴입니다. 이 경우 미완료형은 화법조동사의 의미까지 띤다고 볼 수 있어서,[1] <티쉬카헤니>는 "당신이 저를 잊으시렵니까?"로 옮길 수 있습니다.

(4) <네차흐>(נֶצַח)로 쓰기도 하는 <네차흐>(נֵצַח)는 본디 '계속', '연속'을 뜻하는 명사인데, 때때로 '언제까지나', '영영'이라는 부사로 쓰이기도 합니다.

(1)+(2)+(3)+(4) 이리하여 <아드아나 야흐웨 티쉬카헤니 네차흐>는 "언제까지, 야훼시여, 당신이 저를 영영 잊으시렵니까?"로 번역할 수 있지만, '언제까지'와 '영영'이 썩 잘 어울리지는 않습니다.

---

[1] *TSP*, §32.40.

(5) 그렇다면, <아드아나 야흐웨>(עַד־אָנָה יְהוָה)와 <티쉬카헤니 네차흐>(תִּשְׁכָּחֵנִי נֶצַח)를 나누어, 곧, "언제까지입니까, 야훼시여? 당신이 저를 영영 잊으시렵니까?"의 두 문장으로 옮기면 어떻겠습니까? 이와 비슷한 경우로 시편 79편 5절 전반절, <아드마 야흐웨 테에납 라네차흐>(עַד־מָה יְהוָה תֶּאֱנַף לָנֶצַח)를 들 수 있습니다. <아드마>(עַד־מָה)는 <아드아나>(עַד־אָנָה)와 비슷한 뜻을 지니는 의문사이고, 바로 이 의문사 다음에 호격으로 <야흐웨>가 나오며, 정동사 다음에 부사구 <라네차흐>(לָנֶצַח)가 나오기 때문입니다. 그리하여, 이 경우도 "언제까지입니까, 야훼시여? 당신은 영영 진노하시렵니까?"로 옮길 수 있습니다.

6.3.2. <아드아나 타스티르 엣파네카 밈멘니>(עַד־אָנָה תַּסְתִּיר אֶת־פָּנֶיךָ מִמֶּנִּי)(2[1]절 후반절)

(1) <타스티르>(תַּסְתִּיר)는 동사 <사타르>(סָתַר)의 사역 능동 어간 <히프일>('숨기다') 단수 남성 이인칭 미완료형입니다.

(2) <파네카>(פָּנֶיךָ)는 복수형 명사 <파님>(פָּנִים)에 단수 남성 이인칭 대명접미어 <에카>(ךָ)가 붙은 꼴로 '당신의 얼굴'을 뜻합니다.

(3) <밈멘니>(מִמֶּנִּי)는 전치사 <민>(מִן)에 단수 공성 일인칭 대명접미어 <이>(י)가 불규칙적으로 붙은 꼴입니다.

(1)+(2)+(3) <아드아나 타스티르 엣파네카 밈멘니>는 "언제까지 당신은 당신의 얼굴을 제게서 숨기시렵니까?"로 옮길 수 있습니다.

(4) 2[1]절에서는 시인이 야훼 때문에 겪는 어려움을 쏟아내고 있습니다.

6.3.3. <아드아나 아쉿 에촛 브납쉬>(עַד־אָנָה אָשִׁית עֵצוֹת בְּנַפְשִׁי)(3[2]절 전상반절)

(1) <아쉿>(אָשִׁית)은 단순 능동 어간 <칼> 동사 <쉿>(שִׁית, '두다', '놓다')의 단수 공성 일인칭 미완료형입니다.

(2) <에촛>(עֵצוֹת)은 시편 1편 1절에 이미 나왔던 명사 <에차>(עֵצָה, '계획')의 복수 절대형입니다.

(3) <브납쉬>(בְּנַפְשִׁי)는 전치사 <브>(בְּ)와 명사 <네페쉬>(נֶפֶשׁ)와 단수 공성 일인칭 대명접미어 <이>(ִי)가 한데 어우러진 꼴입니다. 이 경우 <납쉬>(נַפְשִׁי)는 '나 자신'을 뜻하는 것으로 이해하는 것이 좋겠습니다. 또 동사 미완료형은 2[1]절의 경우와 마찬가지로 화법조동사의 의미까지 띠고 있습니다.[2]

(1)+(2)+(3) <아드아나 아쉿 에촛 브납쉬>를 직역하면, "언제까지 제가 제 자신 안에 계획들을 세워야 합니까?" 정도로 할 수 있습니다. 그런데, 이것이 글의 흐름에 별로 어울리지 않는다고 보아서인지, 바르트케는 *BHS* 비평란에서 <에촛>(עֵצוֹת)을 <앗체벳>(עַצֶּבֶת)이나 <앗차봇>(עַצָּבוֹת)으로 고쳐 읽을 것을 제안합니다. <앗체벳>은 '괴로움'이나 '아픔'을 뜻하는 명사로 시편

---

[2] *TSP*, §32.40.

16편 4절에 복수형으로 나옵니다. <앗차봇>은 <앗체벳>의 복수
형입니다. 바르트케의 이러한 제안은 아마도 이 문장과 다음 문
장의 평행 관계를 고려한 것으로 보입니다.

6.3.4. <야곤 빌르바비 요맘>(יָגוֹן בִּלְבָבִי יוֹמָם)(3[2]절 전하반절)

(1) <야곤>(יָגוֹן)은 '걱정하다', '근심하다'를 뜻하는 동사 <야
가>(יָגָה)에서 온 명사이어서, '걱정', '근심'을 뜻합니다.

(2) <빌르바비>(בִּלְבָבִי)는 전치사 <브>(בְּ)와 명사 <레밥>(לְבָב,
'마음')과 단수 공성 일인칭 대명접미어 <이>(ִי)가 한데 어우러
진 꼴입니다.

(3) <요맘>(יוֹמָם)에 대해서는 시편 1편 2절에서 이미 알아본
바대로 명사 <욤>(יוֹם)에 옛 대격 표시 <암>(ָם)이 붙어서 '온종
일'이라는 시간을 나타내는 부사 역할을 합니다.

(1)+(2)+(3) <야곤 빌르바비 요맘> 그 자체만 두고 보면, "걱정
이 제 마음속에 온종일 있습니다."라는 명사 문장으로 이해할 수
있습니다.

(4) 그런데, <야곤>을 앞 문장에 나오는 동사 <아쉿>의 목적어
로 보면, <야곤>은 앞 문장의 <에촛>과, <빌르바비>는 앞 문장
의 <브납쉬>와 상응하여, 두 문장 사이에 일종의 동의 평행 관계
가 이루어집니다. 그렇지만, 그리하려고 했다면, 2절의 경우처럼

<아드아나>와 <아쉿>과 비슷한 뜻을 지니는 정동사를 <야곤 빌르바비 요맘> 앞에도 두어야 했으리라는 생각이 듭니다. 오히려, 처음에 생각한 것처럼 <야곤 빌르바비 요맘>을 명사 문장으로 보면, 이것이 앞 동사 문장에서 진술하는 바의 배경이 되는 상황을 이루는 것으로 이해할 수 있습니다. 이리하여 이 두 문장은 "걱정이 온종일 제 마음에 있으니 언제까지 제 안에 여러 가지 생각을 해야 합니까?" 정도로 이어서 번역해 볼 만합니다.

(5) 이처럼 3[2]절 전반절에서 시인은 자신이 안으로 겪는 어려움을 토로하고 있습니다.

6.3.5. <아드아나 야룸 오여비 알라이>(עַד־אָנָה יָרוּם אֹיְבִי עָלָי)(3절 후반절)

(1) <야룸>(יָרוּם)은 상태동사 <룸>(רוּם, '높다', '높이다')의 단수 남성 삼인칭 미완료형입니다.

(2) <오여비>(אֹיְבִי)는 단수 명사 <오옙>(אֹיֵב, '적', '원수')에 단수 공성 일인칭 대명접미어 <이>(ִ)가 붙은 꼴입니다.

(3) <알라이>(עָלָי)는 전치사 <알>(עַל)에 단수 공성 일인칭 대명접미어 <아이>(ַ)가 합한 꼴입니다.

(1)+(2)+(3) <아드아나 야룸 오여비 알라이>를 직역하면, "언제까지 제 원수가 자신을 제 위에 높이겠습니까?" 정도가 됩니다.

(4) 이는 적이 시인을 제압하고 으스대는 상황이 계속되고 있음을 말하는 것으로 보입니다. 곧 여기서 시인이 적 때문에 겪는 어려움을 말하고 있습니다.

(5) 이리하여 시인은 2[1]-3[2]절에서 하나님 때문에 겪는 괴로움, 자신이 안으로 겪는 괴로움, 적 때문에 겪는 괴로움이라는 세 가지 괴로움을 두고 탄식하고 있습니다.

6.4. 간구와 간구하는 까닭(4[3]-5[4]절)

6.4.1. <합비타 아네니 야흐웨 엘로하이>(הַבִּיטָה עֲנֵנִי יְהוָה אֱלֹהָי)(4[3]절 전반절)

(1) <합비타>(הַבִּיטָה)는 동사 <나밧>(נָבַט)의 사역 능동 어간 <히프일>('보다') 단수 남성 강세명령형입니다.

(2) <아네니>(עֲנֵנִי)는 단순 능동 어간 <칼> 동사 <아나>(עָנָה, '대답하다', '응답하다') 남성 단수 명령형에 단수 공성 일인칭 대명접미어 <에니>(נִי)가 붙은 꼴입니다.

(1)+(2) 그리하여 <합비타 아네니 야흐웨 엘로하이>는 "보십시오, 제게 응답하십시오, 야훼 내 하나님이시여!"로 번역할 수 있습니다.

6.4.2. <하이라 에나이>(הָאִירָה עֵינַי)(4[3]절 후상반절)

(1) <하이라>(הָאִירָה)는 동사 <오르>(אוֹר, '밝다')의 사역 능동 어간 <히프일>('밝게 하다') 남성 단수 강세 명령형입니다.

(2) <에나이>(עֵינַי)는 쌍수 명사 <에나임>(עֵנַיִם, '두 눈')에 단수 공성 일인칭 대명접미어 <아이>(ַי)가 붙은 꼴입니다.

(1)+(2) 이리하여, <하이라 에나이>는 "제 두 눈을 밝히십시오!" 로 옮길 수 있습니다.

6.4.3. <펜이샨 함마웻>(פֶּן־אִישַׁן הַמָּוֶת)(4[3]절 후하반절)

(1) <펜>(פֶּן)은 '...하지 않도록'이란 뜻의 접속사입니다.

(2) <이샨>(אִישַׁן)은 상태동사 <야샨>(יָשֵׁן, '잠자다') 단수 공성 일인칭 미완료형입니다.

(3) <함마웻>(הַמָּוֶת)은 관사 '<하>+중복점(<다게쉬 포르테>)' (הַ·)과 명사 <마웻>(מָוֶת, '죽음')이 합한 꼴입니다.

(1)+(2)+(3) <펜이샨 함마웻>을 직역하면, "내가 그 죽음을 잠 자지 않도록", 또는 "내가 그 죽음에 잠들지 않도록"이 됩니다. 이것이 조금은 어색합니다. 게제니우스[3]는, 이 경우에 <함마웻>

---

[3] *GKH*, §117r 주4.

앞에 연계형 명사 <쉬낫>(שְׁנַת)이 있다고 보아서 "내가 죽음의 잠을 자지 않도록"으로 이해합니다. 곧, 예레미야 51장 39절의 <워야쉬누 쉬낫올람>(וְיָשְׁנוּ שְׁנַת־עוֹלָם, "그리고 그들이 영원의 잠(='영원한 잠')을 자리라."의 경우처럼 뿌리가 같은 동사와 명사가 나란히 쓰이는 경우의 하나로 보는 것입니다.

6.4.4. <펜요마르 오여비 여콜티우>(פֶּן־יֹאמַר אֹיְבִי יְכָלְתִּיו) (5[4]절 전반절)

(1) 두 번째 <펜>(פֶּן) 문장의 정동사 <요마르>(יֹאמַר)는 동사 <아마르>(אָמַר)의 단순 능동 어간 <칼> 단수 남성 삼인칭 미완료형이고, 주어는 3절 끝문장과 마찬가지로 <오여비>(אֹיְבִי)입니다. <여콜티우>(יְכָלְתִּיו)는 단순 능동 어간 <칼> 동사 <야콜> (יָכֹל)의 단수 공성 일인칭 완료형 <야콜티>(יָכֹלְתִּי)에 단수 남성 삼인칭 대명접미어로 <와우>(ו)가 바로 붙은 꼴인데, 이 경우 동사 <야콜>은 '아무개를 능가하다', '아무개를 이기다'는 뜻을 지닙니다.

(2) <펜요마르 오여비 여콜티우>는 "제 원수가 '내가 그를 이겼다.'라고 말하지 않도록"으로 번역할 수 있습니다.

6.4.5. <차라이 야길루 키 엠못>(צָרַי יָגִילוּ כִּי אֶמּוֹט:)(5[4]절 후반절)

(1) <차라이>(צָרַי)는 시편 23편 5절에 나온 분사 <초레르>(צֹרֵר)와 같은 뿌리에서 나온 명사 <차르>(צַר)에 복수 명사와 결합하는 단수 공성 일인칭 대명접미어 <아이>(ַי)가 붙으면서 어근의 둘째, 셋째 자음인 <레쉬>가 중복될 수 없어서 그 앞 모음이 긴 <아>로 된 꼴입니다.

(2) <야길루>(יָגִילוּ)는 '기뻐 소리치다', '환호성을 지르다'는 뜻의 동사 <길>(גִּיל)의 남성 복수 삼인칭 미완료형입니다.

(3) <키>(כִּי)는 이 경우 주절 <차라이 야길루>에 걸리는 종속절을 이끕니다.

(4) <엠못>(אֶמּוֹט)은 동사 <못>(מוֹט)의 단순 재귀 또는 수동 어간 <니팔> 단수 공성 일인칭 미완료형입니다. <못>의 <니프알>은 '비틀거리다', '흔들리다'를 뜻합니다.

(1)+(2)+(3)+(4) <차라이 야길루 키 엠못> 자체는 "내가 비틀거리면, 내 적들이 기뻐 소리칠 것입니다."를 뜻하지만, 앞 문장 첫머리의 접속사 <펜>의 효력이 이 문장에도 미친다고 보면, "내가 비틀거려서 내 적들이 기뻐 소리치지 않도록"으로 번역할 수 있습니다.

6.5. 신뢰와 각오 표명(6[5]절)

6.5.1. <와아니 브하스드카 바타흐티>(וַאֲנִי בְּחַסְדְּךָ בָטַחְתִּי)(6[5]절 전상반절)

(1) <와아니>(וַאֲנִי)의 접속사 <와>(וְ)는 그 다음 낱말의 첫 모음인 합성 <쉬와> <아>(ֲ)의 영향을 받아 그 모음이 짧은 <아>(ַ)로 길어진 꼴인데, 앞에서 말한 내용과 대조가 되거나 반대가 되는 내용을 진술할 때 첫머리에 나오는 역접의 접속사입니다.

(2) <바타흐>(בָּטַח) 동사에 전치사 <브>(בְּ)로 시작하는 구가 이어지면, '...을 신뢰하다'를 뜻하는데, 여기서는 그 전치사구 <브하스드카>(בְחַסְדְּךָ)가 정동사 <바타흐티>(בָטַחְתִּי)보다 먼저 나와서 강조되었습니다. <브하스드카>는 전치사 <브>(בְּ)와 명사 <헤셋>(חֶסֶד)과 단수 남성 이인칭 대명접미어 <으카>(ךָ)가 한데 어우러진 꼴입니다. <바타흐티>는 동사 <바타흐>의 단수 공성 일인칭 완료형입니다.

(1)+(2) <와아니 브하스드카 바타흐티>는 "그래도 저는 당신의 자비를 신뢰하였습니다."로 옮길 수 있습니다.

6.5.2 <야겔 립비 비슈아테카>(יָגֵל לִבִּי בִּישׁוּעָתֶךָ)(6[5]절 전 하반절)

(1) <야겔>(יָגֵל)은 앞 5[4]절에 이미 한 번 나왔던 동사 <길>(גִּיל)의 <칼> 남성 단수 삼인칭 청원형(jussive)으로서 같은 성 수 인칭의 미완료형인 <야길>(יָגִיל)의 둘째 모음이 긴 <에>(ֵ)로 짧아진 꼴입니다.

(2) <립비>(לִבִּי)는 명사 <렙>(לֵב)에 단수 공성 일인칭 대명접

미어 <이>(ִ)가 붙으면서 명사의 둘째 어근 자음이 중복된 점이 되살아난 꼴입니다. <렙>의 긴 꼴인 <레밥>은 이미 앞 3[2]절에 나온 바 있습니다.

(3) <비슈아테카>(בִּישׁוּעָתֶךָ)는 전치사 <브>(בְּ)와 명사 <여슈아>(יְשׁוּעָה)와 단수 남성 이인칭 대명접미어 <으카>(ךָ)가 한데 어우러진 꼴입니다.

(1)+(2)+(3) <야겔 립비 비슈아테카>를 직역하면, "제 마음이 당신의 구원 가운데 기뻐 소리칠지라."로 할 수 있습니다.

6.5.3. <아쉬라 르야흐웨>(אָשִׁירָה לַיהוָה)(6[5]절 후상반절)

(1) <아쉬라>(אָשִׁירָה)는 동사 <쉬르>(שִׁיר)의 단수 공성 일인칭 소원형(cohortative)이고, <르야흐웨>(לַיהוָה)는 전치사 <르>(לְ)와 <야흐웨>(יהוה)가 합한 꼴입니다.

(2) <아쉬라 르야흐웨>는 "제가 야훼께 노래하리라!"를 뜻합니다.

(3) 지금까지 하나님을 이인칭으로 부르던 것과는 달리 이 마지막 후반절에서 하나님은 삼인칭으로 등장합니다. 그러므로 이 후반절은 시인이 자신의 각오와 다짐을 혼잣말로 표현하는 말로 볼 수 있습니다.

6.5.4. <키 가말 알라이>(כִּי גָמַל עָלָי)(6절 후하반절)

(1) <키>(כִּי)는 원인절을 이끄는 접속사로 볼 수도 있고, 인용문을 이끌어 들이는 접속사로 이해할 수도 있습니다. 더 나아가서, 문장 전체를 수식하는 부사 역할을 한다고 볼 수도 있습니다.

(2) <가말>(נָמַל)은 본디 '아무개에게 행하다', '아무개에게 무엇을 나타내 보이다'라는 뜻을 지니는데, 전치사 <알>(עַל)로 시작하는 전치사구와 같이 쓰일 때는 '아무개에게 잘 해 주다'를 뜻하는 것으로 보입니다. 그런 보기로는 본문 말고도 시편 116편 7절의 <키야흐웨 가말 알라여키>(כִּי־יְהוָה גָמַל עָלָיְכִי, "야훼께서 네게 잘 해 주셨기 때문이라.")와 119편 17절의 <그몰 알르압드카 에흐예>(גְּמֹל עַל־עַבְדְּךָ אֶחְיֶה, "당신의 종에게 잘 해 주십시오!")를 들 수 있습니다.

(1)+(2) <키 가말 알라이>는 "그가 내게 잘 해 주셨기 때문이로다." 또는 "그가 내게 잘 해 주셨도다.", "참으로 그가 내게 잘 해 주셨도다."로 번역할 수 있습니다.

7. 시편 8편 읽기

7.1. 시편 8편의 흐름과 짜임새

시편 8편은 표제인 1절, 시를 시작하면서 야훼의 이름을 기리는 2[1]절, 하나님이 적들 때문에 어린이들을 쓰심을 노래하는 3[2]절, 시인의 창조세계 경험을 말하는 4[3]절, 사람을 기억하고 돌보시는 하나님을 기리는 5[4]절, 창조세계 가운데서 사람을 높이신 야훼를 기리는 6[5]-9[8]절, 시를 마감하면서 야훼의 이름을 기리는 10[9]절의 일곱 부분으로 나누어 읽을 수 있습니다.

7.2. 표제:
<라므낫체아흐 알학깃팃 미즈모르 르다윗>(לַמְנַצֵּחַ עַל־הַגִּתִּית מִזְמוֹר לְדָוִד׃)(1[없음]절)

(1) <라므낫체아흐>(לַמְנַצֵּחַ)와 <미즈모르 르다윗>(מִזְמוֹר לְדָוִד)에 대해서는 각각 22편과 23편을 읽을 때 이미 다룬 바 있습니다.

(2) <알학깃팃>(עַל־הַגִּתִּית)에서 <알>(עַל)은 22편 표제의 경우처럼 어떤 가락에 '맞추어'란 뜻으로 이해할 수 있겠는데, 문제는 <학깃팃>(הַגִּתִּית)이 무엇을 뜻하는가 하는 데 있습니다. <깃팃>(גִּתִּית)을 블레셋 성읍인 <갓>(גַּת)에서 비롯된 말로 볼 경우에, 이는 갓 사람의 악기나 음조를 가리키는 것으로 이해할 수 있습니다. 그런가 하면, 이를 '포도 짜는 곳'을 뜻하는 <갓>(גַּת)과 관

런시킬 경우에는, <알학깃팃>을 '포도 짜는 사람들 가운데서'라
는 정도로 이해할 수도 있습니다.

(3) 바르트케는 *BHS* 비평란에서 이 <깃팃>이 칠십인역과 쉼
마쿠스 역과 히에로니무스 역에서는 복수로 되어 있고, 이것이
81편의 표제와 84편의 표제에서도 그러하다는 점을 알려줍니다.

(1)+(2)+(3) <라므낫체아흐 알학깃팃 미즈모르 르다윗>은 '악
장을 위하여. 깃팃에 맞추어. 다윗의 노래' 정도로 직역할 만합
니다.

7.3. 첫 찬양: 야훼의 강력한 이름(2[1]절)

7.3.1. <야흐웨 아도네누 마앗디르 쉬므카 브콜하아레츠>
(יְהוָה אֲדֹנֵינוּ מָה־אַדִּיר שִׁמְךָ בְּכָל־הָאָרֶץ)(2[1]절 전반절)

(1) 구약 여러 본문에서 어렵지 않게 볼 수 있는 <야흐웨 엘로
헤누>(יְהוָה אֱלֹהֵינוּ)('야훼 우리 하나님')와는 달리 <야흐웨 아
도네누>(יְהוָה אֲדֹנֵינוּ)('야훼 우리 주')는 본문 말고는 느헤미야
10장 30[29]절에만 나옵니다. 그렇지만, 본문에서 <야흐웨 아도
네누>가 호격으로 쓰이고 있는 점에서 느헤미야 10장 30[29]절
과 다릅니다.

(2) <앗디르>(אַדִּיר)는 '강력한', '위엄찬', '장엄한', '엄청난'
등을 뜻하는 형용사입니다. <마앗디르>(מָה־אַדִּיר)는 감탄문의
시작으로서 '얼마나 강력한지요!'를 뜻합니다.

(1)+(2) 이리하여 <야흐웨 아도네누 마앗디르 쉬므카 브콜하아레츠>는 "야훼 우리 주여, 당신의 이름이 온 땅에 얼마나 강력한지요!"로 옮길 수 있습니다.

7.3.2. <아셰르 트나 호드카 알핫샤마임>(אֲשֶׁר תְּנָה הוֹדְךָ עַל־הַשָּׁמָיִם) (2[1]절 후반절)

(1) 관계사 <아셰르>(אֲשֶׁר) 다음의 낱말 <트나>(תְּנָה)는 동사 <나탄>(נָתַן)의 단순 능동 어간 <칼> 단수 남성 강세 명령형이어서, 관계사와는 잘 어울리지 않습니다. 칠십인역에서는 <아셰르 트나>(אֲשֶׁר תְּנָה)에 상응하는 자리에 "왜냐하면 높아졌음이라"(<호티 에페르테>, ὅτι ἐπήρθη)로 되어 있습니다. 그런가 하면, 시리아어 역본과 <타르굼>에서는 '두신 당신'으로, 쉼마쿠스와 히에로니무스 곧 제롬은 '세우신 당신'으로 번역하였습니다. 바르트케가 *BHS* 비평란에서 마소라 본문의 <트나>(תְּנָה)를 <나탓타>(נָתַתָּ)로 읽어야 한다고 한 것은 한편으로 문맥을, 다른 한편으로는 시리아어 역본과 <타르굼>과 쉼마쿠스와 히에로니무스 곧 제롬의 번역을 고려한 것으로 보입니다. 또 <니탄>(נִתַּן)으로 읽자는 제안은 칠십인역과 상응하고, <나트나>(נָתְנָה)로 읽자는 제안은 관계문의 주어를 <하아레츠>로 보려는 시도라 하겠습니다. 첫 제안이 가장 무난해 보입니다.

(2) <호드카>(הוֹדְךָ)는 '무게', '힘', '장엄', '위엄'을 뜻하는 명사 <호드>(הוֹד)에 단수 남성 이인칭 대명접미어 <으카>(ךָ)가 붙은 꼴입니다.

(1)+(2) <트나>(תְּנָה)를 <나탓타>(נָתַתָּה)로 바꾸어 읽을 경우에, 이 반절은 "당신의 위엄을 당신이 하늘 위에 두셨나이다."로 번역할 만합니다.

7.4. 적(들) 때문에 어린이들을 쓰신 야훼(3[2]절)

7.4.1. <밉피 올를림 워요느킴 잇삿타 오즈>(מִפִּי עוֹלְלִים וְיֹנְקִים יִסַּדְתָּ עֹז) (3[2]절 전반절)

(1) <밉피>(מִפִּי)는 전치사 <민>(מִן)과 '입'을 뜻하는 명사 <페>(פֶּה)의 연계형 <피>(פִּי)가 합친 꼴입니다.

(2) <올를림>(עוֹלְלִים)은 '젖 먹이다'라는 뜻의 단순 능동 어간 <칼> 동사 <올>(עוֹל)에서 비롯된 명사 <올렐>(עוֹלֵל)의 복수 절대형입니다.

(3) <요느킴>(יֹנְקִים)은 '젖 빨다'를 뜻하는 단순 능동 어간 <칼> 동사 <야낙>(יָנַק)의 능동 분사 남성 복수 절대형입니다. 그 어원으로 보면, 둘 다 젖먹이들을 뜻할 수 있는데, 편의상 이 둘을 나란히 쓸 때는 '어린아이들과 젖먹이들'이라고 번역하는 것이 보통입니다(삼상 15:3; 22:19; 렘 44:7; 애 2:11). 여기서는 연계형 <피>(פִּי) 뒤에 두 개의 절대형이 나란히 쓰이고 있습니다.

(1)+(2)+(3) <밉피 올를림 워요느킴>을 직역하면, '어린아이들과 젖먹이들의 입으로부터'가 됩니다. 그런데, 전치사 <민>(מִן)

이 때로는 수단('...로써')이나 원인('...때문에')을 뜻할 수도 있습니다. 본문에서는 수단으로 보는 것이 가장 나아 보입니다. 그럴 경우에는 '어린아이들과 젖먹이들의 입으로써'로 번역할 수 있습니다. 그런데, 이 긴 전치사가 정동사 앞에 나와서 강조되어 있습니다.

(4) <잇삿타>(יִסַּדְתָּ)는 동사 <야삿>(יָסַד)의 강의 능동 어간 <피엘> 단수 남성 이인칭 완료형인데, <야삿>의 단순 능동 어간 <칼>은 '기초를 굳게 놓다'를 뜻하고, <피엘>도 비슷한 뜻을 지닙니다.

(5) <오즈>(עֹז)는 본디 '강함', '힘'을 뜻하는 추상명사인데, 여기서는 그 강함이나 힘이 구체화된 물건, *HAL*에서는 성읍의 방어시설, 곧 보루 같은 것을 가리킨다고 봅니다. 바르트케는 시리아어 역본에 이 <오즈>의 자리에 '당신의 영광'이 들어 있다는 점을 *BHS* 비평란에서 알려줍니다. 내용상으로는 이 <오즈>와 앞에 나온 <올를림 워요느킴>은 좋은 대조를 이룹니다.

(1)-(5)를 통틀어 보면, <밉피 올를림 워요느킴 잇삿타 오즈>는 "어린아이들과 젖먹이들의 입으로써 당신은 강한 것을 굳게 세우셨다."로 번역할 수 있습니다.

7.4.2. <르마안 초르레카 르하쉬빗 오옙 우미트낙켐>(לְמַעַן צוֹרְרֶיךָ לְהַשְׁבִּית אוֹיֵב וּמִתְנַקֵּם:)(3[2]절 후반절)

(1) <르마안>(לְמַעַן)은 '...을 고려해서', '...을 참작해서', '...때

문에'를 뜻합니다. <초르레카>(צוֹרְרֶיךָ)는 시편 23편 5절에 나왔던 분사 <초레르>(צֹרֵר)의 복수 연계형에 단수 남성 이인칭 대명 접미어가 붙은 꼴이어서, '당신을 적대시하는 자들', '당신을 공격하는 자들'을 뜻합니다. 바르트케는 히에로니무스의 번역에 이 부분이 '나의 적대자들'로 되어 있다는 점을 *BHS* 비평란에서 알려줍니다. <르마안 초르레카>(לְמַעַן צוֹרְרֶיךָ)는 '당신의 적대자들 때문에'라는 뜻으로 이해할 수 있습니다.

(2) <르하쉬빗>(לְהַשְׁבִּית)은 전치사 <르>(לְ)와 동사 <샤밧>(שָׁבַת)의 사역 능동 어간 <히프일> 부정사 연계형이 합한 꼴입니다. <샤밧>의 단순 능동 어간 <칼>은 '그치다', '쉬다'를 뜻하고, <히프일>은 '그치게 하다', '끝장내다', '없애다'라는 뜻을 지닙니다.

(3) <오옙>(אוֹיֵב)는 시편 13편 3[2]절과 5[4]절에 나왔던 낱말로, 그 꼴로 보면 단순 능동 어간 <칼> 동사 <아얍>(אָיַב)의 능동 분사 기본꼴입니다.

(4) <우미트낙켐>(וּמִתְנַקֵּם)의 첫머리 <우>는 입술소리 <멤> 앞에서 접속사 <워>(וְ)가 <우>(וּ)로 바뀐 것입니다. <미트낙켐>(מִתְנַקֵּם)은 동사 <나캄>의 <힛파엘> 분사 기본꼴입니다. <나캄>의 <힛파엘>형은 '자기의 복수를 하다'를 뜻하는데, 그 분사형이 사람을 가리킬 때는 '복수하려는 자', '복수심에 불타는 자' 정도로 이해할 수 있습니다. 여기서는 이 두 낱말이 나란히 이어져 나옴으로써 실제로는 한 사람, 곧 '원수이자 복수하려는 자'를 가리키는 표현으로 이해할 수 있습니다.

(1)-(4) <르마안 초르레카 르하쉬빗 오옙 우미트낙켐>을 낱말의 순서를 살려 번역한다면, "당신의 적들 때문에, 원수이자 복수하려는 자를 없애시려고" 정도로 할 수 있습니다.

7.5. 시인의 창조 세계 경험:

<키에르에 샤메카 마아세 에츠브오테카 야레아흐 워코카빔 아세르 코난타>(כִּי־אֶרְאֶה שָׁמֶיךָ מַעֲשֵׂי אֶצְבְּעֹתֶיךָ יָרֵחַ וְכוֹכָבִים אֲשֶׁר כּוֹנָנְתָּה) (4[3]절)

(1) 첫머리 <키>(כִּי)를 원인절을 이끄는 접속사로 보기는 힘듭니다. 실제로는 4[3]절부터 새로운 진술이 시작되기 때문입니다.

(2) <에르에>(אֶרְאֶה)는 단순 능동 어간 <칼>동사 <라아>(רָאָה)의 단수 공성 일인칭 미완료형입니다.

(1)+(2) 접속사 <키>가 미완료 동사와 함께 쓰이면, '...할 때마다'라는 뜻의 시간절을 이끌어 들일 수 있습니다.[1] 그렇다면 <키에르에>(כִּי־אֶרְאֶה)는 '내가 볼 때마다'라는 뜻으로 이해할 수 있습니다. 바르트케는 그렇게 보는 주체가 시리아어 역본에는 '그들(남성)'로 되어 있다는 점을 *BHS* 비평란에서 알려줍니다.

(3) <샤메카>(שָׁמֶיךָ)는 '하늘'을 뜻하는 쌍수형 명사 <샤마임>(שָׁמַיִם)에 단수 남성 이인칭 대명접미어가 붙은 꼴인데, 칠십인역에는 대명접미어가 없다고 합니다.

---

[1] *GKH*, §164d.

(4) <마아세>(מַעֲשֵׂי)는 '만들다'는 뜻의 동사 <아사>(עָשָׂה)에
서 비롯된 명사 <마아세>(מַעֲשֶׂה, '만든 것')의 복수 연계형인데,
여러 사본이나 시리아어 역본에서는 이것이 단수 연계형(מַעֲשֵׂה)
으로 되어 있습니다. <마아세 에츠브오테카>(מַעֲשֵׂי אֶצְבְּעֹתֶיךָ)
는 바로 앞의 <샤메카>(שָׁמֶיךָ)와 동격 관계에 있으므로, 단수이
든 복수이든 의미상으로는 별 차이가 없습니다.

(5) <에츠브오테카>(אֶצְבְּעֹתֶיךָ)에서 단수 남성 이인칭 대명접
미어 <에카>(ךָ)를 떼내어 놓고 보면, 그 나머지 부분인 <에츠
브옷>(אֶצְבְּעֹת)에서 여성 복수형 명사의 흔적을 알 수 있고, 그
기본꼴을 사전에서 찾아보면, <에츠바으>(אֶצְבַּע)인 것을 알 수
있습니다.

(4)+(5) <마아세 에츠브오테카>(מַעֲשֵׂי אֶצְבְּעֹתֶיךָ)는 '당신의
손가락들로 만든 것들'을 뜻합니다. 이 경우에 절대형 명사가 실
제로는 수단 또는 도구를 표현합니다.

(6) <야레아흐 워코카빔>(יָרֵחַ וְכוֹכָבִים, '달과 별들')은 이 문
장의 둘째 목적어입니다. <야레아흐>(יָרֵחַ)의 마지막 모음 <아>
는 후음과 그 앞의 장모음 사이에 발음의 편의를 위해 끼어드는
'도입 <파타흐>'(patach furtivum)입니다.

(7) <코난타>(כּוֹנָנְתָּה)는 동사 <쿤>(כּוּן)의 <폴렐>(동사 어근
의 마지막 자음이 중복되는 강의 능동 어간) 단수 남성 이인칭
완료형입니다. <쿤>의 <폴렐>형은 '거기 세워놓다', '설치하다',
'배치하다'는 뜻을 지닙니다.

(8) 내용으로 보면 <아세르 코난타>(אֲשֶׁר כּוֹנָנְתָּה)는 전반절의 <마아세 에츠브오테카>에 상응합니다.

(1)-(8) 이리하여 4[3]절 전체는 "제가 당신이 손가락들로 만드신 바, 당신의 하늘을, 당신이 배치해 놓으신 달과 별들을 볼 때마다"로 옮길 수 있습니다.

7.6. 사람을 기억하시고 돌보시는 하나님(5[4]절)

"제가 ...볼 때마다"라는 종속절이 나왔으니 뒤이어 "제게는 이런 생각이 듭니다." 정도의[2] 주절이 나와야 하는데, 그런 것이 없이 바로 감탄과 감사와 찬양의 고백이 이어집니다.

7.6.1. <마에노쉬 키티즈크렌누>(מָה־אֱנוֹשׁ כִּי־תִזְכְּרֶנּוּ)(5[4]절 전반절)

(1) <티즈크렌누>(תִזְכְּרֶנּוּ)는 동사 <자카르>(זָכַר)의 <칼> 단수 남성 이인칭 미완료형에 단수 남성 삼인칭 대명접미어가 붙으면서 그 사이에 '강세의 <눈>'(nun energicum)이 덧붙은 꼴입니다. 곧 <티즈코르>(תִזְכֹּר)+<엔>(ֶנּ)+<후>(הוּ)가 <티즈크렌후>(תִזְכְּרֶנְהוּ)를 거쳐 <티즈크렌누>(תִזְכְּרֶנּוּ > תִזְכְּרֶנּוּ)로 된 것입니다.

(2) 의문사 <마>(מָה)가 실제로는 감탄의 뜻을 지니는 경우는

---

[2] *TSP,* 189의 번호 30.11에서는 "다음과 같은 물음에 이르게 됩니다."(so komme ich zu der Frage)를 보충해 볼 수 있다고 합니다.

이미 2절에서 보았습니다. 이번에는 이것이 뒤이어 나오는 <키>
(כִּי) 문장과 이어지는데, 이 <키> 문장은 의문문의 결과절로 볼
수 있습니다. 그리하여, <마에노쉐>(מָה־אֱנוֹשׁ) 자체만으로는
"사람이 무엇인가?"라는 의문문이지만, 그 뒤에 <키티즈크렌누>
(כִּי־תִזְכְּרֶנּוּ)와 이어지면, "사람이 무엇이라고 당신은 그를 기억
하십니까?"라는 뜻이 되어, 사람을 귀히 여기시는 하나님에 대한
감탄과 감사를 수사의문문 형식으로 고백하는 말의 앞부분이 됩
니다.

7.6.2. <우벤아담 키 팁크덴누>(וּבֶן־אָדָם כִּי תִפְקְדֶנּוּ׃)(5[4]절
후반절)

(1) <우벤>(וּבֶן)에서는 접속사 <워>(וְ)가 입술소리 <벳>(ב) 앞
에서 <우>(וּ)로 되었습니다.

(2) <벤아담>(בֶן־אָדָם)에서 연계형 <벤>(בֶּן)은 '사람'을 통칭
하는 명사 가운데 하나인 <아담>(אָדָם)을 개별적으로 표현하기
위해 덧붙은 것으로 볼 수 있습니다. 이런 경우 <벤>은 뒤이어 나
오는 절대형 명사가 표현하는 어떤 집단의 구성원을 뜻합니다.[3]

(3) <팁크덴누>(תִפְקְדֶנּוּ)는 단순 능동 어간 <칼> 동사 <파캇>
(פָּקַד)의 단수 남성 이인칭 미완료형에 강세의 <눈>과 남성 단
수 삼인칭 대명접미어가 한데 어우러진 꼴입니다. <파캇>(פָּקַד)
은 '살펴보다'는 뜻을 지니는데, 문맥에 따라서는 본문의 경우처
럼 '돌보다'는 뜻으로 이해할 수 있습니다.

---

[3] *HAL*, 132.

(4) 이 후반절은 의문사 <마>(מָה)를 전제합니다. 곧 <우마벤 아담...>(...וּמָה־בֶן־אָדָם)의 뜻으로 읽을 수 있습니다.

(1)+(2)+(3)+(4) 5[4]절 전체는 "사람이 무엇이라고 당신은 그를 기억하시고, 인간이 무엇이라고 당신은 그를 돌보십니까?"로 번역할 수 있습니다.

7.7. 사람을 높이신 하나님(6[5]-9[8]절)

사람을 특별하게 대우하시는 하나님에 대한 감탄과 감사와 찬양의 고백이 6[5]절 이하에서는 더 구체적으로 표현됩니다.

7.7.1. <왓트핫스레훔 므앗 메엘로힘>(וַתְּחַסְּרֵהוּ מְּעַט מֵאֱלֹהִים) (6[5]절 전반절)

(1) <왓트핫스레훔>(וַתְּחַסְּרֵהוּ)의 마지막 'ㅁ'은 사실 그 다음 낱말 <므앗>(מְּעַט)의 첫 자음 <멤>에 중복점이 들어 있다는 점을 살리기 위해 덧붙인 것입니다. 그러니까, 두 낱말이 아주 긴밀히 연결되어 있어서 한 낱말처럼 <왓트핫스레훔므앗>(וַתְּחַסְּרֵהוּמְּעַט)으로 읽을 수 있게 되었다는 말입니다.

(2) <왓트핫스레후>(וַתְּחַסְּרֵהוּ)는 <와우> 미완료 연속법인데, 거기 들어 있는 정동사는 <하세르>(חָסֵר)의 강의 능동 어간 <피엘> 단수 남성 이인칭 미완료형이고, 그 뒤에 6[5]절 후반절과 7

[6]절 전반절에도 나오는 남성 단수 삼인칭 대명접미어 <에후>
(הו)가 덧붙어 있습니다. <하세르>의 단순 능동 어간 <칼>은 본
디 '줄어들다', '적어지다', '모자라다'는 뜻으로, 시편 23편 1절에
나온 바 있습니다. 그 <피엘>은 '모자라게 하다'는 뜻을 지니게
됩니다.

   (3) '조금', '약간'이라는 수량이나 정도를 나타내는 부사 <므
앗>(מְעַט)이 바로 <왓트핫스레후>와 긴밀히 이어지면서, 두 낱
말은 "그리고 당신은 그를 조금 모자라게 하셨다."는 점을 표현
합니다.

   (4) <메엘로힘>(מֵאֱלֹהִים)은 전치사<민>(מִן)이 <엘로힘>(אֱלֹהִים)
앞에 붙으면서 <엘로힘>의 첫 자음 <알렙>이 중복되지 않는 대신
에 전치사의 모음이 장모음 <에>로 길어진 꼴입니다. 이 경우에
<민>은 '...와 견주어 볼 때',4) '...보다'라는 비교의 뜻으로 이해할
수 있습니다.

   (1)+(2)+(3)+(4) <왓트핫스레훔 므앗 메엘로힘>은 "그리하여
당신은 그를 하나님보다 조금 모자라게 하셨도다."로 번역할 수
있습니다. 사람이 하나님보다 겨우 조금 모자란다는 식의 내용
이 아무래도 마음에 걸려서인지, 우리 개역한글판에서는 <엘로
힘>을 '천사'로 번역하고, 난외주에 '하나님'이라고 밝혀 놓았습
니다. 이와는 반대로, 개역개정판에서는 본문에 '하나님'이라고
옮겨 놓고, 난외주에 '또는 천사'라고 적어 놓았습니다.

---

4) *HAL*, 325.

7.7.2. <워카봇 워하다르 트앗트레후>(וְכָב֖וֹד וְהָדָ֣ר תְּעַטְּרֵֽהוּ:) (6[5]절 후반절)

(1) <워카봇>(וְכָב֖וֹד, '그리고 영광')에 붙어 있는 접속사가 칠십인역과 시리아어역과 히에로니무스의 번역에는 빠져 있다는 점을 바르트케가 *BHS* 비평란에서 알려줍니다.

(2) <하다르>(הָדָ֣ר)는 본디 '두드러지게 하다', '눈에 띄게 하다'를 뜻하는 단순 능동 어간 <칼> 동사 <하다르>(הָדַר)에서 비롯된 명사로서 '찬란함', '화려함'을 뜻합니다.

(3) <트앗트레후>(תְּעַטְּרֵֽהוּ)는 동사 <아타르>(עָטַר)의 강의 능동 어간 <피엘> 단수 남성 이인칭 미완료형인 <트앗테르>(תְּעַטֵּר)에 남성 단수 삼인칭 대명접미어 <에후>(הוּ)가 붙은 꼴입니다. <아타르>의 단순 능동 어간 <칼>은 '에워싸다', '감싸다'를 뜻하고, 강의 능동 어간 <피엘>은 '관을 씌우다'를 뜻합니다. 바르트케는 *BHS* 비평란에서 <트앗트레후>를 칠십인역과 시리아어역을 참고하여 <와우> 미완료 연속법으로 읽을 것을 제안합니다.

(1)+(2)+(3) <워카봇 워하다르 트앗트레후>는 "영광과 찬란함으로 당신은 그를 관 씌우시도다."로 번역할 수 있습니다.

7.7.3. <탐쉴레후 브마아세 야데카>(תַּמְשִׁילֵהוּ בְּמַעֲשֵׂ֣י יָדֶ֑יךָ) (7[6]절 전반절)

(1) <탐쉴레후>(תַּמְשִׁילֵהוּ)는 '다스리다'는 뜻의 동사 <마샬>(מָשַׁל)의 사역 능동 어간 <히프일> 단수 남성 이인칭 미완료형인 <탐쉴>(תַּמְשִׁיל)에 남성 단수 삼인칭 대명접미어 <에후>(הוּ‗)가 붙은 꼴입니다.

(2) <브마아세>(בְּמַעֲשֵׂי)는 전치사 <브>(בְּ)와 앞 4[3]절에 이미 나온 바 있는 명사 <마아세>(מַעֲשֶׂה)의 복수 연계형이 합한 꼴인데, 4[3]절의 경우와 마찬가지로 여러 사본과 시리아어역에서는 <마아세>가 단수(מַעֲשֶׂה)로 되어 있습니다. 여기서는 문맥으로 볼 때 복수가 더 낫습니다. 여기 전치사 <브>(בְּ)가 나온 것은 그것이 동사 <마샬>(מָשַׁל)과 함께 '...을 다스리다'를 뜻하기 때문입니다.

(3) <야데카>(יָדֶיךָ)는 명사 <얏>(יָד)의 쌍수형에 단수 남성 이인칭 대명접미어가 붙은 꼴입니다.

(2)+(3) <마아세 야데카>(מַעֲשֵׂי יָדֶיךָ)는 4[3]절에 나온 <마아세 에츠브오테카>와 비슷한 뜻을 지닙니다.

(1)+(2)+(3) <탐쉴레후 브마아세 야데카>는 "당신은 당신의 두 손으로 만드신 것들을 그가 다스리게 하시도다."로 옮길 수 있습니다.

7.7.4. <콜 샷타 타핫라글라우>(כֹּל שַׁתָּה תַחַת־רַגְלָיו׃)(7[6]절 후반절)

(1) <샷타>(שַׁתָּה)는 '놓다', '두다'는 뜻의 단순 능동 어간 <칼> 동사 <쉿>(שִׁית)의 단수 남성 이인칭 완료형인데, 보통은 <샤타>(שָׁתָה)로 씁니다.

(2) <라글라우>(רַגְלָיו)는 명사 <레겔>(רֶגֶל, '발')의 쌍수형에 단수 남성 삼인칭 대명접미어가 붙은 꼴입니다.

(1)+(2) <콜 샷타 타핫라글라우>에서 목적어 <콜>(כֹל)이 정동사 앞에 나와서 강조되어 있으므로, 이 문장은 "전체를 당신은 그의 발아래에 두셨다."로 번역할 수 있습니다.

7.7.5. <초네 와알라핌 쿨람 워감 바하못 사다이>(צֹנֶה וַאֲלָפִים כֻּלָּם וְגַם בַּהֲמוֹת שָׂדָי:)(8[7]절)

8-9절은 문장이 아니라, 여러 명사를 죽 이어놓은 것으로서, 7[6]절 후반절의 <콜>(כֹל)의 내용을 구체적으로 예시한 것으로 보입니다.

(1) <초네>(צֹנֶה)는 '양떼'를 뜻하는 집합명사 <촌>(צֹאן)에 여성형 어미 <에>(ֶה)가 붙은 꼴입니다. 몇 사본에서는 <초네>(צֹאנֶה)로 나옵니다.

(2) <알라핌>(אֲלָפִים)은 '소'를 뜻하는 명사 <엘렙>(אֶלֶף)의 복수 절대형입니다.

(3) <쿨람>(כֻּלָּם)은 '전체'를 뜻하는 명사 <콜>(כֹּל)에 복수 남
성 삼인칭 대명접미어가 붙은 꼴로, '그것들[남] 전체'라는 뜻입
니다.

(4) <바하못>(בַּהֲמוֹת)은 본디 '짐승'을 뜻하다가 나중에는 흔
히 '집짐승', '가축'을 가리키게 된 명사 <브헤마>(בְּהֵמָה)의 복수
연계형입니다.

(5) <사다이>(שָׂדָי)는 '들'을 뜻하는데, 흔히 <사데>(שָׂדֶה)로
씁니다. 본디 마지막 음절의 모음은 짧은 <아>인데, 여기서는 억
양 때문에 길어졌습니다.

(1)-(5)를 통틀어 보면, <초네 와알라핌 쿨람 위감 바하못 사다
이>는 '양떼와 소들, 그 모든 것, 그리고 또한 들의 가축'으로 직
역할 수 있습니다.

7.7.6. <칩포르 샤마임 우드게 하이얌 오베르 오르홋 얌밈>
(צִפּוֹר שָׁמַיִם וּדְגֵי הַיָּם עֹבֵר אָרְחוֹת יַמִּים)(9[8]절)

(1) <칩포르>(צִפּוֹר)는 '새'를 뜻하는 집합명사의 연계형입니
다.

(2) <우드게>(וּדְגֵי)의 <우>(וּ)는 접속사 <워>(וְ)의 모음이 그 뒤
의 유성 <쉬와> 때문에 길어진 꼴입니다. <드게>(דְגֵי)는 '물고기'
를 뜻하는 명사 <닥>(דָּג)의 복수 연계형인데, 바로 앞이 열린 음
절이어서 <기멜>의 연강점(dagesh lene)이 없어졌습니다.

(3) <오베르>(עֹבֵר)는 '지나가다'는 뜻의 단순 능동 어간 <칼> 동사 <아바르>(עָבַר)의 능동 분사 기본꼴입니다.

(4) <오르홋>(אָרְחוֹת)은 '길'을 뜻하는 <오라흐>(אֹרַח)의 복수 연계형입니다.

(5) <얌밈>(יַמִּים)은 이미 전반절에 나온 <얌>(יָם)의 복수 절대 형인데, <얌>이 반드시 '바다'만 뜻하는 것은 아니고, 때때로 비교적 큰 호수나 강을 가리킬 수도 있습니다.[5]

(1)-(5)를 통틀어 보면, <칩포르 샤마임 우드게 하이얌 오베르 오르홋 얌밈>은 '하늘의 새와 바다의 고기, 바다 길을 지나다니는 것'으로 옮길 수 있습니다.

7.8. 마지막 찬양: 야훼의 강력한 이름(10[9]절)

이는 2[1]절 전반절과 같습니다.

---

[5] *HAL*, 395.

8. 시편 2편 읽기

8.1. 시편 2편의 흐름과 짜임새

시편 2편은 본문의 흐름을 따라 땅 위의 소동을 묘사하는 1-3절, 하늘의 반응을 노래하는 4-6절, 시온 왕의 말을 알려주는 7-9절, 땅의 권력자들에게 권고하는 말인 10-12절의 네 단락으로 크게 나누고, 각 단락을 다시 내용에 따라 여러 개의 작은 부분으로 나누어 하나씩 차례대로 읽을 수 있습니다.

8.2. 땅 위의 소동(1-3절)

8.2.1. 소동하는 겨레들(1절)

8.2.1.1. <람마 라그슈 고임>(לָמָּה רָגְשׁוּ גוֹיִם)(1절 전반절)

(1) <라그슈>(רָגְשׁוּ)는 단순 능동 어간 <칼> 동사 <라가쉬>(רָגַשׁ, '시끄럽다', '소란하다')의 단수 남성 삼인칭 완료형입니다.

(2) 이리하여 <람마 라그슈 고임>은 "어찌하여 나라들이 시끄러운가?"로 옮길 수 있습니다.

8.2.1.2. <울르움밈 예흐구릭>(**וּלְאֻמִּים יֶהְגּוּ־רִיק:**)(1절 후반절)

(1) <울르움밈>(**וּלְאֻמִּים**)의 <우>(**וּ**)는 접속사 <위>(**וְ**)의 모음이 유성 <쉬와> 앞에서 길어진 꼴이고, <르움밈>(**לְאֻמִּים**)은 '백성', '겨레'를 뜻하는 옛 말 <르옴>(**לְאֹם** 또는 **לְאוֹם**)의 복수 절대형입니다.

(2) <예흐구>(**יֶהְגּוּ**)는 동사 <하가>(**הָגָה**)의 복수 남성 삼인칭 미완료형입니다. <하가>가 시편 1편 2절에서는 '작은 소리를 내어 읽다', '읊조리다'를 뜻했지만, 여기서는 웅성거리며 의논하고 계획하는 것을 표현합니다. <릭>(**רִיק**)은 본디 '비어 있음'을 뜻하는 명사입니다.

(1)+(2) 그리하여 <울르움밈 예흐구릭> 자체는 "그리고 백성들이 헛것을 꾀하고 있다." 정도로 번역할 수 있는데, 이를 앞 문장과 평행이 되는 것으로 보면, 앞 문장 첫머리의 <람마>가 여기에도 영향을 미칩니다. 따라서 "또 어찌하여 백성들이 헛것을 꾀하고 있는고?"로 번역할 수 있습니다.

(3) 1절을 이루는 두 문장의 동사가 앞에서는 완료로, 뒤에서는 미완료로 쓰임을 두고 게제니우스[1]는 시문이나 예언의 평행법에서, 이전에 일어났지만 여전히 늘 다시 일어나는 일들, 곧 일반 경험이 되는 사실들을 표현할 때 쓰는 완료에 상응하여 미완료를 쓸 수 있다고 풀이합니다.

미셸[2]에 따르면, 1절에서 완료 동사가 술어인 동사 문장이 앞

---

[1] *GKH*, §106*l*.

서고 뒤이어 미완료 동사가 술어인 동사 문장이 나오면서 두 동사가 바깥에 서고 그 안에 주어가 들어 있는 일종의 교차대구가 이루어지는데, 이 경우 뒷 문장에서 주어와 자리가 뒤바뀐 미완료는 단순히 앞 문장의 동사가 표현하는 행동 과정이 계속됨을 말한다기보다는 상황을 표현하는 성격을 띤다고 합니다.

1절은 "어찌하여 나라들이 시끄러우며 겨레들이 헛것을 꾀하는고?"로 번역할 수 있습니다.

8.2.2. 반역을 꾀하는 지상 권력자들(2절)

8.2.2.1. <이트야츠부 말르케에레츠>(יִתְיַצְּבוּ מַלְכֵי־אֶרֶץ)(2절 전상반절)

(1) <이트야츠부>(יִתְיַצְּבוּ)는 동사 <야찹>(יָצַב)의 강의 재귀 어간 <힛파엘>('...에 자리 잡다', '...에 서다', '나서다') 복수 남성 삼인칭 미완료형입니다.

(2) <말르케에레츠>(מַלְכֵי־אֶרֶץ)의 <말르케>(מַלְכֵי)는 '왕'을 뜻하는 명사 <멜렉>(מֶלֶךְ)의 복수 연계형입니다.

(1)+(2) <이트야츠부 말르케에레츠>는 "땅의 왕들이 나서고 있도다."로 번역할 수 있습니다.

---

2) *TSP*, 186-187.

8.2.2.2. <워로즈님 노스두야핫>(וְרוֹזְנִים נוֹסְדוּ־יָחַד)(2절 전하 반절)

(1) <로즈님>(רוֹזְנִים)은 동사 <라잔>(רָזַן)의 단순 능동 어간 <칼> 능동 분사 남성 복수 절대형인데, <라잔>이 무엇을 뜻하는 지 확실히 밝혀져 있지 않습니다. <로젠>(רֹזֵן)을 대강 '고관'이라 는 뜻으로 이해합니다. 본문에서는 앞 문장의 <말르케에레츠> (מַלְכֵי־אֶרֶץ)에 상응합니다.

(2) <노스두>(נוֹסְדוּ)는 동사 <야삿>(יָסַד)의 단순 수동 또는 재 귀 어간 <니프알>('결탁하다', '작당하다', '공모하다') 복수 남성 삼인칭 완료형입니다.

(3) 이 문장에서는 주어가 정동사보다 먼저 나오면서, 앞 문장 과 교차 대구를 이루는 것처럼 보입니다. 그런데, 1절의 경우와는 달리 먼저 미완료 동사 문장이 나오고 뒤이어 완료 동사 문장이 나오므로, 오히려 뒷 문장에서 진술하는 내용이 앞 문장에서 진 술하는 내용보다 시간적으로 앞선다고 볼 수 있습니다.[3] 이럴 경우에는 2절의 둘째 문장은 첫째 문장의 배경이 되는 상황을 표 현한다고 생각하는 미셸의 견해도 참고할 만합니다.[4]

2절의 첫 동사가 미완료인 것은 어떤 동작이나 사건이나 상황이 어느 정도 계속됨을 표현하기 위한 것으로 이해할 수 있습니다.[5]

---

[3] *TSP*, 94에서는 2절 전반절을 다음과 같이 번역합니다: König treten zusammen, nachdem sich die Fürsten eingesellt haben("영주들이 결탁한 뒤에 왕들이 함께 나섰다").

[4] *TSP*, 94. 미셸(같은 책, 185)이 2절 전하반절을 동사 문장 다음에 오는 명사 문장으로 보는 것은 이해하기가 힘듭니다.

(1)+(2) <워로즈님 노스두야핫>은 "그런데 고관들이 함께 짰다."로 번역할 수 있습니다.

8.2.2.3. <알르야흐웨6) 워알므쉬호>(עַל־יְהוָה וְעַל־מְשִׁיחוֹ:)(2절 후반절)

(1) <므쉬호>(מְשִׁיחוֹ)는 '기름붓다'는 뜻의 동사 <마샤흐>(מָשַׁח)에서 비롯된 명사로 '기름부음 받은 자'를 뜻하는 <마쉬아흐>(מָשִׁיחַ)에 단수 남성 삼인칭 대명접미어 <오>(וֹ)가 붙은 꼴이어서, 직역하면 '그의 기름부음 받은 자' 곧 '그가 기름 부은 자'가 되고, 내용상으로는 야훼께서 기름 부어 세우신 자를 가리킵니다.

(2) <알르야흐웨 워알므쉬호>는 '야훼를 거슬러, 또 그의 기름부음 받은 자를 거슬러'로 직역할 수 있는데, 이는 앞의 두 문장에 나온 정동사, <이트얏츠부>와 <노스두>로 표현된 행위가 누구를 겨냥하고 있는지를 알려 줍니다.
그런데 바르트케가 BHS 비평란에서 표명했듯이 이 전치사구를 나중에 덧붙은 것으로 보는 견해가 적지 않습니다.

(3) 칠십인역에는 2절 끝에 '중간 휴식'을 뜻하는 <디아프살마>(διάψαλμα)라는 낱말이 더 들어 있는데, 이는 보통 <셀라>(סֶלָה)의 번역으로 통합니다.

---

5) GKH, §107f.

6) 이 음역에 대해서는 '히브리 낱말의 한글 음역 조견표' 3.(4)를 보십시오.

8.2.3. 지상 반역자들의 말(3절)

8.2.3.1. <느낫트카 에트모스로테미오>(נְנַתְּקָה אֶת־מוֹסְרוֹתֵימוֹ) (3절 전반절)

(1) <느낫트카>(נְנַתְּקָה)는 동사 <나탁>(נָתַק)의 강의 능동 어간 <피엘>('잡아 찢다', '끊어버리다') 복수 소원형(cohortative)입니다.

(2) <모스로테모>(מוֹסְרוֹתֵימוֹ)는 '묶다'를 뜻하는 동사 <아사르>(אסר)에서 비롯된 여성형 명사 <모세라>(מוֹסֵרָה)의 복수형에 복수 남성 삼인칭 대명접미어의 옛 꼴인 <모>(מוֹ)가 붙은 꼴인데, 이런 꼴은 후대 본문에 자주 나온다고 합니다.[7]

(1)+(2) <느낫트카 에트모스로테모>는 "그들이 묶은 것들을 끊자!"로 옮길 수 있습니다.

8.2.3.2. <워나쉴리카 밈멘누 아보테모>(וְנַשְׁלִיכָה מִמֶּנּוּ עֲבֹתֵימוֹ) (3절 후반절)

(1) <나쉴리카>(נַשְׁלִיכָה)는 동사 <샬락>(שָׁלַךְ)의 사역 능동 어간 <히프일>('던지다') 복수 소원형(cohortative)입니다.

---

[7] *GKH*, §91*l*.

(2) <밈멘누>(מִמֶּנּוּ)는 전치사 <민>(מִן)에 복수 공성 일인칭 대명접미어가 불규칙적으로 붙은 꼴입니다.

(3) <아보테모>(עֲבֹתֵימוֹ)는 '밧줄'을 뜻하는 명사 <아봇>(עֲבֹת)에 복수 남성 삼인칭 대명접미어의 옛 꼴인 <모>(מוֹ)가 붙은 꼴입니다.

(1)+(2)+(3) <워나쉴리카 밈멘누 아보테모>는 "그리고 그들의 밧줄을 우리에게서 던져버리자!"로 번역할 수 있습니다. 이 문장은 앞 문장과 평행을 이룹니다.

8.3. 하늘의 반응(4-6절)

8.3.1. 웃으시는 하나님(4절)

8.3.1.1. <요쉡 밧샤마임 이스학>(יוֹשֵׁב בַּשָּׁמַיִם יִשְׂחָק)(4절 전반절)

(1) <요쉡>(יוֹשֵׁב)은 '앉다'를 뜻하는 단순 능동 어간 <칼> 동사 <야샵>(יָשַׁב)의 능동 분사 기본꼴로서 여기서는 '앉아 계시는 이'라는 뜻으로, 실제로는 하나님을 가리킵니다.

(2) <밧샤마임>(בַּשָּׁמַיִם)은 전치사 <브>(בְּ)와 '정관사 <하>+중복점(<다게쉬 포르테>)'(·הַ)과 명사 <샤마임>(שָׁמַיִם)이 한데 어우러진 꼴입니다.

(3) <이스학>(יִשְׂחָק)은 '웃다'는 뜻의 단순 능동 어간 <칼> 동사 <사학>(שָׂחַק)의 단수 남성 삼인칭 미완료형인데, 미셸은 이 경우 미완료 동사가 주어의 본질에 속하는 행동을 묘사한다고 봅니다.[8]

(1)+(2)+(3) <요셉 밧샤마임 이스학>은 "하늘에 앉으신 이가 웃으시리라."로 옮길 수 있습니다. 그런데, 이 문장에서는 주어를 정동사 앞에 두어서 강조하고 있습니다.

8.3.1.2. <아도나이 일르아글라모[9]>(אֲדֹנָי יִלְעַג־לָמוֹ:)(4절 후반절)

(1) 바르트케는 *BHS* 비평란에서 <타르굼>과 여러 사본에서 <아도나이>(אֲדֹנָי) 대신에 <야흐웨>(יהוה)가 나오고, 칠십인역과 시리아어역에서는 이 앞에 접속사가 있다는 점을 알려줍니다.

(2) <일르악>(יִלְעַג)은 '비웃다'는 뜻의 단순 능동 어간 <칼> 동사 <라악>(לָעַג)의 남성 삼인칭 미완료형입니다.

(3) <라모>(לָמוֹ)는 전치사 <르>(לְ)에 복수 남성 삼인칭 대명접미어의 옛 꼴인 <모>(מוֹ)가 붙은 꼴입니다.

---

[8] *TSP*, 94. 그리하여 그는 <요셉 밧샤마임 이스학>을 "하늘에 앉아 계시는 분은 그것을 두고 웃으실 수밖에 없다."(Der im Himmel thront, kann darüber nur lachen.)로 옮깁니다.

[9] 이 음역에 대해서는 '히브리 낱말의 한글 음역 조견표' 3.(4)를 보십시오.

(1)+(2)+(3) 〈아도나이 일르아글라모〉는 "주님이 그들을 비웃으시리라."로 번역할 수 있는데, 이 문장 역시 주어를 정동사 앞에 두어서 강조하고, 앞 문장과 평행을 이룹니다.

8.3.2. 진노하시는 하나님(5절)

8.3.2.1. 〈아즈 여답베르 엘레모 브압포〉(אָז יְדַבֵּר אֵלֵימוֹ בְאַפּוֹ) (5절 전반절)

(1) 〈아즈〉(אָז)는 '그때'를 뜻하는 부사입니다.

(2) 〈여답베르〉(יְדַבֵּר)는 동사 〈다바르〉(דָּבַר)의 강의 능동 어간 〈피엘〉('말하다') 단수 남성 삼인칭 완료형입니다.

(3) 〈엘레모〉(אֵלֵימוֹ)는 전치사 〈엘〉(אֶל)에 복수 남성 삼인칭 대명접미어의 옛 꼴인 〈모〉(מוֹ)가 붙은 꼴입니다.

(4) 〈브압포〉(בְאַפּוֹ)는 전치사 〈브〉(בְ)와 본디 '코'를 뜻했지만, 흔히 '노여움'을 표현하는 낱말인 〈압〉(אַף)과 단수 남성 삼인칭 대명접미어가 한데 어우러진 꼴입니다.

(1)+(2)+(3)+(4) 〈아즈 여답베르 엘레모 브압포〉는 "그때 그가 노여움 가운데 그들에게 말씀하시리라."로 번역할 수 있습니다.

8.3.2.2. <우바하로노 여바할레모>(וּבַחֲרוֹנוֹ יְבַהֲלֵמוֹ:)(5절 후반절)

(1) <우바하로노>(וּבַחֲרוֹנוֹ)의 <우>(וּ)는 그 뒤에 입술소리 때문에 접속사 <워>(וְ)의 모음이 바뀐 꼴이고, <바하로노>(בַחֲרוֹנוֹ)는 전치사 <브>(בְּ)와 '뜨겁다', '뜨거워지다'는 뜻의 동사 <하라>(חָרָה)에서 비롯된 명사 <하론>(חָרוֹן)과 단수 남성 삼인칭 대명접미어 <오>(וֹ)가 한데 어우러진 꼴입니다. <하론>은 '불덩어리', '화,' '분노'를 뜻합니다.

(2) 바르트케는 여러 사본에 '노여움'을 뜻하는 또 다른 낱말 <헤마>(חֵמָה)가 <하론> 대신에 나타나서, <우바하로노>(וּבַחֲרוֹנוֹ) 대신 <우바하마토>(וּבַחֲמָתוֹ)가 나온다는 점을 *BHS* 비평란에서 알려줍니다.

(3) <여바할레모>(יְבַהֲלֵמוֹ)는 동사 <바할>(בָּהַל)의 강의 능동 어간 <피엘>('당황하게 만들다', '놀라게 하다') 남성 단수 삼인칭 미완료형에 복수 남성 삼인칭 대명접미어의 옛 꼴인 <모>(מוֹ)가 붙은 꼴입니다. 미셸에 따르면, 이 경우 미완료 동사는 결과를 표현한다고 합니다.[10]

(1)+(2)+(3) <우바하로노 여바할레모>에서는 전치사구가 정동사보다 먼저 나와 강조되어 있어서, "그의 분노로써 그는 그들을 놀라게 하시리라."로 번역할 수 있습니다.

---

[10] *TSP*, 94.

8.3.3. 하나님이 하시는 말씀: <와아니 나삭티 말키 알치이욘 하르콧쉬>(וַאֲנִי נָסַכְתִּי מַלְכִּי עַל־צִיּוֹן הַר־קָדְשִׁי:)(6절)

(1) <와아니>(וַאֲנִי)는 접속사 <워>(וְ)와 단수 공성 일인칭 대명사 <아니>(אֲנִי)가 합치면서 접속사의 유성 <쉬와>가 <아니>의 첫 모음의 영향을 받아 단모음 <아>(ַ)로 길어진 꼴입니다. 이 <와아니>는 한편으로 3절에 나오는 지상 권력자들의 말을 우습게 여기시는 하나님의 말씀을 이끌어 들이고, 다른 한편으로는 역접의 뜻을 지니는 접속사와 주어가 되는 인칭대명사를 한데 붙여 정동사 앞에 둠으로써, 주어를 여러 가지 방식으로 강조합니다.

(2) <나삭티>(נָסַכְתִּי)는 단순 능동 어간 <칼> 동사 <나삭>(נָסַךְ, '쏟아 붓다')의 단수 공성 일인칭 완료형입니다.

(3) <말키>(מַלְכִּי)는 '왕'을 뜻하는 명사 <멜렉>(מֶלֶךְ)에 단수 공성 일인칭 대명접미어 <이>(ִי)가 붙은 꼴입니다.

(2)+(3) <나삭티 말키>를 직역하면 "내가 내 왕을 쏟아 부었도다."가 되어 그 뜻이 이상합니다. 이리하여 더러 <나삭티>(נָסַכְתִּי)를 <나삭>(נָסַךְ)이나 <사칵>(סָכַךְ)의 단순 수동 또는 재귀 어간 <니프알>인 <닛삭티>(נָסַכְתִּי)로 고쳐 읽기를 제안하기도 합니다.11) <나삭>의 <니프알>로 볼 경우에는, 동족 목적어 <네섹>(נֶסֶךְ)과 <나삭>의 사역 능동 어간 <히프일>을 나란히 써서 '전제물(奠祭物, 액체로 된 제물)을 붓다'는 뜻을 표현한 창세기 35장

---

11) *HAL*, 664.

14절 같은 경우를 고려하여 '전제물을 부으면서 아무개가 어떤 자리에 앉혀지다'는 뜻으로 이해할 수 있습니다. <사칵>의 단순 능동 어간 <칼>은 '짜다', '형성하다'를 뜻하고, <니프알>은 '꼴을 갖추다', '형성되다'를 뜻합니다. 아무튼 이럴 경우에는 칠십인역의 경우처럼 그 뒤에 나오는 <말키>(מַלְכִּי)도 <말코>(מַלְכּוֹ)로 달라져야, "그러나 내가 그의 왕으로 세워졌다."는 뜻을 지닐 수 있습니다. 그렇지만 <나삭> 자체를 '전제물을 부어서 아무개를 어떤 자리에 앉히다'는 뜻으로 이해할 수 있다면 굳이 달리 고칠 필요가 없습니다.

미셸12)은 이 경우 완료를 과거 시제로 옮김은 아무런 뜻이 없다고 봅니다. 겨레들이 들고 일어난 것은 시온의 옛 임금이 죽고 아직 왕좌가 비어 있기 때문이라는 것입니다. 그리하여, 이 완료는 '선언의 완료'(perfectum declarativum)의 좋은 보기라고 합니다. 야훼께서는 자신의 왕을 세우심으로써 저항자들을 놀라게 만드시는데, 이것이 바로 5절에서 예고한 야훼의 말씀이라는 것입니다.13)

(4) <하르콧쉬>(הַר־קָדְשִׁי)에서 <콧쉬>(קָדְשִׁי)는 '거룩한 것'을 뜻하는 <코데쉬>(קֹדֶשׁ)에 단수 공성 일인칭 대명접미어 <이>(ִי)가 붙은 꼴로, 연계형 <하르>(הַר)를 꾸미는 형용사의 역할을 합니다.14)

---

12) *TSP*, 95.

13) 이리하여 미셸(*TSP*, 같은 곳)은 6절을 Ich aber setze (jetzt) meinen König ein...("그렇지만 내가 [이제] 내 왕을...세우노라.")으로 번역합니다.

14) *GKH*, 135a.

(1)+(2)+(3)+(4) <와아니 나삭티 말키 알치이온 하르콧쉬>는 "그렇지만 내가 내 왕을 내 거룩한 산 시온에 세웠도다!"로 번역할 수 있습니다.

8.4. 시온 왕의 말(7-9절)

8.4.1. 도입부(7절 전반절-후상반절 앞부분)

8.4.1.1. <아삽프라 엘 혹 야흐웨>(אֲסַפְּרָה אֶל חֹק יְהוָה)(7절 전반절)

(1) <아삽프라>(אֲסַפְּרָה)는 동사 <사파르>(סָפַר)의 강의 능동 어간 <피엘> 단수 소원형(cohortative)입니다. <사파르>의 <피엘>은 본디 '낱낱이 헤아리다', '자세히 이야기하다'는 뜻을 지니지만, 문맥에 따라서는 본문의 경우처럼, '알리다', '선포하다'는 뜻도 지닙니다.

(2) 전치사 <엘>(אֶל)이 여기서는 '...에게'라는 뜻보다는 '...에 관하여'라는 뜻으로 쓰이고 있습니다.

(3) <혹>(חֹק)은 '확정하다', '규정하다'는 뜻의 동사 <하칵>(חָקַק)에서 비롯된 명사로서 '확정해 놓은 것', '규정해 놓은 것', 곧 '규정', '규례', '규칙', '명령'을 뜻합니다.

(1)+(2)+(3) <아삽프라 엘 혹 야흐웨>는 "내가 야훼께서 정하신 바에 대해 알려주겠노라." 정도로 옮길 수 있습니다.

8.4.1.2. <아마르 엘라이>(אָמַר אֵלַי)(7절 후상반절 앞부분)

(1) <엘라이>(אֵלַי)는 전치사 <엘>(אֶל)에 복수 공성 일인칭 대명접미어 <아이>(ַי)가 붙은 꼴입니다.

(2) <아마르 엘라이>(אָמַר אֵלַי)는 "그가 내게 말씀하셨다."를 뜻합니다.

8.4.2. 야훼께서 시온 왕에게 하신 말씀의 내용(7절 후상반절 뒷부분-9절)

8.4.2.1. 나와 야훼의 관계: <브니 앗타 아니 하욤 열릿티카> (בְּנִי אַתָּה אֲנִי הַיּוֹם יְלִדְתִּיךָ:)(7절 후상반절 뒷부분-후하반절)

(1) <브니>(בְּנִי)는 '아들'을 뜻하는 명사 <벤>(בֵּן)에, 단수 공성 일인칭 대명접미어 <이>(ִי)가 붙은 꼴입니다.

(2) <하욤>(הַיּוֹם)은 '날', '낮'을 뜻하는 명사 <욤>(יוֹם)에 정관사가 붙은 꼴이어서, 직역하면 '그 날'이 되지만, 보통은 '오늘'을 뜻합니다.

(3) <열릿티카>(יְלִדְתִּיךָ)는 '낳다'는 뜻의 단순 능동 어간 <칼> 동사 <얄랏>(יָלַד)의 단수 공성 일인칭 완료형 <얄랏티>(יָלַדְתִּי)에 남성 단수 이인칭 대명접미어 <카>(ךָ)가 붙으면서, 닫힌 음절인 둘째 음절에서 어근 자음 아래의 단모음 <아>가 억양을 잃은 까닭에 <이>로 짧아진 꼴입니다.15) 미셸은 이 경우 완료를 '선언의 완료'로 이해합니다. 그러니까, 입양의 표현 형식을 말함으로써 상대는 아들이 된다는 것입니다.16)

(4) 그런데 <브니 앗타>(בְּנִי אַתָּה)는 서술어가 주어보다 먼저 나와서 강조된 경우로 볼 수 있고, <아니 하욤 열릿티카>에서는 정동사에 이미 나타나 있는 주어를 따로 인칭대명사 <아니>로써 강조함과 아울러 시간을 나타내는 말 <하욤>도 정동사보다 앞세워 어느 정도 강조하고 있습니다.

(1)-(4) <아마르 엘라이 브니 앗타 아니 하욤 열릿티카>는 "그가 내게 말씀하셨다—'네가 내 아들이로다. 내가 오늘 너를 낳았노라.'"로 번역할 수 있습니다.

8.4.2.2. 야훼의 명령과 약속: <쉬알 밈멘니 워엣트나 고임 나할라테카 와아훗자트카 압세아레츠>(שְׁאַל מִמֶּנִּי וְאֶתְּנָה גוֹיִם נַחֲלָתֶךָ וַאֲחֻזָּתְךָ אַפְסֵי־אָרֶץ) (8절)

---

15) *GKH*, §44d, 69s.

16) 그리하여 미셸(*TSP*, 95)은 <아니 하욤 열릿티카>를 ich zeuge dich heute("내가 너를 오늘 낳노라.")라고 번역합니다.

(1) <쉬알>(שְׁאַל)은 '요구하다', '묻다'를 뜻하는 단순 능동 어간 <칼> 동사 <샤알>(שָׁאַל)의 명령형 기본꼴입니다.

(2) <밈메니>(מִמֶּנִּי)는 전치사 <민>(מִן)에 단수 공성 일인칭 대명접미어 <이>(ִ)가 불규칙적으로 붙은 꼴입니다.

(1)+(2) <쉬알 밈멘니>는 "너는 내게 요구하라!"로 번역할 수 있습니다.

(3) <위엣트나>(וְאֶתְּנָה)는 단순 접속사 <위>(וְ)에 단순 능동 어간 <칼> 동사 <나탄>(נָתַן)의 단수 소원형(cohortative)이 합한 꼴인데, 명령형 다음에 나오는 소원형은 의도나 의도된 결과를 표현합니다.[17]

(1)+(2)+(3) 그리하여 <쉬알 밈멘니 위엣트나>는 "내가 ... 주도록 너는 내게 구하라!" 또는 "너는 내게 구하라! 그리하면 내가 ... 주리라."는 뜻이 됩니다.

(4) <나할라테카>(נַחֲלָתֶךָ)는 '상속 재산'을 뜻하는 명사 <나할라>(נַחֲלָה)에 단수 남성 이인칭 대명접미어 <카>(ךָ)가 붙은 꼴입니다.

(3)+(4) <위엣트나 고임 나할라테카>는 "내가 겨레들을 너의 상속 재산으로 주겠노라!"로 옮길 수 있습니다.

---

[17] *GKH*, §108d.

(5) <와아훗자트카>(וְאֲחֻזָּתְךָ)는 뒤이어 나오는 합성 <쉬와>
<아>(ֲ) 때문에 모음이 단모음 <아>로 길어진 접속사 <워>(וְ)와
'소유 토지', '소유물'을 뜻하는 명사 <아훗자>(אֲחֻזָּה)의 연계형
에 단수 남성 이인칭 대명접미어 <으카>(ךָ)가 한데 어우러진
꼴입니다.

(6) <압세>(אַפְסֵי)는 '끝'을 뜻하는 명사 <에페스>(אֶפֶס)의 복
수 연계형입니다.

(5)+(6) <와아훗자트카 압세아레츠>는 "그리고 너의 소유 토
지로 땅의 끝들을"로 직역할 수 있는데 동사는 앞 문장 첫머리에
나온 <엣트나>가 이 문장에도 해당되는 것으로 볼 수 있습니다.

(7) <아훗자트카>와 <압세아레츠>는 각각 앞 문장의 <나할라
테카>와 <고임>과 짝을 이루면서 이 두 문장 사이에 교차 대구
구조가 이루어집니다.

(8) 8절 전체는 "너는 내게 구하라! 그리하면 내가 겨레들을 너
의 상속 재산으로, 또 너의 소유 토지로 땅의 끝들을 주겠노라."
로 옮길 수 있습니다.

8.4.2.3. 민족들을 부수게 하심: <트로엠 브셰벳 바르젤 키클리
요체르 트납프쳄>(תְּרֹעֵם בְּשֵׁבֶט בַּרְזֶל כִּכְלִי יוֹצֵר תְּנַפְּצֵם:)(9
절)

(1) <트로엠>(תְּרֹעֵם)은 <아인> 중복 동사 <ㄹ ㅇ ㅇ>(רעע)의 단순 능동 어간 <칼>('부수다', '깨뜨리다')의 단수 남성 이인칭 미완료형인 <타로아>(תָּרֹעַ)에 복수 남성 삼인칭 대명접미어 <엠>(ם ָ)이 붙은 꼴입니다. 그런데 바르트케가 *BHS* 비평란에서도 알려 주듯이, 칠십인역과 시리아어역에서는 이 낱말에 상응하는 번역으로 "네가 양 먹이리라."가 나와서, 히브리어 동사 <라아>(רעה)가 들어 있는 낱말 <티르엠>(תִּרְעֵם)을 생각해 보게 합니다.

(2) <셰벳>(שֵׁבֶט)은 본디 '막대기'를 뜻하지만, 문맥에 따라서는 본문의 경우처럼 통치자의 신분을 상징하는 것으로 특별한 장식으로 만들어 왕이 잡는 특별한 막대기를 가리키기도 합니다. 여기서는 그 다음 낱말 <바르젤>(בַּרְזֶל)과 이어져서 속격 구문에서 재료를 나타내는 연계형으로 쓰입니다.[18]

(1)+(2) <트로엠 브셰벳 바르젤>은 "네가 그들을 쇠막대기로 부수리라."로 번역할 수 있습니다.

(3) <키클리>(כִּכְלִי)는 전치사 <크>(כְּ)와 '그릇'을 뜻하는 명사 <클리>(כְּלִי)가 합하면서 전치사의 유성 <쉬와>가 단모음 <이>(ִ)로 길어진 꼴입니다.

(4) <요체르>(יוֹצֵר)는 옹기장이가 그릇을 만드는 것을 뜻하는 동사인 <야차르>(יָצַר)의 <칼> 능동 분사 기본꼴로 옹기장이를 가리킵니다.

---

[18] *GKH*, §128*o*.

(5) 〈클리〉를 연계형으로 보면, 〈클리 요체르〉(כְּלִי יוֹצֵר)는 실제로 질그릇을 뜻합니다.

(6) 〈트납프쳄〉(תְּנַפְּצֵם)은 〈나파츠〉(נָפַץ)의 강의 능동 어간 〈피엘〉('깨뜨리다') 단수 남성 이인칭 미완료 〈트납페츠〉(תְּנַפֵּץ)에 복수 남성 삼인칭 대명접미어 〈엠〉(ם ָ)이 붙은 꼴입니다.

(3)+(4)+(5)+(6) 〈키클리 요체르 클리 트납프쳄〉 자체를 보면, 전치사구가 앞에 나와 강조되지만, 앞 문장과 관련시켜 보면, 이는 동사가 양쪽 가장자리에 놓이고 그 가운데 전치사구가 오는, 교차 대구 구조로 되어 있습니다. 〈키클리 요체르 클리 트납프쳄〉은 "질그릇처럼 너는 그들을 깨뜨리리라."로 옮길 수 있습니다.

(7) 9절 전체는 히브리어 본문의 어순을 살려 "네가 그들을 쇠 막대기로 부수리라. 질그릇처럼 너는 그들을 깨뜨리리라."로 번역할 만합니다.

8.5. 땅의 권력자들에 대한 권고(10-12절)

8.5.1. 깨닫고 가르침 받으라!: 〈워앗타 믈라킴 하스킬루 히와스루 쇼프테 아레츠〉(וְעַתָּה מְלָכִים הַשְׂכִּילוּ הִוָּסְרוּ שֹׁפְטֵי אָרֶץ:)(10절)

(1) 첫머리의 접속사 〈워〉(ו)가, 10-12절을 셋째 단락인 7-9절

의 결과로 이해하라는 암시처럼 보입니다. 그렇지만, 주옹19)은 이것이 논리적인 연결을 뜻한다기보다는 감정의 뉘앙스를 표현한다고 생각하며, 게제니우스20)는 다른 사람의 행동이나 말과 느슨하게 이어지는 말의 첫머리에 접속사 <워>가 쓰인 경우로 봅니다.

(2) <믈라킴>(מְלָכִים)은 호격인데 시문에서 관사가 빠진 경우입니다.21) <하스킬루>(הַשְׂכִּילוּ)는 동사 <사칼>(שָׂכַל)의 사역 능동 어간 <히프일>('이해하다', '깨닫다') 남성 복수 명령형입니다.

(1)+(2) <워앗타 믈라킴 하스킬루>는 "자, 이제 왕들아, 깨달아라!"로 옮길 수 있습니다.

(3) <히와스루>(הִוָּסְרוּ)는 동사 <야사르>(יָסַר)의 단순 수동 어간 <니프알>('가르침을 받다') 남성 복수 명령형입니다. 바르트케가 *BHS* 비평란에서 알려 주는 바를 따르면, <타르굼>과 몇몇 히브리어 사본에서는 <히와스루> 대신 <호스두>(הוֹסְדוּ)('너희는 결탁하라!')로 읽는데, 이는 앞서 2절에 나온 동사입니다.

(4) 앞 문장의 <믈라킴>처럼 호격으로 쓰인 <쇼프테 아레츠>(שֹׁפְטֵי אָרֶץ)의 <쇼프테>(שֹׁפְטֵי)는 단순 능동 어간 <칼> 동사 <샤팟>(שָׁפַט)의 능동 분사 남성 복수 연계형인데, 글의 흐름으로 볼 때, <샤팟>은 '판가름하다', '재판하다'보다는 '다스리다'는 뜻

19) P. Joüon, *Grammaire de l'Hébreu biblique*(Rome 1923), §177*l*.

20) *GKH*, §154b.

21) W.Gesenius, *Hebräische Grammatik*, §126h, cf.f.

으로 이해하는 것이 더 낫습니다. 다른 사본과 칠십인역에는 시 148편 11절에서처럼 '전체'(<콜>, כָּל־)이 <쇼프테 아레츠> 앞에 붙어 있습니다. 148편 11절에서는 전반절에도 이 <콜>이 있어 평행을 이루지만, 본문에서는 그렇지 않습니다.

(3)+(4) <히와스루 쇼프테 아레츠>는 "가르침을 받으라, 땅의 통치자들아!"로 옮길 수 있는데, 이 문장은 앞 문장과 교차 대구를 이룹니다. 다만 호격이 바깥으로 나가고, 명령형이 가운데 들어 있는 점에서 명령형이 바깥에 있고 다른 것이 안에 있는 9절과 다릅니다.

(1)+(2)+(3)+(4) 10절 전체는 히브리어 본문의 어순을 살려 "자, 이제 왕들아, 깨달으라! 가르침을 받으라, 땅의 통치자들아!"로 옮길 수 있습니다.

8.5.2. 야훼를 섬기라!(11절-12절 첫머리)

8.5.2.1. <이브두 에트야흐웨 브이르아 워길루 비르아다>
(11절)(עִבְד֣וּ אֶת־יְהוָ֣ה בְּיִרְאָ֑ה וְ֝גִ֗ילוּ בִּרְעָדָֽה׃)

(1) <이브두>(עִבְד֣וּ)는 '섬기다'를 뜻하는 단순 능동 어간 <칼> 동사 <아밧>(עָבַד)의 남성 복수 명령형이므로, "너희[남]는 섬기라!"를 뜻합니다.

(2) <이르아>(יִרְאָה)는 '두려워하다', '경외하다'를 뜻하는 상태동사 <야레>(יָרֵא)에서 비롯된 명사인데, 다른 사본에서는 <브이르아> 대신에 <브심하>(בְּשִׂמְחָה, '기쁨 가운데서')가 나온다는 사실을 바르트케가 *BHS* 비평란에서 알려줍니다.

(1)+(2) <이브두 에트야흐웨 브이르아>는 "너희는 경외함 가운데서 야훼를 섬기라!"로 직역할 수 있습니다.

(3) <길루>(גִּילוּ)는 '기뻐 소리치다'를 뜻하는 단순 능동 어간 <칼> 동사 <길>(גִּיל)의 남성 복수 명령형입니다.

(4) <비르아다>(בִּרְעָדָה)는 전치사 <브>(בְּ)와 '떨다', '떨리다'를 뜻하는 동사에서 비롯된 명사 <르아다>(רְעָדָה)가 합하면서, 전치사의 유성 <쉬와>가 그 뒤에 이어지는 유성 <쉬와> 때문에 단모음 <이>로 길어진 꼴입니다.

(3)+(4) <워길루 비르아다>를 직역하면, "그리고 떨림 가운데서 기뻐 소리쳐라!" 정도가 됩니다. 이 뜻이 이상해서 12절의 첫 두 낱말과 이 부분을 연결시킬 뿐만 아니라 조금 달리 읽는 학자들이 더러 있습니다. 이에 대해서는 아래에서 다시 살펴보겠습니다.

(1)+(2)+(3)+(4) 11절 전체는 "너희는 경외함 가운데 야훼를 섬기고 떨림 가운데서 기뻐 소리쳐라!"로 옮길 수 있습니다.

8.5.2.2. <낫쉬쿠바르>(נַשְּׁקוּ־בַר)(12절 첫머리)

(1) <낫쉬쿠>(נַשְּׁקוּ)는 동사 <나샥>(נָשַׁק)의 강의 능동 어간 <피엘>('입맞추다') 남성 복수 명령형이므로, "너희는 입맞추라!"를 뜻합니다.

(2) <바르>(בַר)는 '아들'을 뜻하는 아람말입니다.

(1)+(2) <낫쉬쿠바르>는 "너희[남]는 아들에게 입맞추라!"로 번역할 수 있습니다.

바르트케가 *BHS* 비평란에서 제안하듯이, 더러는 이 두 낱말과 11절 끝의 두 낱말, <워길루 비르아다>를 한데 묶어 읽되 그 네 낱말 가운데서 첫째 낱말을 조금 고쳐 마지막 낱말에 붙여서 <비르아다 낫쉬쿠 르라글라우[브라글라우]>(בְּרֶעָדָה נַשְּׁקוּ לְרַגְלָיו[בְּרַגְלָיו], "떨림으로 너희는 그의 두 발에 입맞추라!")로 고쳐 읽습니다.22) 이럴 경우 11절 전반절과 내용상으로 평행이 이루어집니다.

---

22) 이에 대해서 장영일("시편 2편: 비평적 주석," 『장신논단』 6 [1990], 172-201, 특히 194-195)은 아래 그림에서 보듯이 두루마리의 폭이 좁아서 12절 첫머리의 גְלָיו בְּרֶעָדָה 다음에 써야 할 וּנַשְּׁקוּ בַר를 그 뒤에 써 두었는데, 이것을 베끼는 과정에서 גְלָיו בְּרֶעָדָה가 11절 뒤에, 곧 וּנַשְּׁקוּ בַר 앞에 오게 되었으리라는 상상을 합니다.

10 וְעַתָּה מְלָכִים הַשְׂכִּילוּ הִוָּסְרוּ שֹׁפְטֵי אָרֶץ:
גְלָיו בְּרֶעָדָה
11 עִבְדוּ אֶת־יהוה בְּיִרְאָה 12 וּנַשְּׁקוּ בַר־
פֶּן־יֶאֱנַף

발에 입맞춤에 대해서는 *WaBAT*, 246의 그림 360a, 289 맞은쪽 위의 사진 Tafel XXIII, 282의 그림 408을 참고할 수 있습니다.

또는 12절의 첫 두 낱말은 잘못해서 두 번 적은 것으로 보아 빼고 11절 끝의 두 낱말은 <워갓들루 셔모 비르아다>(וְגִילוּ שְׁמוֹ בִּרְעָדָה, "그리고 떨림 가운데서 그의 이름을 찬양하라!")로 읽자는 제안도 합니다. 아무튼, 글의 흐름에서 '야훼를 섬김'은 예루살렘의 임금에게 굴복함을 뜻하는 것으로 보입니다.23)

그런데, 하나님 앞에서 떠는 것과 즐거워함이 구약의 전통에서는 동시에 있을 수 있는 현상으로 이해한다면, 마소라 본문 그대로 읽어도 큰 문제가 없어 보입니다.24)

8.5.3. 권고하는 까닭(12절 전반절 나머지 부분)

8.5.3.1. <펜예에납 워토브두 데렉>(פֶּן־יֶאֱנַף וְתֹאבְדוּ דֶרֶךְ)

(1) '...하지 않도록'을 뜻하는 접속사 <펜>(פֶּן)은 앞에서 다섯 개의 명령문으로 지상의 권력자들에게 권고하는 까닭을 알려줍니다.

(2) <예에납>(יֶאֱנַף)은 '노여워하다'를 뜻하는 단순 능동 어간 <칼> 동사 <아납>(אָנַף)의 단수 남성 삼인칭 미완료형입니다.

(3) <토브두>(תֹאבְדוּ)는 <페 알렙> 동사 <ㅇ ㅂ ㄷ>(אבד)의 단순 능동 어간 <칼>('망하다') 복수 남성 이인칭 미완료형입니다.

---

23) *WaBAT*, 223.

24) *WaBAT*, 289 참고.

(4) <데렉>(דֶּרֶךְ)에 아무런 전치사가 붙어 있지 않아서, 이해하기가 쉽지 않은데, 게제니우스[25])는 이를 '장소의 대격'으로 보지 않고 '관점의 대격'으로 보아, <데렉>을 '길에 관한 한'이란 뜻으로 이해합니다. 칠십인역에서는 <엑스 호두 디카이아스>(ἐξ ὁδοῦ δικαίας, '의의 길로부터')로, 시리아어역에서는 '그의 길에서'로 되어 있어 각각 <밋 데렉 핫체덱/핫츠다카>(/מִדֶּרֶךְ הַצֶּדֶק הַצְּדָקָה)와 <밋다르코>(מִדַּרְכּוֹ)를 생각하게 합니다.

(1)+(2)+(3)+(4) <펜예에납 워토브두 데렉>은 "그가 노하셔서 너희가 길에서 멸망하지 않도록"으로 번역할 수 있습니다.

8.5.3.2. <키이브아르 키므앗 압포>(כִּי־יִבְעַר כִּמְעַט אַפּוֹ)(12절 전하반절)

(1) <이브아르>(יִבְעַר)는 '타오르다'를 뜻하는 단순 능동 어간 <칼> 동사 <바아르>(בָּעַר)의 단수 남성 삼인칭 미완료형입니다.

(2) <키므앗>(כִּמְעַט)은 전치사 <크>(כְּ)와 '조금'을 뜻하는 명사 <므앗>(מְעַט)이 합한 꼴로 여기서는 '쉽게', '급히'를 뜻합니다.

(3) <압포>(אַפּוֹ)는 '노여움'을 뜻하는 명사 <압>(אַף)에 단수 남성 삼인칭 대명접미어 <오>(וֹ)가 붙은 꼴입니다.

(1)+(2)+(3) <키이브아르 키므앗 압포>는 "쉽게 그의 노여움이 타오를 것이기 때문이로다."로 옮길 수 있습니다.

---

25) *GKH*, §118g 난하주1.

8.5.4. 맺음말: <아쉬레 콜호세 보>(אַשְׁרֵי כָל־חוֹסֵי בוֹ)(12절 후반절)

(1) <아쉬레>(אַשְׁרֵי)에 대해서는 시편 1편 1절을 읽을 때 자세히 알아본 바 있습니다.

(2) <호세>(חוֹסֵי)는 '...를 피난처로 삼다', '..로 피하다'를 뜻하는 단순 능동 어간 <칼> 동사 <하사>(חָסָה)의 능동 분사 남성 복수 연계형입니다.

(3) <보>(בוֹ)는 전치사 <브>(בְּ)에 단수 남성 삼인칭 대명접미어 <오>(וֹ)가 붙은 꼴입니다.

(2)+(3) 그런데 <호세 보>(חוֹסֵי בוֹ)는 분사 복수 연계형과 전치사가 합한 꼴이어서 조금 이상합니다. 그래서인지 바르트케는 두 사본에서 앞의 분사 복수 연계형 대신 복수 절대형 <호심>(חוֹסִים)으로 쓰고 있다는 점을 *BHS* 비평란에서 알려줍니다. 그렇지만 게제니우스에 따르면, 연계형이 확장되어 쓰이는 경우로 전치사 앞에서, 특히 예언서나 시문에서 문체를 고상하게 하면서 분사가 연계형으로 쓰이는 수가 적지 않고, 본문은 그런 보기 가운데 하나라고 합니다.26)

(1)+(2)+(3) <아쉬레 콜호세 보>는 "그에게 피하는 자마다 행복하도다."로 번역할 수 있습니다.

---

26) *GKH*, §130a.

9. 시편 136편 읽기

9.1. 시편 136편의 흐름과 짜임새

BHS에 인쇄된 겉모습만 보더라도 시편 136편은 찬양 인도자가 한마디씩 먼저 낭독하거나 노래를 부르고 그때마다 회중이 응답하는 식으로 읽거나 노래하는 시편이라는 점을 대뜸 알 수 있습니다.

인도자가 선창하는 내용은 우선 1-3절에서 드러나듯이 동사 명령형 <호두>(הוֹדוּ)와 그 명령형에 걸리는 전치사구로 표현됩니다.

<호두>(הוֹדוּ)는 동사 <야다>(יָדָה)의 사역 능동 어간 <히프일> 남성 복수 명령형입니다. <야다>의 <히프일>이 하나님을 상대로 하여 쓰일 때는 '찬양하다', '감사하다'를 뜻합니다. HAL과 NJPST에서는 본문의 경우에 <야다>의 <히프일>을 '찬양하다'는 뜻으로 이해하고 있습니다. 그렇지만 '찬양하다'는 뜻으로는 <할랄>(הלל)의 <피엘>이 있으므로, 우리는 '감사하다'로 번역하기로 합니다.

이 명령형에 걸리는 전치사구가 1절, 2절, 3절, 26절에서는 각각 <르야흐웨>(לַיהוה), <렐로헤 하엘로힘>(לֵאלֹהֵי הָאֱלֹהִים), <라아도네 하아도님>(לַאֲדֹנֵי הָאֲדֹנִים), <르엘 핫샤마임>(לְאֵל הַשָּׁמָיִם)이라는 식으로, 고유명사 또는 일반명사와 전치사 <르>가 합한 꼴로 되어 있지만, 4, 5, 6, 7, 10, 13, 16, 17절에서는 분사와 전치사 <르>가 합한 꼴로 나오고, 23절에서는 관계문이 등장

하며, 25절에서는 전치사 없이 그냥 분사만 나옵니다. 11-12절, 14-15절, 18-22절, 24절은 각각 10절, 13절, 17절, 23절의 연속으로 볼 수 있습니다.

회중이 응답하는 곳은 <키 르올람 하스도>(כִּי לְעוֹלָם חַסְדּוֹ)로 고정되어 있는데, 명령문 뒤에 나오는 이 <키> 문장을 보통은 명령의 까닭을 밝히는 원인절로 보아서 "그의 자비가 영원하기 때문이로다."는 뜻으로 이해합니다. 그렇지만, 보기에 따라서는 감사드릴 내용을 알려주는 명사절로 볼 수 있습니다. 이럴 경우에는 <키>를 번역하지 않고 그저 "그의 자비가 영원하도다!"로 옮기든지, 아니면 <키>를 문장 전체를 꾸미는 부사 역할을 하는 것으로 보아서 "실로 그의 자비가 영원하도다!"로 번역할 수 있습니다.

이 시편의 각 절에서는 결국 회중이 감사해야 할 야훼 하나님에 대한 묘사만 매번 달라지고 있는 셈입니다. 이리하여, 이 시편은 어떤 하나님께 감사드려야 하는가를 주고받는 노래 형식으로 표현하고 있다고 할 수 있습니다.

아래에서는 선창하는 부분을, 하나님에 대한 진술 내용에 따라 네 부분으로 나누어 살펴보기로 합니다.

9.2. 들어가는 부분(1-4절)

9.2.1. 야훼: <호두 르야흐웨 키톱>(הוֹדוּ לַיהוָה כִּי־טוֹב)(1절)

<키톱>(כִּי־טוֹב)은 이 시편에서 회중이 반복해서 응답할 말로 나오는 <키 르올람 하스도>와 마찬가지로, 한편으로는 원인절로,

다른 한편으로는 감사의 내용을 알려주는 명사절로 이해할 수 있습니다. 앞 경우에는, 〈호두 르야흐웨 키톱〉을 "너희는 야훼께 감사하라! 그는 좋으심이라."로, 뒷 경우에는 "너희는 야훼께 감사하라! '그는 좋으시도다'라고."로 옮길 수 있습니다.

9.2.2. 가장 높으신 하나님: 〈호두 렐로헤 하엘로힘〉(הוֹדוּ לֵאלֹהֵי הָאֱלֹהִים)(2절)

〈렐로헤〉(לֵאלֹהֵי)는 전치사 〈르〉(לְ)와 〈엘로헤〉(אֱלֹהֵי)가 합하면서, 〈엘로헤〉의 첫 모음 합성 〈쉬와〉 〈에〉(ֱ)의 영향을 받아 전치사의 모음이 단모음 〈에〉(ֶ)로 되고, 그것이 다시 장모음 〈에〉(ֵ)로 바뀌면서 〈엘로헤〉의 첫 모음이 완전히 사라진 꼴입니다. 〈엘로헤 하엘로힘〉(אֱלֹהֵי הָאֱלֹהִים)은 '신들 중의 하나님'으로 직역할 수 있지만, 실제로는 '가장 높으신 하나님'이라는 최상급의 뜻을 지닙니다. 이를 개역한글판에서는 '모든 신에 뛰어난 하나님'이라고 옮겼습니다.

〈호두 렐로헤 하엘로힘〉은 "가장 높으신 하나님께 감사하라!"는 뜻입니다.

9.2.3. 가장 높으신 주님: 〈호두 라아도네 하아도님〉(הוֹדוּ לַאֲדֹנֵי הָאֲדֹנִים)(3절)

〈아도네 하아도님〉(אֲדֹנֵי הָאֲדֹנִים)도 마찬가지로 '가장 높으신 주'란 뜻이므로, 〈호두 라아도네 하아도님〉은 "가장 높으신 주님께 감사하라!"는 말입니다.

9.2.4. 놀라운 일들을 하시는 이: <르오세 니플라옷 그돌롯 르밧도>(לְעֹשֵׂה נִפְלָאוֹת גְּדֹלוֹת לְבַדּוֹ)(4절)

(1) <오세>(עֹשֵׂה)는 동사 <아사>(עָשָׂה)의 <칼> 능동 분사 남성 단수 연계형입니다.

(2) <니플라옷>(נִפְלָאוֹת)은 동사 <팔라>(פָּלָא)의 단순 수동 또는 재귀 어간 <니프알> 분사 여성 복수 절대형으로 '기적들', '놀라운 일들'을 뜻합니다.

(3) <르밧도>(לְבַדּוֹ)는 전치사 <르>(לְ)와 '홀로임'을 뜻하는 명사 <밧>(בַד)과 단수 남성 삼인칭 대명접미어 <오>(וֹ)가 한데 어우러진 꼴로, '그만이'를 뜻합니다.

(1)+(2)+(3) 이 전반절을 번역할 때, 분사 <오세>의 시제를 어떻게 볼 것이냐 하는 문제가 제기됩니다. 분사의 시제는 문맥에 따라 결정되는데,[1] 여기서 말하는 <니플라옷>이 5-24절에서 말하는 내용을 총괄한다고 보면, 분사 <오세>를 현재 시제로 번역할 수 있습니다.

<르오세 니플라옷 그돌롯 르밧도>는 "홀로 놀라운 일들을 행하시는 이에게"로 번역할 수 있습니다.

9.3. 창조주(5-9절)

---

[1] *GKH*, §116d.

9.3.1. 하늘을 만드신 이: <르오세 핫샤마임 비트부나>(לְעֹשֵׂה הַשָּׁמַיִם בִּתְבוּנָה)(5절)

5절의 <트부나>(תְבוּנָה)는 '이해하다', '깨닫다'를 뜻하는 동사 <빈>(בִּין)에서 비롯된 명사로 '이해력', '영리함', '현명함' 등을 표현합니다. 분사 <오세>(עֹשֵׂה)를 여기서는 4절과 달리 과거 시제로 옮기는 것이 낫습니다.

<르오세 핫샤마임 비트부나>(לְעֹשֵׂה הַשָּׁמַיִם בִּתְבוּנָה)는 "현명함으로 하늘을 만드신 이에게"로 옮길 수 있습니다.

9.3.2 땅을 펼치신 이: <르로카으 하아레츠 알함마임>(לְרֹקַע הָאָרֶץ עַל־הַמָּיִם)(6절)

6절의 <로카으>(רֹקַע)는 '펼치다'라는 뜻의 동사 <라카으>의 단순 능동 어간 <칼> 능동 분사 기본꼴이어서, <르로카으 하아레츠 알함마임>(לְרֹקַע הָאָרֶץ עַל־הַמָּיִם)은 "땅을 물 위에 펼치신 이에게"를 뜻합니다.

9.3.3. 빛들을 만드신 이(7-9절)

(1) <르오세 오림 그돌림>(לְעֹשֵׂה אוֹרִים גְּדֹלִים)(7절)

<르오세 오림 그돌림>(לְעֹשֵׂה אוֹרִים גְּדֹלִים)은 "큰 빛들을 만드신 이에게"를 뜻합니다. 8절과 9절은 전치사 <르>와 다른

분사의 결합으로 시작하지 않고, 동사 목적어로 시작함으로써, 7절의 분사 <오세>는 8-9절에도 영향을 미칩니다. 내용을 보면, 8-9절은 7절을 더 자세히 설명한다고 할 수 있습니다.

(2) <엣핫셰메쉬 르멤셸렛 바욤>(אֶת־הַשֶּׁמֶשׁ לְמֶמְשֶׁלֶת בַּיּוֹם) (8절)

<멤셸렛>(מֶמְשֶׁלֶת)은 '다스리다'는 뜻의 동사 <마샬>(מָשַׁל)에서 비롯된 명사로 '다스림'을 뜻하는 <멤샬라>(מֶמְשָׁלָה)의 연계형입니다. 그리하여 <엣핫셰메쉬 르멤셸렛 바욤>은 "낮의 다스림을 위하여 해를 (만드신 이에게)"로 옮길 수 있습니다.

(3) <엣하야레아흐 워코카빔 르멤쉴롯 발라열라>(אֶת־הַיָּרֵחַ וְכוֹכָבִים לְמֶמְשָׁלוֹת בַּלָּיְלָה)(9절)

9절의 <멤쉴롯>(מֶמְשָׁלוֹת)은 <멤샬라>의 복수형입니다. 8절과 균형을 맞추려면, 여러 사본과 역본에서 그러한 것처럼 여기서도 단수형으로 쓰는 것이 좋겠습니다. <엣하야레아흐 워코카빔 르멤쉴롯 발라열라>는 "밤의 다스림을 위하여 달과 별들을 (만드신 이에게)"로 번역할 수 있습니다.

(1)+(2)+(3) 7-9절을 이어서 우리말로 옮긴다면, "큰 빛들을 만들어 / 그의 자비가 영원하도다! // 해로 낮을 다스리게 하신 이에게 / 그의 자비가 영원하도다! // 달과 별들로 밤을 다스리게 하신 이에게 / 그의 자비가 영원하도다!"로 할 수 있습니다.

9.4. 이스라엘을 구원하신 이(10-23절)

9.4.1. 애굽에서 이끌어내신 이(10-12절)

9.4.1.1. <르막케 미츠라임 비브코레헴>(לְמַכֵּה מִצְרַיִם בִּבְכוֹרֵיהֶם)(10절)

(1) <막케>(מַכֵּה)는 동사 <나카>(נָכָה)의 사역 능동 어간 <히프일> 분사 기본꼴입니다.

(2) <브코레헴>(בִּבְכוֹרֵיהֶם)은 '처음 태어난 것', '맏아들'을 뜻하는 명사 <브코르>(בְּכוֹר)의 복수 연계형에 복수 남성 삼인칭 대명접미어가 붙은 꼴입니다.

(3) 그리하여 10절의 <르막케 미츠라임 비브코레헴>은 "애굽을 그들의 맏아들들에 있어서 치신 이에게"로 직역할 수 있는데, 실제로는 "애굽의 맏아들들을 치신 이에게"를 뜻합니다.

(4) 10절 뒤로는 13절에 이르러야 다시 새로운 분사가 나오고, 11-12절에는 10절의 진술을 보충하는 내용이 이어집니다.

9.4.1.2. <와요체 이스라엘 밋토캄>(וַיּוֹצֵא יִשְׂרָאֵל מִתּוֹכָם)(11절)

(1) 11절 첫머리의 <와요체>(וַיּוֹצֵא)는 동사 <페 와우> 동사인 <야차>(יָצָא, '나오다', '나가다')의 사역 능동 어간 <히프일> 미완료 연속법 기본꼴입니다.

(2) <밋토캄>(מִתּוֹכָם)은 전치사 <민>(מִן)과 '가운데'를 뜻하는 명사 <타웩>(תָּוֶךְ)의 연계형과 복수 남성 삼인칭 대명접미어 <암>(ם ָ)이 한데 어우러진 꼴입니다.

(1)+(2) 11절의 <와요체 이스라엘 밋토캄>은 "그리고 그가 이스라엘을 그들 가운데서부터 이끌어내셨도다."를 뜻합니다.

(3) 10-11절을 이어서 우리말로 옮기면, "애굽의 맏아들들을 치시며 / 그의 자비가 영원하도다! // 이스라엘을 그들 가운데서 이끌어 내신 이에게 / 그의 자비가 영원하도다!"라고 해야 할 것입니다. 곧 히브리어 본문에서는 전치사 <르>가 10절 첫머리에 나오지만, 우리말 번역에서는 11절 끝에 조사 '에게'가 붙게 됩니다.

9.4.1.3. <브얏 하자카 우비즈로아으 느투야>(בְּיָד חֲזָקָה וּבִזְרוֹעַ נְטוּיָה)(12절)

<느투야>(נְטוּיָה)는 '펼치다'란 뜻의 <라멧 헤> 동사 <나타>(נָטָה)의 단순 능동 어간 <칼> 수동 분사 여성 단수 절대형입니다. 수단을 나타내는 두 전치사구로 이루어져 있는 12절 전반절, <브얏 하자카 우비즈로아으 느투야>는 "강한 손으로 또 편 팔로"를 뜻합니다.

9.4.2. 홍해를 건너게 하신 이(13-15절)

9.4.2.1. <르고제르 얌숩 리그자림>(לְגֹזֵר יַם־סוּף לִגְזָרִים)
(13절)

(1) <고제르>(גֹזֵר)는 '자르다', '가르다'를 뜻하는 동사 <가자르>(גָּזַר)의 단순 능동 어간 <칼> 능동 분사 기본꼴입니다.

(2) <얌숩>(יַם־סוּף)을 직역하면, '갈대의 바다'인데, 이를 개역 한글판에서는 '홍해'라고 번역합니다.

(3) <그자림>(גְזָרִים)은 앞서 나온 동사 <가자르>에서 비롯된 명사 '자른 것', '가른 것'을 뜻하는 <게제르>(גֶּזֶר)의 복수 절대형입니다. <리그자림>(לִגְזָרִים)은 첫머리의 동사 <가자르>와 합해서, 바닷물을 좍 가른 것을 표현하는 것으로 보입니다.

(1)+(2)+(3) 이리하여 <르고제르 얌숩 리그자림>은 "홍해를 좍 가르신 이에게"로 번역할 수 있습니다.

(4) 13절의 진술은 그것으로 끝나지 않고 14-15절로 이어집니다.

9.4.2.2. <워헤에비르 이스라엘 브토코>(וְהֶעֱבִיר יִשְׂרָאֵל בְּתוֹכוֹ)(14절)

(1) <워헤에비르>(וְהֶעֱבִיר)는 단순 접속사 <워>(וְ)에 동사 <아바르>(עָבַר)의 사역 능동 어간 <히프일> 완료 기본꼴이 이어진 꼴입니다.

(2) <브코토>(בְּתוֹכוֹ)는 전치사 <브>(בְּ)와 명사 <타웩>(תָוֶךְ)의 연계형과 단수 남성 삼인칭 대명접미어 <오>(וֹ)가 한데 어우러진 꼴입니다.

(1)+(2) <워헤에비르 이스라엘 브토코>는 "그리고 이스라엘을 그 가운데로 건너가게 하셨다."를 뜻합니다.

9.4.2.3. <워니에르 파르오 워헬로 브얌숲>(וַיְנַעֵר פַּרְעֹה וְחֵילוֹ בְיַם־סוּף)(15절)

(1) <워니에르>(וַיְנַעֵר)는 단순 접속사 <워>(וְ)에 동사 <나아르>(נָעַר)의 강의 능동 어간 <피엘>('뒤흔들어 떨어버리다', '떨쳐버리다') 완료 기본꼴이 이어진 꼴입니다.

(2) <헬로>(חֵילוֹ)는 '군대'를 뜻하는 명사 <하일>(חַיִל)의 연계형에 단수 남성 삼인칭 대명접미어가 붙은 꼴입니다.

(1)+(2) 이리하여 <워니에르 파르오 워헬로 브얌숲>은 "그리고 바로와 그의 군대를 홍해 가운데서 떨어버리셨다."고 옮길 수 있습니다.

(3) 13-15절을 이어서 우리말로 옮긴다면, "홍해를 좍 가르시고 / 그의 자비가 영원하도다! // 이스라엘을 그 가운데로 건너가게 하시며 / 그의 자비가 영원하도다! // 바로와 그의 군대를 홍해 가운데서 떨어버리신 이에게 / 그의 자비가 영원하도다!"가 됩니다.

9.4.3. 광야로 가게 하신 이: <르몰릭 암모 밤미드바르>(לְמוֹלִיךְ עַמּוֹ בַּמִּדְבָּר)(16절)

(1) <몰릭>(מוֹלִיךְ)은 불규칙 변화 동사 <할락>(הָלַךְ, '걷다', '가다')의 사역 능동 어간 <히프일> 분사 기본꼴입니다.

(2) <암모>(עַמּוֹ)는 '백성'을 뜻하는 명사 <암>(עַם)에 단수 남성 삼인칭 대명접미어 <오>(וֹ)가 붙은 꼴입니다.

(3) 이리하여 <르몰릭 암모 밤미드바르>는 "자기 백성을 광야로 가게 하신 이에게"로 번역할 수 있습니다.

9.4.4. 가나안 땅을 주신 이(17-22절)

(1) <르막케 플라킴 그돌림>(לְמַכֵּה מְלָכִים גְּדֹלִים)(17절)
이미 10절에 나왔던 분사 <막케>(מַכֵּה)가 17절에 다시 한 번 더 나오지만, 이번에는 이스라엘의 가나안 정복 전쟁과 관련되어 쓰입니다. <르막케 플라킴 그돌림>은 "큰 왕들을 치신 이에게"라는 뜻입니다. 17절에서 시작된 이야기는 22절까지 이어집니다.

(2) <와야하록 믈라킴 앗디림>(וַיַּהֲרֹג מְלָכִים אַדִּירִים)(18절)
<와야하록>(וַיַּהֲרֹג)은 '죽이다'는 뜻의 동사 <하락>(הָרַג)의
<와우> 미완료 연속법 기본꼴입니다. <와야하록 믈라킴 앗디림>은 "그리고 그는 힘센 왕들을 죽이셨도다."로 번역할 수 있습니다.

(3) 19절의 <르시혼 멜레크 하에모리>(לְסִיחוֹן מֶלֶךְ הָאֱמֹרִי)
는 "아모리 왕 시혼을"로, 20절의 <울르옥 멜레크 합바샨>(וּלְעוֹג
מֶלֶךְ הַבָּשָׁן)은 "그리고 바산 왕 옥을"로 옮길 수 있습니다. 19-20절은 18절을 더 자세히 설명합니다.

(4) <워나탄 아르참 르나할라>(וְנָתַן אַרְצָם לְנַחֲלָה)(21절)
<워나탄>(וְנָתַן)은 접속사 <워>(וְ)에 동사 <나탄>(נָתַן)의 단순 능동 어간 <칼> 완료 기본꼴이 합한 것이고, <아르참>(אַרְצָם)은
<에레츠>(אֶרֶץ)에 복수 남성 삼인칭 대명접미어 <암>(ָם)이 붙은 꼴입니다. 이리하여 <워나탄 아르참 르나할라>는 "그리고 그들의 땅을 상속지로 주셨도다."로 번역할 수 있습니다.

(5) 22절 전반절인 <나할라 르이스라엘 압도>(נַחֲלָה לְיִשְׂרָאֵל
עַבְדּוֹ)는 "자기의 종 이스라엘에게 상속지(로)"를 뜻하는데, 이는 21절을 조금 더 설명합니다.

(1)-(5)를 통틀어 17-22절을 한데 묶어 우리말로 옮긴다면, "큰 왕들을 치셔서 / 그의 자비가 영원하도다! // 힘센 왕들을 죽이시고 / 그의 자비가 영원하도다! // 곧, 아모리 왕 시혼을 / 그의 자비가 영원하도다! // 또 바산 왕 옥을 / 그의 자비가 영원하도다! //

그들의 땅을 상속지로 / 그의 자비가 영원하도다! // 자기의 종 이
스라엘에게 상속지로 주신 이에게 / 그의 자비가 영원하도다!"
정도로 할 수 있습니다.

9.4.5. 기억하시고 구원을 베푸신 이(23-24절)

(1) <솀브쉬플레누 자카르 라누>(שֶׁבְּשִׁפְלֵנוּ זָכַר לָנוּ)(23절)
<솀브쉬플레누>(שֶׁבְּשִׁפְלֵנוּ)는 관계사 역할을 하는 <세>+중
복점(·שׁ)과 전치사 <브>(בְּ)와 '하찮은', '보잘것 없는'을 뜻하는
형용사 <샤팔>(שָׁפֵל)의 연계형에 복수 공성 일인칭 대명접미어
<에누>(נוּ ָ)가 한데 어우러진 꼴입니다. 그리하여 <솀브쉬플레
누 자카르 라누>는 "우리의 하찮음 가운데서 우리를 기억해 주
신 이"를 뜻합니다.

(2) <와이프르케누 밋차레누>(וַיִּפְרְקֵנוּ מִצָּרֵינוּ)(24절)
24절이 23절과 이어진다는 것은 첫머리 <와우> 미완료 연속
법 <와이프르케누>(וַיִּפְרְקֵנוּ)에서 드러납니다. 이 낱말은 '구출
하다', '해방하다'는 뜻의 동사 <파락>(פָּרַק)의 단순 능동 어간
<칼> 미완료 연속법 기본꼴에 복수 공성 일인칭 목적격 대명접
미어 <에누>(נוּ ָ)가 붙은 꼴입니다.
<밋차레누>(מִצָּרֵינוּ)는 전치사 <민>(מִן)과 '대적'을 뜻하는
명사 <차르>(צָר)와 복수 공성 일인칭 대명접미어 <에누>(נוּ ָ)가
한데 어우러진 꼴입니다.
이리하여 <와이프르케누 밋차레누>는 "그리고 우리를 우리
의 대적들에게서 구출해내셨도다."로 번역할 수 있습니다.

(3) 23-24절을 이어서 우리말로 옮기면, "하찮은 우리를 기억하시고 / 그의 자비가 영원하도다! // 우리를 대적들에게서 구출하신 이에게 /그의 자비가 영원하도다!"로 됩니다.

9.5. 나오는 말(25-26절)

(1) 양식을 주시는 이: <노텐 레헴 르콜바사르>(נֹתֵן לֶחֶם לְכָל־בָּשָׂר)(25절)

여기에는 전치사 <르>(לְ) 없이 곧바로 동사 <나탄>(נָתַן)의 <칼> 능동 분사 기본꼴이 나옵니다. <바사르>(בָּשָׂר)는 본디 '살', '육체'를 뜻하지만, 때때로 사람이나 짐승을 가리키는 말로 쓰이고, 특히 <콜바사르>(כָל־בָּשָׂר)는 사람이든 짐승이든 살로 이루어진 생명체를 다 가리키는 표현으로 쓰입니다. 이리하여, <노텐 레헴 르콜바사르>는 "그가 모든 육체에 양식을 주시도다." 또는 "모든 육체에 양식을 주시는 이"로 번역할 수 있습니다.

(2) 하늘의 하나님께 감사하라!: <호두 르엘 핫샤마임>(הוֹדוּ לְאֵל הַשָּׁמָיִם)(25절)

<아쉬레 하이쉬> 히브리어 시편 읽기

2008. 2. 20. 초판 1쇄 발행
저　　자 박 동 현
발행인 이 두 경
발행처 비블리카 아카데미아
　　　　등록　1997년 8월 8일, 제10-1477호
　　　　주소　서울특별시 광진구 광장동 114번지
　　　　전화　(02) 6216-3123
　　　　팩스　(02) 456-3174
　　　　홈페이지 www.biblica.net
　　　　전자우편 biblica@biblica.net

값은 표지에 기재되어 있음
ISBN 978-89-88015-11-7 93230